KB071470

일본의
재난방지
안전 안심 교육

한국일본교육학회·고려대 글로벌일본연구원 편
한용진·공병호·김영근·남경희·미즈노 지즈루
송민영·신현정·오민석·이정희·이지혜
윤종혁·최순자·한현정 공저

학지사

"이 저서는 2007년 정부(교육과학기술부)의 재원으로
한국연구재단의 지원을 받아 수행된 연구임"(NRF-2007-362-A00019)

서 문

　이 책은 2011년 3월 11일 일본 동북지방의 대지진과 그로 인한 후쿠시마 원전사고를 계기로 더욱 강화된 일본의 재난방지 안전 안심 교육을 조명해 보기 위하여 준비하였다. 흔히 재난방지를 일본에서는 방재(防災)라 하는데, 한국일본교육학회는 작년에 한국교육과정평가원과 공동으로 "일본의 안전 안심 교육-학교·가정·지역을 중심으로-"라는 주제로 연차학술대회를 개최한 바 있다. 당시 논의된 다양한 발표내용을 선별·보완하고 필요한 분야에는 새로운 필자를 추가하여 약 9개월여의 숙고 기간을 거쳐 이 책을 완성하게 되었다.

　마침 이 책을 준비하는 동안 우리나라의 상황도 많이 변화되었다. 2014년 4월 16일에 발생한 세월호 사건은 우리 사회에 재난과 안전교육에 관한 엄청난 경각심을 안겨 주었고, 특히 2016년 9월 11일 경주지역에서 발생한 진도 5.8의 지진과 그 후로 이어지는 크고 작은 여진들은 이제 우리나라가 더 이상 지진 안전지대가 아님을 단적으로 보여 주었다. 그동안 세월호 사고를 계기로 정부는 '국민안전처'를 설치하였으며, 재난에 대한 안전과 관련된 연구 기관으로 고려대학교에는 '사회재난안전연구센터'가, 연세대학교에는 '방재안전관리연구센터'가 그리고 성신여자대학교에는 '학교안전연구소' 등이 설립되었다.

　21세기 국가의 존재 의미는 무엇일까? 19세기 이래로 경찰국가(警察国家) 체제하에서 국가적 재난을 예방하고 국민을 관리·통제하여 안전한 국가를 지향하던 정책은 점차 국민의 더 나은 삶을 지향하는 복지국가(福祉国家)로 나아가고 있다. 즉, 국민의 생존권을 적극 보장하며 복지 증진을 중심목표로 삼는 안전하고 안심할 수 있는 국가를 만들고자 여러 나라가 노력하고 있으며 국가수준의 공교육정책도 방향을 바꾸고 있다. 이제 21세기 제4차 산업혁명이 시작되면서 더 이상 순종하며 말 잘 듣는 국민양성보다는 스스로 생각하고 창의적인 시민교육을 지향하고 있다. 이를 위하여 국가는 자라나는 젊은 세대가 안전하고 안심하며 살아갈 수 있는 열린 사회를 제공해야 할 뿐만 아니라, 이들이 살아가면서 스스로 안전을 지킬 수 있는 방재 능력도 갖출 수 있도록 학교에서 잘 교육하는 것 역시 필요하다.

학교에서의 안전에 대한 높아진 관심을 교육적 지식과 실천으로 연결시키기 위한 한국일본교육학회의 노력은 이미 2014년도 연차 학술대회의 내용을 정리하여 간행한 『일본의 지역교육력』(학지사, 2017)에 이어, 이번에는 고려대학교 글로벌일본연구원의 협찬으로 『일본의 재난방지 안전 안심 교육』이라는 제목으로 두 번째 결실을 보게 되었다. 학회에서 논의된 다양한 학술적 연구가 탁상공론으로 끝나지 않고, 사회적 책무성을 갖고 보다 실용적인 지혜로 거듭날 수 있도록 필진 모두가 함께 토론하며 원고를 가다듬었다. 이 책자가 우리나라 학교에서의 안전 안심 교육에 많은 참고가 되기를 바란다. 마지막으로 어려운 여건 속에서도 책자 발간을 맡아 주신 학지사 김진환 사장님과 세심하게 원고를 검토해 주신 편집부 여러분에게도 심심한 감사를 드린다.

2017년 8월

한국일본교육학회장 한용진

차 례

서장

'살아가는 힘'과 '살아남기'

한용진 (고려대학교)

서장
'살아가는 힘'과 '살아남기'

한용진 (고려대학교)

 1 **재난과 국가 역할**

1945년 패전 이후 현재까지 평화헌법을 유지하고 있는 일본은 1995년의 한신・아와지(阪神・淡路) 대지진과 2011년 동일본 대지진을 겪으면서 자연재해와 재난에 대한 국가의 역할에 주목하게 되었다. 일본 「내각법」(제15조 제2항)은 '위기관리'를 "국민의 생명, 신체 또는 재산상 중대한 피해가 발생하거나 발생할 가능성이 있는 긴급 사태에 대한 대처 및 해당 사태의 발생을 방지"(서승원, 2012: 36)하는 것으로 규정하고 있다. 이때 긴급 사태란 대규모 자연재해(지진, 풍수해, 화산재해, 설해 등), 중대사고(선박・항공기 사고, 대규모 화재, 폭발 사고, 원자력 사고, 독극물 대량 유출 등), 중대 사건(폭동, 패닉, 하이재킹, 대량 살상형 테러사건 등) 그리고 기타 긴급 사태(무력 공격, 치안 출동・해상경비 활동을 요하는 사태 등)로 분류된다(위의 책:

36 재인용). 일본의 경우 '재해(자연재해 및 인위적 재해)'와 '유사(有事: 전시 및 준전시)'로 구분했을 때, 한국보다는 재해 방지체제가 상대적으로 잘 정비되어 있는데, 이는 일본 열도의 자연적 조건을 반영한 것으로 보인다. 그리고 그 바탕에는 1961년 11월에 제정된 「재해대책기본법」이 있고, 지방분권형인 일본의 경우 해당 지방자치단체장이 1차적으로 주민 피난과 구명 및 피해자 구조조치를 취하도록 되어 있다. 다만, 피해 규모가 심대할 경우에는 중앙 정부에 비상재해대책본부나 긴급재해대책본부(수상이 본부장)를 설치하도록 되어 있다.

최근 우리나라도 2014년의 세월호 사건과 2016년 9월 경주에서 발생한 진도 5.8의 강진 그리고 그 후에도 지금까지 지속되고 있는 여진의 여파로 재난과 재해에 대한 관심이 높아 지고 있다. 특히 세월호 침몰 사고의 결과로 정부는 '국민안전처'라는 조직을 만들었지만, 국민의 생명과 안전을 보호하기 위한 적극적 조치와 관련된 헌법 제10조의 '생명권 보장' 위반은 결국 박근혜 대통령의 탄핵사유로 제시되기도 하였다.

재해 발생시 국가의 책무나 역할은 어디까지일까? 일본 간사이학원대학(関西学院大学) 재해부흥제도연구소 야마나카 시게키(山中茂樹) 교수는 '경쟁국가(競争国家)'와 '복지국가(福祉国家)'라는 두 가지 개념을 제시하고 있다(山中茂樹, 2013: 1-16). 즉, 현재 일본은 신자유주의 논리에 입각하여 자조(自助) 노력의 '창조적 부흥론(創造的 復興論)' 관점에서 재해를 입은 백성들을 버리는 '기민(棄民) 정책'을 채택하고 있으며, 일반적으로 자연재해 등으로 생겨난 피해에 대하여 보험사가 면책되듯이 국가는 개인 보상을 하지 않는

것을 원칙으로 하며, 어떤 형태로든 재해를 입은 사람들의 보호는 생명과 신체에 한정하고 물적 보상은 고려하지 않는다는 것이다. 결국 공적 시설의 복구에 대한 법 규정은 있지만, 민간인들의 일상 생활 수준 회복을 위한 법체계는 마련되어 있지 않다고 하였다.

이에 대한 대안으로 재해 이전의 생활로 돌아갈 수 있는 '귀민(歸民)'의 관점에서 재해 전의 생활 수준으로 복원시켜 주는 것이야말로 국가의 책무라 보는 '인간부흥론(人間復興論)'이 있다. 일본 시민 단체들 중에는 「생활재건원조법안」의 실현을 요구하고 있는데 건물이나 도로 등의 물적 복구는 인간부흥을 위한 수단에 불과하고, 오히려 사람들이 살아갈 수 있도록 생활 기반과 영업하며 일할 수 있는 노동의 기회까지도 제공해 주어야 한다는 것이다. 결국 인간부흥론은 사유재산의 자기책임이나 부흥은 스스로 벗어나야 한다는 창조적 부흥론의 경쟁국가 관점과 달리 생활 복구를 요구하고 있는 것으로, 국가가 구빈(救貧)을 책임져야 한다는 복지국가의 관점인 것이다.

②　'살아가는 힘'과 '살아남기'

신자유주의 논리의 경쟁국가 관점은 재난 피해자를 돌보기보다 각자도생(各自圖生)에 맡기고 있다. 따라서 '살아가는 힘'을 길러 주는 교육이라는 주장 역시 경쟁국가 논리하에서는 각자도생의 '살아남기' 교육에 불과할 수 있다. 보다 나은 미래를 위한 교육은 재난에 직면했을 때 국가의 역할은 무엇인가를 다시 생각하게 해 준

다. 지난 세월호 사건을 되돌아볼 때 살아가는 힘을 몸에 익힌 사람들은 과연 살아남을 수 있었을까? "가만히 있으라!"라는 선내 방송을 듣고, 정작 이 말을 그대로 잘 따른 사람들은 희생되고 지시를 어긴 사람들이 살아남는 아이러니는 그동안 학교에서 가르친 "규정을 잘 지켜야 된다"라는 도덕률을 반성하게 한다. 헬조선 혹은 압력밥솥처럼 치열한 경쟁사회[1]가 되어 버린 21세기 한국 사회에서 살아간다는 것은 '생활(生活)'이기보다 '생존(生存)'의 문제이고, 재난에서의 안전교육은 바로 이러한 생존을 담보해 주는 중요한 수단이 되고 말았다.

'살아가는 힘'은 단순히 잘삶이 아니라 '살아남기'라는 생존과 직결된 교육이 되고 있다. 구사노 가오루(草野かおる)는 『재난에서 살아남기』라는 4컷의 그림을 통해 1995년 한신·아와지 대지진에서 얻어 낸 지식과 경험들을 만화로 풀어 내고 있다(草野かおる, 2015; 2016). 기존의 교육규범에서 벗어나 스스로의 판단으로 빠져나온 사람들은 살아남을 수 있었다는 점에서 학교에서의 안전교육 내용을 재고하게 하였다. 또한 선장을 비롯한 대부분의 선원이 먼저 빠져나왔다는 비도덕적 행태는 직업 윤리교육을 되돌아보는 계기도 되었다. 전원 구조라는 오보와 이어서 304명의 희생자 소식을 실시간으로 중계하는 방송을 보면서, 사람들은 국가의 역할과 안전교육에 대하여 심각하게 고민하게 되었다.

최근 경주 지진은 1978년 대한민국 지진 관측 이래 역대 최강의

---

1) 아만다 리플리는 세계의 교육강국을 비교하면서 "압력밥솥 같은 한국교육, 유토피아적인 핀란드 교육, 환골탈태한 폴란드 교육"이라는 표현을 사용하였다 (Ripley, 2014).

지진이다. 이로 인해 많은 국민이 불안감에 떨었고, 한국도 이제 지진 안전지대라 할 수 없게 되었다. 지진뿐만 아니라 태풍이나 화재, 폭발사고, 사스(SARS: 중증 급성 호흡기 증후군)와 AI 조류 인플루엔자 등 재난 및 재해가 끊이지 않고 있다. 따라서 구체적인 재난 대응 매뉴얼과 반복 훈련 등 안전시스템 구축 및 학교 내 재해대책에 관한 필요성을 느꼈고 이러한 분야에서 우리보다 앞서 있다고 판단되는 일본의 방재 안전 안심 교육에 관심을 갖지 않을 수 없게 한다.

2010년 3월 일본 문부과학성은 전국 학교에 『'살아가는 힘'을 길러주는 학교에서의 안전교육(「生きる力」をはぐくむ学校での安全教育)』이라는 책자를 배포하였다(文部科学省, 2010). 특히 이 교재는 일본 학교안전의 목적과 의의, 내용에 관하여 해설함과 동시에 조사결과 등과 현상 및 과제를 밝히고, 금후 학교안전에 관한 문부과학성의 정보를 제공하고 있다는 점에서 일본 학교 안전교육을 살펴보는데 매우 중요한 책자이다. 일본에서 '살아가는 힘(生きる力)'이 처음 논의된 것은 1995년에 발족된 제15기 중앙교육심의회가 1996년에 문부과학성에 제출한 보고서에 핵심어로 등장한 때부터이다. 이어서 1997년 중앙교육심의회 제2차 보고서와 1998년 교육과정 심의회 보고서에도 그대로 계승되고 있다.

'살아가는 힘'이란 '문제해결력' '풍부한 인간성' '건강한 몸'이라는 3가지 요소로 구성되어 있다. 즉, 변화가 심한 현대 사회를 보다 지혜롭게 살아가기 위해서는 스스로 생각하고, 판단하고, 행동하는 주체적인 사고력과 사회 환경이나 자연환경 가운데에서 다른 것과 함께 더불어 살아가는 마음을 가진 풍부한 인간성이 필요하다는 것이다(남경희, 1999: 1). 그리고 건강이나 체력은 살아가는 힘을 지탱

하고, 삶을 의욕적으로 주체성 있게 영위하기 위하여 필요한 요소로, 학교에서의 안전을 유지하는데 필수적인 힘이다. 기본적으로 사람이 살아가는 과정에 사고가 일어나지 않을 수는 없다. 그렇다면 사고가 발생했을 때 어떻게 행동하여야 하는가 그리고 사고 이후에 어떻게 사고를 수습하여야 하는가의 문제가 남는다. 기본적으로는 ‘사전 예방’이 가장 우선되어야 할 것이며, ‘현장 대처’와 ‘사후 관리’의 3단계로 나누어 살아가는 힘을 기르는 방안을 고려하여야 할 것이다.

🏯3 학교 안전교육에 관하여

　기본적으로 교육 활동은 배우는 사람들이 스스로 살아가는 힘을 갖추도록 도와주는 과정이다. 일상생활 속에서 살아가면서 교통 문제와 재해 등으로부터 안전하게 살아가기 위해서는 미리 준비하는 것(‘사전의 위기관리’)을 포함하여 막상 안전사고가 발생했을 때 어떻게 대처할 것이며(‘발생 시의 위기관리’) 사후 처리를 어떻게 할 것인가(‘사후의 위기관리’)(文部科学省, 2014: 3)를 미리미리 준비해 놓지 않으면 막상 상황이 벌어졌을 때 당황하게 될 것이다. 우리나라는 일본에 비해 지진이나 화산 등의 재해는 많지 않을 것으로 예상되지만, 일상생활 및 교통 분야에서의 안전 문제 등은 여전히 많은 위험 요소를 안고 있다. 최근 학교교육에서는 창의 · 인성 교육을 강조하고 있지만, 결국은 위험 요소로부터 스스로 안전하게 살아남을 수 있도록 ‘살아가는 힘’을 길러 줄 수 있는 교육이 필수적이라

할 수 있다.

일본에서는 2008년에 초·중학교 그리고 2009년에는 고등학교 및 특별지원학교의 학습지도요령을 개정하여, 총칙에 안전에 관한 지도를 포함시키도록 하였고 관련 교과 등에서도 안전에 관한 지도의 관점에서 내용을 충실화하였다(文部科学省資料 5: 2). 그리고 이듬해인 2009년 4월에는 「학교보건안전법」을 시행하였는데, 이로부터 2년 만에 동일본 대지진(2011. 3. 11.)이 발생한 바 있다. 기본적으로 일본의 학교에서 생겨나는 사고의 발생 숫자를 살펴보면, 사망 사고는 1980년대 초에 매년 거의 300명에 달하던 것이 1990년을 전후해서는 약 200명 선으로 줄어들었고, 2002년에 100명 이하로 줄었는데 2009년 「학교보건안전법」이 시행된 이후인 2012년부터는 드디어 50명 이하로 감소하였다(文部科学省資料 5: 3)는 점에서 학교 안전교육의 중요성을 확인할 수 있다.

일본 문부과학성 자료에 의하면, 학교안전은 학교보건, 학교급식과 함께 학교건강교육의 3영역 중의 하나이며, 다시 학교안전의 내용상 분류를 보면 생활안전과 교통안전, 그리고 재해안전의 3영역으로 나뉜다(〈표 1〉 참조). '생활안전'이라고 하면 일상생활에서 일어나는 사건과 사고재해, 유괴나 상해 등의 범죄를 포함하며, '교통안전'은 다양한 교통 장면에서 생겨나는 위험과 안전 문제 등이며, '재해안전'은 지진, 지진해일, 화산 활동, 풍수해나 설해(雪害), 화재, 원자력 재해 등으로 나눌 수 있다(文部科学省資料 5: 2; 文部科学省, 2014: 3).

〈표 1〉 학교건강교육의 3영역 및 학교안전의 3영역

학교건강교육의 3영역			
학교안전	생활안전	교통안전	재해안전
학교보건			
학교급식			

　　실제로 1999년도부터 2012년도까지 14년간 발생한 안전사고 통계를 각급 학교와 유형별로 구분해 보면 초등학교에서는 교통사고(38%), 자연재해(25%), 돌연사(21%)의 순인데 반해, 중학교는 돌연사(47%)와 교통사고(32%)가 79%를 차지하고, 고등학교 역시 교통사고(46%)와 돌연사(35%)를 합하면 81%(文部科学省資料 5: 3)에 이른다. 초등학생의 경우 자연재해가 사고 원인 2위인데 반해, 중·고등학교에서는 교통사고와 돌연사가 우위를 차지하고 있다. 즉, 전반적으로 교통사고와 돌연사, 자연재해 순서로 안전사고가 일어나고 있음을 알 수 있다.

　　일반적으로 어린이의 안전행동의 형성에는 몇 가지 단계가 있는데, 그 첫 단계는 다양한 경험을 쌓게 하여 안전행동의 기반을 만드는 것이다. 그 다음으로는 어떠한 상황에서 위험한 일이 생겨나는가를 알게 하는 '위험인지'가 있다. 전자에 해당하는 것이 놀이기구의 사용법, 피난 방법, 도움 요청 방법, 자전거 타는 방법 등이라면, 후자에 해당하는 것은 방재/지역안전지도 만들기(제3장 및 제4장 참조) 등의 교육을 통해 범죄가 일어나기 쉬운 장소나 시간대, 하천의 물이 갑자기 불어나거나 범람할 위험성이 있는 통학로의 조건, 교

통사고가 자주 일어나는 사거리와 사고 발생 상황 등에 관한 구체
적인 지식 등이다. 즉, 위험상황에 대한 감수성을 높여 회피 행동을
촉구하는 것으로, 위험사태를 예측하는 힘을 길러 안전한 상태가
유지되는 환경을 만드는 것이다(文部科学省, 2010: 21). 만약 위험사
태를 예측하는 힘이 불충분하다면, 기본적인 안전행위를 몸에 익히
고 있다고 하더라도 의도하지 않았던 위험사태에 말려들게 되어 사
건 · 사고의 재해를 입을 가능성은 여전히 높다는 것이다. 학교안
전의 현상과 관련하여 지금까지 문부과학성에서 간행한 책자들을
정리해 보면 다음 〈표 2〉와 같다. 재해안전과 생활안전 관련 책자
가 7종류로 가장 많고 교통안전 관련 책자는 1종류에 불과하다.

〈표 2〉 문부과학성 간행 학교안전 참고자료

분야	자료명(발행연도)
생활안전 관련	• 『안전하고 쾌적한 학교시설을 유지하기 위하여』(2001. 3.) • 『학교의 안전관리에 관한 대처 사례집』(2003. 6.) • 『등하교시의 안전확보에 관한 대처 사례집』(2006. 1.) • 『학교에서 방범교실 등 실천사례집』(2006. 3.) • 『학교의 위기관리 매뉴얼: 어린이를 범죄로부터 지키기 위하여』(2007.11.) • 『학교에서의 전락사고 방지를 위하여』(2008. 8.) • 『학교시설에 있어서 사고방지의 유의점에 관하여』(2009. 3.)
교통안전 관련	• 『교통안전에 관한 위험 예측학습 교재 「다음엔 어떻게 되지?」』(2002. 3.)
재해안전 관련	• 『'살아가는 힘'을 길러주는 재해교육의 전개』(1998. 3.초판; 2012. 3.) • 『태풍·집중 호우에 대한 학교시설의 안전을 위하여』(2005. 3.) • 『미래를 여는 꿈에의 도전「지진재해를 구명하자」』(2006. 3.) • 『재해로부터 생명을 지키기 위하여』(2008. 3.: 초등학교 저학년·고학년용) • 『재해로부터 생명을 지키기 위하여: 방재교육교재(중학생용)』(2009. 3.) • 『재해로부터 생명을 지키기 위하여: 방재교육교재(고등학생용)』(2010. 3.) • 『지진에 의한 낙하물·전도물(顚倒物)로부터 어린이들을 지키기 위하여: 학교시설의 비구조 부재의 내진화 가이드북』(2010. 3.)
전체 관련	• 『'살아가는 힘'을 길러 주는 학교에서의 안전교육』(2001.11.초판; 2010. 3.) • 『어린이를 사건·사고 재해로부터 지키기 위해 가능한 것은』(2009. 3.: 초등학교 교직원용 연수자료) • 『생도를 사건·사고재해로부터 지키기 위해 가능한 것은』(2010. 3.: 중·고등학교 교직원용 연수자료)

출처: 文部科学省(2010: 238-248).

　　이 같은 안전교육 자료는 문부과학성 이외의 다양한 기관에서도 개별적 혹은 협업으로 간행하고 있다. 먼저 '생활안전'에 관한 교육 자료로는 독립행정법인 일본스포츠진흥센터나 국토교통성, 사단 법인 일본공원시설업협회, 국립교육정책연구소, 사단법인 일본건 축학회, 학교시설의 안전관리에 관한 조사연구협력자회의, 경찰청, 환경성, 재단법인 일본체육협회, 경제산업성 등에서 간행한 자료가 있으며,[2] '교통안전'과 관련해서는 경찰청을 비롯하여, 재단법인 전일본교통안전협회, 재단법인 일본교통관리기술협회, 재단법인 일본교통안전교육보급협회 등의 자료가 있다.[3] 그리고 '재해안전' 과 관련해서는 기상청을 비롯하여 내각부의 방재정보 홈페이지, 국

---

[2] '생활안전' 관련 책자 발간 기관 목록

　독립행정법인 스포츠진흥센터(スポーツ振興センター) http://www.jpnsport.go.jp/
　국토교통성(国土交通省) http://www.mlit.go.jp/
　일반사단법인 일본공원시설업협회(日本公園施設業協会) https://www.jpfa.or.jp/
　국립교육정책연구소(国立教育政策研究所) http://www.nier.go.jp/
　사단법인 일본건축학회(日本建築学会) http://www.aij.or.jp/
　문부과학성 학교시설의 안전관리에 관한 조사연구협력자회의(学校施設の安 全管理に関する調査研究協力者会議)　http://www.mext.go.jp/b_menu/shingi/ chousa/shisetu/001/
　경찰청(警察庁) https://www.npa.go.jp/
　환경성(環境省) http://www.env.go.jp/
　공익재단법인 일본체육협회(日本体育協会) http://www.japan-sports.or.jp/
　경제산업성(経済産業省) http://www.meti.go.jp/
[3] '교통안전' 관련 책자 발간 기관 목록

　경찰청(警察庁) https://www.npa.go.jp/
　일반재단법인 전일본교통안전협회(全日本交通安全協会) http://www.jtsa.or.jp/
　공익재단법인 일본교통관리기술협회(日本交通管理技術協会) https://www.tmt.or.jp/
　일반재단법인 일본교통안전교육보급협회(日本交通安全教育普及協会) http:// www.jatras.or.jp/

토교통성의 방재정보제공센터, 기상청 긴급지진 속보에 관하여 총무성 소방청 홈페이지와 방재 · 위기관리 e-college, 독립행정법인 방재과학기술연구소 홈페이지 등을 참고할 수 있다. [4]

기본적으로 일본 내에서 학교안전에 관한 논의는 한신 · 아와지 대지진이 있었던 1995년 이후 본격화되었음을 알 수 있으며, 『'살아가는 힘'을 길러주는 방재교육의 전개』라는 책자가 1998년에 먼저 간행되고, 이어서 2001년에 『'살아가는 힘'을 길러주는 학교에서의 안전교육』이 간행되었다. 특히 2009년의 「학교보건안전법」의 시행과 2011년의 동일본 대지진은 학교에서의 안전교육을 더욱 강화시켜 주는 계기가 되었다고 할 수 있다.

---

4) '재해안전' 관련 책자 발간 기관 목록

국토교통성 기상청(気象庁) http://www.jma.go.jp/

내각부 방재정보 페이지(内閣府 防災情報のページ) http://www.bousai.go.jp/

국토교통성 방재정보제공센터(国土交通部 防災情報提供センター) http://www.mlit.go.jp/saigai/bosaijoho/

기상청 긴급지진속보에 관하여(気象庁緊急地震速報について) http://www.data.jma.go.jp/svd/eew/data/nc/

총무성 소방청(総務省消防庁) https://www.fdma.go.jp/

총무성 소방청(総務省消防庁) 방재위기관리 e-college(防災危機管理 e-カレッジ) https://open.fdma.go.jp/e-college-lms/lms/index.html

방재과학기술연구소(防災科学技術研究所) http://www.bosai.go.jp/

'살아가는 힘'을 길러주는 교육

1) 안전교육과 '살아가는 힘' 기르기

『'살아가는 힘'을 길러 주는 학교에서의 안전교육』이라는 책자는 2001년 11월 문부과학성의 스포츠·청소년 국이 주도하여 교직원용 학교안전 참고자료로서 처음 간행하였고, 2010년 3월 개정판이 발행되어, 전국 학교에 보급되었으며 문부과학성 홈페이지를 통해서도 전체 내용을 내려받을 수 있도록 공개되어 있다. 총 248쪽으로 내용구성은 전체 5장 20절(안전관리의 대상, 항목 등의 별표 포함 112쪽)과 13개의 부록(113–247쪽)으로 본문보다 부록이 더 많은 분량을 차지하고 있다.[5]

학교안전은 크게 '안전교육'과 '안전관리'로 대별되며, 이 두 가지 모두와 관련된 조직활동으로, 교내의 협력체제와 가정 및 지역사회와의 연대를 들 수 있다. 안전교육은 다시 안전학습과 안전지도로 나뉘고, 안전관리는 대인관리와 대물관리로 나뉘는데, 학생의 '살아가는 힘'은 안전교육 중에서 안전학습 그리고 안전관리 중에서 대인관리와 관련된 '심신의 안전관리' 및 '생활이나 행동의 안전관리'와 밀접히 관련된다. 즉, 학교안전의 구조도 중에서 학생들의 '살아가는 힘'과 관련된 부분을 정리해 보면 다음 [그림 1]과 같다.

---

5) '살아가는 힘'을 길러 준다는 제목의 책자로는 재해교육 참고자료로 1998년(平成10) 3월에 간행된 『'살아가는 힘'을 길러 주는 방재교육의 전개(「生きる力」をはぐくむ防災教育の展開)』도 있다.

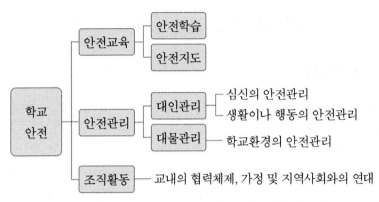

[그림 1] 학교안전의 구조도 중 '살아가는 힘' 기르기

(1) 학교에서의 안전교육: 안전학습을 중심으로

① 안전교육의 목표: 학교에서 안전교육의 목표는 일상생활 전
반에 있어서 안전을 확보하기 위해 필요한 사항을 실천적으
로 이해하고, 자신과 타인의 생명 존중을 기초로 평생토록 안
전한 생활을 할 수 있는 기초를 배양함과 동시에 나아가 안전
하고 안심할 수 있는 사회를 만드는 데 참여하고 공헌할 수
있는 자질과 능력을 키우는데 있다. 구체적으로는 다음 3가
지 목표를 들고 있다(文部科学省, 2010: 31).

• 일상생활에서 사건 · 사고 재해나 범죄 피해 등의 현상과 원
인 및 방지 방법에 관하여 이해를 높이고, 현재 및 장래에
직면하는 안전 과제에 대하여 적확(的確)한 사고 · 판단에
기초한 적절한 의지결정과 행동선택을 할 수 있도록 한다.

• 일상생활 중에서 일어날 수 있는 다양한 위험을 예측하고,

자신과 타인의 안전을 배려하여 안전한 행동을 취함과 동
시에 스스로 위험한 환경을 개선할 수 있도록 한다.
• 자신과 타인의 생명을 존중하고, 안전·안심할 수 있는 사
회 만들기의 중요성을 인식하며, 학교, 가정 및 지역사회
의 안전활동에 스스로 참가·협력하고, 공헌할 수 있도록
한다.

② 교육과정을 통한 안전교육: 학교에서의 안전교육은 다음의
[그림 2]와 같이 교육과정의 각 교과, 과목, 도덕, 특별활동 등
에 포함되며, 각각의 특질에 따라 적절하게 실시된다. 또한
학교에서의 안전교육에는 '안전학습'의 측면과 '안전지도'의
측면이 있는데, 이 두 가지는 명확하게 구별될 수 있는 것이
아니다.

③ 안전교육의 나아갈 방향: 학교에서의 안전교육은 관련 교과
나 종합적 학습 시간에서의 안전학습, 학급자치활동과 학교
행사의 건강안전, 운동회 행사에서의 안전지도를 중심으로
이루어지는데, 이 밖에도 아동(생도)회 활동, 동아리 활동 등
의 자발적이고 자치적인 활동이나 각 교과의 학습활동, 일상
적인 학교생활에서도 필요에 따라 안전지도를 한다.

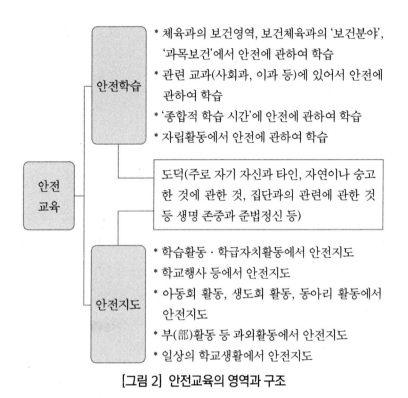

안전학습
* 체육과의 보건영역, 보건체육과의 '보건분야', '과목보건'에서 안전에 관하여 학습
* 관련 교과(사회과, 이과 등)에 있어서 안전에 관하여 학습
* '종합적 학습 시간'에 안전에 관하여 학습
* 자립활동에서 안전에 관하여 학습

안전교육

도덕(주로 자기 자신과 타인, 자연이나 숭고한 것에 관한 것, 집단과의 관련에 관한 것 등 생명 존중과 준법정신 등)

안전지도
* 학습활동ㆍ학급자치활동에서 안전지도
* 학교행사 등에서 안전지도
* 아동회 활동, 생도회 활동, 동아리 활동에서 안전지도
* 부(部)활동 등 과외활동에서 안전지도
* 일상의 학교생활에서 안전지도

[그림 2] 안전교육의 영역과 구조

출처: 文部科学省(2010: 31, 41).

④ 안전교육의 평가: 안전교육에서 평가를 하는 것은 학생 개개인이 안전교육의 목표를 어느 정도 달성했는가를 알게 함과 동시에 교육내용이나 방법에 문제점은 없는지, 보다 좋은 교육내용이나 방법을 만들어 내기 위해 매우 중요한 일이다(文部科学省, 2010: 56). 자칫 사고 발생건수만으로 그 성과를 측정하기 쉽다. 그러나 사고는 위험한 상황이나 행동의 일부가 결과로서 나타난 것일 뿐이다. 그러므로 안전교육의 평가는 다양한 측면에서 평가할 수 있다. 예를 들어, 안전에 관한 지식

이나 태도라든가, 안전행동의 실시상황을 조사해 보는 것도 직접적인 사고방지로 이어진다. 또한 안전교육의 지도계획에 포함되어 있는 깃을 적절히 실시하였는가의 여부를 평가하는 것도 불가결하다. 평가방법으로는 질문지법, 면접법, 관찰법 등이 있다.

(2) 학교에서의 안전관리: 대인관리를 중심으로

① 안전관리의 목표: 학교에서의 안전관리는 아동학생의 안전을 확보하기 위한 환경을 정비하는 것으로, 사고의 요인이 되는 학교환경이나 아동학생 등의 학교생활에서 행동 등의 위험을 조기에 발견하고, 그러한 위험을 조속히 제거함과 동시에 만일 사건·사고 재해가 발생했을 경우, 적절한 응급조치와 안전조치를 할 수 있도록 체제를 확립하여 아동생도 등의 안전을 확보하려는 것이다.

　그 내용으로는 학교환경의 안전관리, 학교생활의 안전관리, 무단 침입방지에 관한 안전관리, 통학의 안전관리, 사건·사고 재해 발생의 위기관리, 안전관리의 평가 등을 들 수 있다.

② 사건·사고 재해가 일어났을 때 마음의 돌봄: 학교안전은 사전의 위기관리와 발생시의 위기관리 그리고 사후의 위기관리로 나누어 생각할 수 있다(文部科学省, 2010: 11). 아무리 안전교육을 잘 하고, 안전관리에 만전을 기한다고 하더라도 사건·사고는 언제나 일어날 수 있기에 사건·사고가 일어나고

난 후에 살아남는 힘을 교육을 통해 미리 기르는 것이 필요하다. 그런 면에서 '마음의 돌봄'은 무척 중요하다.

사건·사고나 큰 재해를 만났을 때, 집과 가족, 친구들을 잃게 되며, 사고를 목격하고, 범죄에 말려들게 되는 등 큰 공포와 충격을 받게 된다. 시간이 경과함에 따라 그 충격은 줄어들지만, 경우에 따라서는 생활에 지장을 주거나 그 후의 성장과 발달에 큰 장애가 되기도 한다. 스트레스 증상과 대응방안은 다음과 같다.

• 사건·사고 재해가 일어났을 때 스트레스 증상
  – 급성스트레스 장애(Acute Stress Disorder: ASD): 지속적인 '재(再) 체험', 체험을 연상시키는 것으로부터 '회피', 감정이나 긴장이 높아지는 '각성 항진(亢進)' 등
  – 외상후 스트레스 장애(Post Traumatic Stress Disorder: PTSD): 사건·사고 재해로부터 반년 이상 경과한 후에 나타나는 경우가 있음을 염두에 둘 필요가 있다.
• 스트레스 증상에의 대응
  – 기본적으로는 평상시와 마찬가지로 건강 관찰 등을 통해 조속히 아동의 변화를 눈치 채고, 문제의 성질(신속한 대응이 필요한가, 의료를 필요로 하는가 등)에 따라 필요한 경우, 보호자나 주치의 등과 밀접하게 연락한다. 학급담임이나 양호교사를 비롯하여 학교 내 조직(상담부 등)과도 연대하여 조직적으로 지원할 수 있도록 한다.

이상에서 살펴본 안전교육의 핵심 내용은 일상생활에서 일어날

수 있는 다양한 사건·사고 등의 재해나 범죄를 미리 예측하고, 사건이 발생하였을 때에는 스스로의 판단에 의해 자신과 타인의 생명을 보호할 수 있는 능력을 기르는 데 초점이 맞춰져 있다. 도덕과나 체육과 등의 교과교육에도 이러한 내용을 충분히 반영하도록 하고 있다는 점에서 기본적으로 학생들로 하여금 스스로 살아가는 힘을 갖추도록 도와주는 과정이라고 볼 수 있다.

5 맺음말

　이 글은 『일본의 재난방지 안전 안심 교육』의 서장으로 작성된 것이지만, 기본적으로는 재난이 발생하였을 때 국가의 역할은 무엇인가에 대한 고민에서 출발하였다. 특히 자연재해가 빈발하였던 일본의 사례를 통해 우리에게 참고가 되는 것이 무엇인가를 살펴보기 위한 작업이기도 하다. 이 글을 통해 몇 가지 생각해 볼 점을 정리해 보면 다음과 같다.

　첫째로 2010년 3월 일본의 전국 학교에 배부된 『'살아가는 힘'을 길러 주는 학교에서의 안전교육』이라는 책자는 바로 학교에서 안전교육을 통해 '살아가는 힘'을 길러 주려는 의도에서 제작된 것이지만, 이러한 안전교육은 각자도생, 즉 스스로 살아남는 힘을 길러주는 것을 기본 전제로 하고 있다는 점에서 신자유주의적 경쟁국가 논리에 충실한 것이기도 하다. 국가적 재난 발생시 복구는 국가가 하지만 원래 삶의 수준으로 되돌아 갈 수 있는 수준의 부흥은 개개인에게 맡긴다는 '창조적 부흥론'이라는 입장에서 벗어나지 못하고 있다는 점이다.

　둘째, 일본에서 '살아가는 힘'이란 '문제해결력'과 '풍부한 인간성' 그리고 '건강한 몸'이라는 3가지 요소로 구성되어 있으며, 이는 학교 안전교육을 통해 기르고자 하는 안전학습과 안전관리의 궁극적 목표이기도 하다. 특히 2009년 4월에 제정된 「학교보건안전법」과 함께 『'살아가는 힘'을 길러 주는 학교에서의 안전교육』이라는 책자의 보급 및 교육은 실질적으로 학교에서의 사망·사고 숫자 감소를 가져온 것으로 확인할 수 있다.

　셋째, '학교건강교육'의 3영역(학교안전, 학교보건, 학교급식) 중 하나인 학교안전 중에서 '살아가는 힘'과 관련된 것으로 '안전학습'과 '대인관리'를 들 수 있다. 기본적으로 일상생활 전반에서 '사전의 위기관리'를 포함하여 사건 '발생 시의 위기관리'와 '사후의 위기관리', 즉 '사전 예방' 및 '현장 대처', 그리고 '사후 관리'의 3단계를 모두 고려하여 관련 교과나 종합적 학습 시간을 활용할 수 있도록 준비되어 있다는 점이다.

　넷째, 앞으로 나아가야 할 방재 안전 안심 교육의 방향과 국가의 역할은 재고해 볼 필요가 있다. 국가는 국민들을 보호하고 재난 이전의 삶의 수준으로 회복할 수 있도록 도와주는 '인간부흥론'을 고려하지 않으면 안 될 것이다. 21세기의 국가는 국민의 안전을 보장하거나 때로는 감시하는 '경찰국가'나, 다른 국가들과의 경쟁에서 우위를 점하기 위한 신자유주의적 '경찰국가'의 수준을 넘어 모든 국민의 안전망을 확보하는 '복지국가' 수준으로 나아가야 할 것이다. 그리고 교육의 기능과 역할 역시 국가의 성격을 어떻게 결정하는가에 달려 있다고 할 수 있다. 겉으로 표방하는 '살아가는 힘'이 생존 수준의 '살아남는 힘'이 되지 않고 진정으로 나와 다른 사람들의 생활을 보장하고, 나아가 의미 있는 실존적 삶의 수준으로 나아갈 수 있는 교육을 고민해 보아야 할 것이다.

이 책에서 다루고 있는 내용은 일본의 법규범 체제(제1장), 이지메(제2장), 방재지도 활용(제3장), 지역 연계 체험형 교육(제4장), 유아교육기관(제5장), 초등 교과서 분석(제6장), 방과 후 교실(제7장), 학교체육활동(제8장), 지속가능발전을 위한 교육의 ESD 시점(제9장), 대학방재교육(제10장), 재해문화(제11장), 학교 안전교육망(제12장)에 이어, 한국의 안전교육 현황과 과제(별장) 등이다. 오늘날 우리나라에서도 인재(人災)에 의한 사건·사고가 빈발하고 그동안 비교적 안정적이던 지진과 홍수 등 자연재해의 증가도 고려할 때, 교육 분야에서의 안전·안심 교육과 방재를 위한 노력은 매우 절실하다고 하겠다. 다만 외국의 사례를 참고하되 우리의 사정과 나아갈 방향에 대한 엄밀한 고민을 토대로 적절한 대안이 제시되어야 할 것이다. 집단지(集團智)를 모을 수 있는 다양한 정보 습득과 소통을 위한 첫걸음으로 이 책자의 내용이 독자 모두에게 도움이 될 수 있기를 기대한다.

📝 참고문헌

남경희(1999). 일본의 교육개혁 보고서상의 '살아가는 힘'. 사회과교육학연구, 3, 1-21.

서승원(2012). 동일본 대지진, 그리고 한일 양국의 위기관리체계. 3. 11. 동

일본 대지진과 일본: 저팬리뷰 2012. 최관・서승원 외편. 도서출판 문. 18-43.

草野かおる(구사노 가오루, 2016). 재난에서 살아남기: 일본을 통해 배우는 재난안전 매뉴얼 만화[4コマですぐわかるみんなの防災ハンドブック]. (김계자・최종길・편용우 옮김). 도서출판 문.

草野かおる(구사노 가오루, 2015). 재난에서 살아남기2: 엄마와 아이가 함께 보는 안전 매뉴얼 만화[おかあさんと子どものための防災&非常時ごはんブック　4コマですぐわかる!]. (고려대학교 글로벌일본연구원 사회재난안전연구센터: 김계자・최종길・편용우 옮김). 도서출판 문.

文部科学省(2010). 「生きる力」をはぐくむ学校での安全教育 (学校安全参考資料)。

文部科学省(2014). 「学校安全の取組」(初等中等教育局 健康教育・食育課 編)。

山中茂樹(2013). 「創造的復興」競争国家と福祉国家の狭間で. 東日本大震災と日本:韓國からみた3.11. (関西学院大学災害復興制度研究所・高麗大学校日本研究センター 共編). 関西学院大学出版部. 1-16.

文部科学省 資料2, 学校安全の推進に関する計画の策定について (答申) (素案) http://www.mext.go.jp/b_menu/shingi/chukyo/chukyo5/011/attach/1318743.htm (2016. 11. 21. 인출).

文部科学省 資料2-1, 学校安全の推進に関する計画の策定について (答申) (案) http://www.mext.go.jp/b_menu/shingi/chukyo/chukyo5/011/attach/1318778.htm (2016. 11. 21. 인출).

文部科学省 資料2-2, 学校安全の推進に関する計画 の策定について (答申) http://www.mext.go.jp/b_menu/shingi/chukyo/chukyo0/gijiroku/__icsFiles/afieldfile/2012/03/22/1318900_4.pdf (2016. 11. 21.

인출).

文部科学省 資料5, 学校安全について 文部科学省 スポーツ・青少年局 学校健康教育課 http://www.mext.go.jp/b_menu/shingi/chukyo/ chukyo5/012/gijiroku/__icsFiles/afieldfile/2014/07/07/1349373_02. pdf (2016. 11. 21. 인출).

Ripley, Amanda(2014). 무엇이 이 나라 학생들을 똑똑하게 만드는가[The Smartest Kids in the World]. (김희정 역). 서울: 부키. (원전은 2013).

제 1 장

안전 · 안심 교육과 법규범 체제

-아동의 안전 · 안심 보장을 위한 법적 보완-

공병호 (오산대학교)

제1장
안전 · 안심 교육과 법규범 체제
-아동의 안전 · 안심 보장을 위한 법적 보완-

공병호 (오산대학교)

 1 안전 · 안심과 법규범

학교에서 교육을 받는 학생은 안전한 환경에서 안심하고 학습을 할 수 있는 여건을 누리는 것이 당연하다고 생각되어 왔다. 학교에서 안전 확보는 교육 활동의 기반이 된다. 그러나 최근 학교 구내나 통학로 등에서 학생의 안전이 위협받고 있다는 우려가 커지고 있다.

학교 내외에는 자연재해 이외에도 학생의 안전을 위협하는 각종 요소가 혼재되어 있다. 학교보건위생, 이지메(집단괴롭힘), 각종 아동 학대 문제, 시설 안전 문제, 교통안전 문제 등 다양하다. 이러한 문제들과 더불어 학생 안전을 포함하여 포괄적으로 학생의 권리를 보장하여야 된다는 인식 또한 확산되고 있다.

학생의 안전 보장 문제를 인권 보장이라는 측면에서 접근한다면

규범적·제도적 측면에서 학생의 인권을 보호하는 기본 틀이 어느 정도 갖추어져 있는가를 검토하는 것은 매우 중요하다. 사회공동체의 법규범은 그 사회공동체의 공감대를 형성하고 있는 인식의 틀 내에서 규정됨을 고려할 때 우리 사회 학생의 안전과 인권에 대한 인식 수준은 법규범으로 판단될 수 있으며, 특히 학생 안전에 대한 법규범의 대처는 정형화된 인식태도로 판단될 수 있을 것이다.

우리나라에는 「아동복지법」을 근간으로 학생의 안전과 권리를 규율하는 다양한 법 규정을 가지고 있다. 「아동복지법」은 아동의 인권에 관한 기본법적 성격을 갖는 것으로 '아동이 건강하게 출생하여 행복하고 안전하게 자랄 수 있도록 아동의 복지를 보장하는 것'을 목적으로 하고 있다. 즉, 「아동복지법」은 아동의 건강, 행복, 안전 등 아동의 인권에 초점을 둔 법으로 아동의 권리와 관련한 대부분이 법 조항으로 제정되어 있다. 그러나 아동 관련 법규범은 서로 상이한 법 제정의 과정과 사회적 요구가 있었기에 무수히 산재되어 있다. 아동 학대의 측면만 놓고 보더라도 아동 폭력 범죄의 경우 「형법」, 「아동복지법」, 「청소년보호법」, 「아동학대범죄의 처벌 등에 관한 특례법」, 「가정폭력범죄의 처벌 등에 관한 특례법」 등의 적용이 가능하다. 또한 관련법으로 「영유아보육법」 등에 아동 안전에 관한 사항이 계속 보강되고 있다.[1] 따라서 규범 간의 충돌이 가능하기에 일원화된 법체계의 구성이 필요한 시점이다.

---

1) 어린이집 교사의 아동에 대한 과도한 폭력 등이 사회 문제화되면서 아동 학대에 대한 논란이 중요한 사회적 이슈가 되고 있다. 이에 대한 사회적 공감대의 형성으로 어린이집에 CCTV 설치를 의무화하는 「영유아보육법 시행규칙」 일부 개정안이 2015년 9월 19일부터 시행되었다.

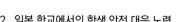

학교의 안전과 관련하여 우리나라에는 「학교안전사고 예방 및 보상에 관한 법률」이 있다. 동 법률에서 '학교안전사고'란 교육활동 중에 발생한 사고로서 학생·교직원 또는 교육활동 참여자의 생명 또는 신체에 피해를 주는 모든 사고 및 학교급식 등 학교장의 관리·감독에 속하는 업무가 직접 원인이 되어 학생·교직원 또는 교육활동 참여자에게 발생하는 질병을 말한다고 되어 있다(「학교안전사고 예방 및 보상에 관한 법률」 제2조 제6호). 또한 학교안전사고 예방을 위한 노력으로 학교시설에 대한 안전점검(제6조 제1항), 학교시설 안전관리 기준(제7조 제1항), 학교 안전교육의 실시(제8조 제1항) 등에 대하여 명시하고 있다.

한편, 일본은 각종 자연재해와 학교안전사고에 대해 많은 시행착오를 거치며 법규범을 정비해 온 것으로 알려져 있다. 그러한 의미에서 이웃 나라 일본의 학교안전과 관련한 법규범 체제를 살펴보는 것은 매우 유용하다. 왜냐하면 일본의 학교안전에 관한 법규범은 우리나라와 상호 유사한 점이 많은 것으로 인식되어 있고, 그 필요성의 면에서도 비슷한 문제를 공유하고 있을 것으로 사료되기 때문이다.

2 일본 학교에서의 학생 안전 대응 노력

일본에 있어 학교안전의 문제 영역은 시대와 함께 그때마다 학교의 상황이나 학생을 둘러싼 지역과 사회가 안고 있는 문제 등을 반영하는 형태로 확산되어 왔다. 학생 안전에 관계되는 학교의 사

고·재해는 종래 체육 수업이나 부 활동·클럽 활동에 따르는 사고 그리고 풀 등의 학교시설 설비에 관련되는 사고 등이 특히 문제로 되어있었고, 사망·장해 등의 중대사고는 그 보상을 둘러싸고 재판으로 다투어지는 사례도 적지 않았다. 학교 수영장 사고는 1960년대 중반부터, 이지메는 1970년대 중반부터 각각 문제로 대두되었고, 이지메 문제는 그 후 증가 경향을 걸으며 이지메 자살의 발생을 초래하며 현재에 이르고 있다.

1995년 1월, 한신·아와지 대지진이 발생하고, 이것을 계기로 학교시설의 내진화 문제가 크게 거론되며 학교안전이 사회적으로도 주목받았다. 또, 1999년 12월 교토시 히노(日野)초등학교 학생 살해 사건이나 2000년 6월 오사카교육대학 부속 이케다(池田)초등학교 학생 살상사건 등 그때까지는 예측되지 않았던 범죄 혐의자 침입에 의한 살상사건이 학교에서 발생되기에 이르렀다. 학교에 수상한 사람의 침입에 의한 학생의 살상사건 이후 학교에서의 안전 대책이 재차 중시되는 동시에 학교의 안전을 위협하는 기존의 학교사고·사고재해에 대해서도 실태 조사를 근거로 통학로 등을 포함시킨 학교방범의 대응이 본격적으로 전개되었다.

그 외에도 학교의 안전 시점에서 간과할 수 없는 것으로서 병원성 대장균 O157 식중독이나 음식물 알레르기에 관련되는 학교급식 사고, 운동 중 열사병 등에 의한 돌연사, 1998년 이후 학교의 실내 공기 중 화학물질 오염에 의해 신체 이상을 야기하는 '새학교 증후군(sick school syndrome)' 등의 문제가 있었다. 이러한 학교안전의 문제 확산은 새로운 대처를 요청하게 되었다.

이러한 상황을 배경으로 학생의 건강 보유 증진을 도모하기 위

해「학교보건법」(1958년 법률 제56호)이 2008년 6월에 안전에 관한 규정이 새롭게 추가되어「학교보건안전법」(2008년 법률 제73호)으로 개칭, 2009년 4월부터 시행되었다.[2] 학교에 있어서, 사고·재해의 대응을 비롯한 학생 안전에 관계되는 대응은「학교안전」[3]이라고 불려 왔다. 학교안전은 학교시설 설비의 정비나 안전관리 체제의 확립, 안전교육의 실시 등의 제반 시책에 의해 구체화된다. 관련법의 정비는 그러한 시책의 기준, 지침에 영향을 미치는 것으로서 중요한 의미를 가지는데 동법 개정 의의도 매우 크다. 특히 동법은 정부, 지방자치단체, 학교 설치자, 학교현장 등 기존에 모호했던 학교 사고·사고 재해에 따른 책임 소재에 대하여 각각 책임을 명기함으로써 학교안전에 관한 책임법제를 확립하고, 동시에 학교의 안전관리 체제의 확립과 학교안전계획 수립에 따른 안전 대책의 실시를 명확히 하는 등 개정 전의「학교보건법」의 부족함을 보완하는 것으로, 획기적인 개선이라고 평가되었다.

---

2)「학교보건안전법」에서는 '아동생도 등'을 '학교에 재학하는 영아, 아동, 생도 또는 학생'이라고 정의하고 있다 (동법 제2조). 文部科学省(2009c),「学校保健法等の一部を改正する法律」중「新旧対照表」http://www.mext.go.jp/b_menu/houan/kakutei/08040703/gakkouhoken.htm (2016. 5. 2. 인출).

3)「학교안전」이라는 용어는 1960년대 초 경부터 문부성(당시)의『文部時報』나 각종 교육 관계 잡지에서 사용되고 있었다.

3 학교안전의 대상 영역[4]

학교안전은 학교보건, 학교급식과 함께 학교건강교육의 3영역 중 하나이며, 각각 독자적인 기능을 담당하면서, 서로 조화롭게 학생의 건강 보유 증진을 도모하고 있다. 그 중 학교안전의 영역으로서는 '생활안전' '교통안전' '재해안전'의 3영역을 들 수 있다. 더불어 안전에 관한 의식이나 행동 등과 관련한 활동도 그것이 생명 등의 안전 확보에 관련되는 긴급대응을 필요로 하는 경우에는 학교에서의 위기관리로서 포함되어 있다.

'생활안전'에는 일상생활에서 일어나는 사건 · 사고 재해를 다루고, 학생이 범죄 혐의자에 의해 위해를 당하는 사건도 적지 않으므로 유괴나 상해 등의 범죄 피해 방지도 중요한 내용의 하나로 되어 있다. '교통안전'에는 여러 가지 교통 상황에 있어서의 위험과 안전이 포함된다. '재해안전'에는 지진, 해일, 풍수(설)해, 화산 활동과 같은 자연 재해는 물론 화재나 원자력 재해도 포함된다.

한편 학교급식에 있어서의 식중독, 약품 남용, 위법 · 유해 사이트를 통한 범죄, 학생 간 폭력의 방지나 해결 및 학교환경의 위생 등에 대해서는 학교급식, 학교보건, 학생지도 등의 관련 영역에서 취급하는 것이 적절하다고 생각되고 있다. 단, 사건 · 사고 재해를

---

4) 다음의 내용을 참조하여 작성함.

학교안전의 대상 영역은 아래의 내용을 참조하여 작성함. 石川県 教育スポーツ健康課 http://www.pref.ishikawa.lg.jp/kyoiku/hotai/hoken/documents/004sousetsu.pdf#search=%27%E5%AD%A6%E6%A0%A1%E5%AE%89%E5%85%A8%E3%81%AE%E5%AF%BE%E8%B1%A1%E9%A0%98%E5%9F%9F%27 (2017. 8. 21. 인출)

막는 동시에 발생 시의 피해를 최소한으로 하기 위해서는 필요에 따라 관련 영역과 제휴하는 것이 요구된다.

학생의 사건·사고 재해는 모든 장면에 있어서 발생할 수 있으므로 모든 교직원이 학교안전의 중요성을 인식하고, 다양한 대응을 종합적으로 진척시키는 것이 요구되고 있다. 그 때문에 「학교보건안전법」 제27조로 책정·실시가 규정되어 있는 학교안전 계획을 작성하고, 교직원의 공통 이해 아래 계획에 근거한 대응을 진척시켜 가는 것이 중요하다. 학교안전 계획은 안전교육의 각종 계획에 관련된 내용과 안전관리의 내용을 통합하고, 안전에 관한 연간 활동의 종합적인 기본계획으로 교직원의 공통 이해 아래에서 입안하도록 권장되고 있다.

4 학교에서 안전관리의 목적과 방법[5]

안전관리의 목적은 학생의 안전을 확보하기 위한 환경을 갖추는 것, 즉 사고의 요인이 되는 학교환경이나 학생의 학교생활에 있어서의 행동 등 위험을 빠른 시기에 발견하고, 신속하게 제거하는 동시에 만일 사건·사고 재해가 발생했을 경우에 적절한 조치를 취할 수 있는 체제를 확립하고, 학생의 안전 확보를 도모하도록 하는 것

---

5) 학교에서의 안전관리의 목적과 방법은 아래의 내용을 참조하여 작성함. 文部科学省(2004) 「学校安全緊急アピール—子どもの安全を守るために—」 http://www.mext.go.jp/b_menu/shingi/chukyo/chukyo0/gijiroku/attach/1345459.htm (2017. 8. 14. 인출)

에 있다. 학교환경에 있어서의 안전관리의 방법으로 안전점검의
실시와 개선 조치를 들 수 있는데, 안전점검의 목적을 달성하기 위
한 대상과 종류 그리고 이를 위한 방법으로 위기관리 매뉴얼 작성
및 안전점검 후의 개선조치 등은 다음과 같다.

1) 안전점검의 대상과 종류

안전점검의 대상이나 종류는 여러 가지로 분류되고 서로 **복잡**하
게 얽혀져 있다. 또한 안전점검의 대상인 학교환경은 항상 같은 상
태에 있는 것이 아니라 계절 또는 시간, 자연 재해 등에 의해 급하
게 변화된다. 따라서 안전점검을 계속적 · 계획적으로 동시에 하지
않으면 환경이나 행동에 있어서의 **중대한 위험요인**이 간과될 가능
성이 있다. 그러므로 안전점검의 확실한 실시를 촉진시키기 위하
여 그 실시 방법에 대해서 법적으로 정해져 있다. 즉, 「학교보건안
전법 시행 규칙」에 따르면 안전점검은 정기적 · 임시적 · 일상적으
로 나누어 실시하도록 되어 있다.

2) 위기관리 매뉴얼의 작성

학교에 있어서 「학교보건안전법」 제29조로 규정되고 있는 『위
기관리 매뉴얼』을 작성하도록 되어 있다. 생명이나 심신 등에 위해
를 초래하는 여러 가지 위험으로부터 학생을 지키기 위해서는 학교
나 지역사회의 실정에 따른 실효성 있는 대책을 강구하지 않으면
안 된다. 그 중심이 되는 것이 학교가 하는 위기관리이며, 사전에

학교는 적절하고도 확실한 위기관리 체제를 확립하고, 위기관리 매뉴얼의 주지, 훈련 실시 등 교직원이 여러 가지 위기에 적절하게 대처할 수 있게 할 필요가 있다.

학교의 위기관리에서는 체제 구축이 중요하므로 교장, 교감이 책임자가 되고, 교무분장에 의해 안전을 담당하는 교직원이 중심이 되어서 활동할 수 있는 체제를 만들고, 교직원은 각각의 상황에 따라서 평상시 역할을 분담하고 제휴를 하면서 활동을 진척시켜 갈 필요가 있다.

또한 학교는 사건·사고 재해 발생 시에는 신속하고도 적절하게 대응하는 것이 요구된다. 위기관리 매뉴얼에 따라 위기관리책임자인 교장을 중심으로 지체 없이 대응하고, 학생의 안전을 확실하게 확보하며, 신속한 상황파악, 응급처치, 피해의 확대 방지·경감 등을 실시해야 한다.

학교에 있어서 사건·사고 재해가 발생했을 경우에는 학생의 안전확보나 통보 등 필요한 조치를 하는 동시에 신속하게 적절한 응급처치가 행하여지지 않으면 안 된다. 응급처치는 병의 악화를 막고, 이어지는 전문적 처치의 유효성을 높이기 위한 수단이며, 병자의 고통을 완화하는 효과도 있다. 응급처치에는 신속함과 정확함이 요구된다. 따라서 응급처치가 적절하게 행하여지기 위해서는 학교 전체의 구급 및 긴급연락 체제가 확립되어 있을 필요가 있다.

또한 자동 심장충격기(Automated External Defibrillator: AED)에 대해서는, 인디케이터의 램프 색이나 표시가 정상적으로 사용 가능한 상태를 나타내고 있는 것을 일상적으로 확인하는 등 적절한 관리가 필요하다. 나아가 전 교직원이 여러 가지 상황이나 상해 등에 대한 응급처치의 순서와 기능을 습득하고 있는 것이 요구된다.

3) 안전점검 후의 개선 조치

학교환경의 안전 확보에 대해서「학교보건안전법」제28조에 교장은 해당 학교의 시설 또는 설비에 대해서 학생의 안전 확보를 꾀하는 동시에 지장이 되는 사항이 있다고 인정될 경우에는 지체 없이 그 개선을 도모하기 위해 필요한 조치를 강구하고, 또 해당 조치를 강구할 수 없을 때에는 해당 학교의 설치자에 대하여 그 취지를 신청하는 것으로 규정되고 있다.

5 학교보건안전법이 요구하는 내용

2008년 1월 17일, 중앙교육심의회는 '어린이의 심신 건강을 지키고, 안전·안심을 확보하기 위하여 학교 전체로서의 대응을 진척시키기 위한 방책에 대해서'라는 답신을 하였다. 답신은 1958년에 제정된「학교보건법」에 학교보건 및 학교안전에 관계되는 내용이 부가되고, 1954년에 제정된「학교급식법」(법률 제160호)에 음식에 관한 교육을 포함시키면서 "어린이의 건강을 지키고 안전을 확보하는 학교의 대응 자세를 재검토하고 그 충실을 도모해 갈 필요가 있다"[6]라고 말하였다. 물론 그 배경에는 학교사고 재해를 둘러싼 오

---

6) 학교보건안전법이 요구하는 내용에 관해서는 중앙교육심의회(2008) 답신을 참조하여 작성함. 中央教育審議会(2008),「子どもの心身の健康を守り、安全・安心を確保するために学校全体としての取組を進めるための方策について」(答申) http://www.mext.go.jp/b_menu/shingi/chukyo/chukyo0/toushin/__icsFiles/afieldfile/2009/01/14/001_4.pdf (2017. 8. 14. 인출)

랜 세월에 걸친 논의나 대응이 있었다는 것은 말할 필요도 없다.

앞서 언급한 바와 같이 이러한 상황 등에 근거하여 2008년 6월 18일
에 「학교보건법 등의 일부를 개정하는 법률」(2008년, 법률 제73호)[7]
이 공포되어, 2009년 4월 1일부터 「학교보건법」으로부터 명칭이 변
경된 「학교보건안전법」이 개정된 「학교급식법」과 함께 시행되었다.

법에서 요구하고 있는 주요 내용으로 학교 설치자의 책무로서
학교시설 설비 관리 운영 체제의 정비가 각각 명시되어 있고(제3조,
제4조). 특히 학교보건에 대해서는 학교환경 위생 기준의 책정(제6조),
건강 상담 실시(제8조)가 명시되어 있다. 또한 학교안전에 대해서
는, 학교시설 설비의 안전점검, 안전지도 및 직원연수 등에 관계되
는 학교안전 계획의 책정(제27조), 교장에 의한 학교환경의 안전 확
보(제28조), 위험 등 발생 시의 대처 요령의 작성(제29조), 보호자,
관계기관 등과의 제휴(제30조) 등이 명기되었다. 한편, 학교급식법
개정에서는 음식에 관한 교육의 추진, 학교급식 실시 기준의 책정,
학교급식 위생관리 기준의 책정, 영양교사에 의한 학교급식을 활용
한 실천적인 지도 등이 규정되었다.

그중 학교보건에 관한 양호교사에 관해서는 법적으로는 "당분간
두지 아니할 수 있다"로 되어 있는 규정(「학교교육법」 제37조, 제49조
및 제69조의 규정에 관련된 부칙 제7조)이 개정되지 않은 채 남겨져서

---

7) 이 법에 의해 개정된 법률은 「학교보건법」, 「학교급식법」 외에 야간과정을 두
   는 고등학교에서 「학교급식에 관한 법률」, 「특별지원학교의 유치부 및 고등학
   교의 급식에 관한 법률」, 「시정촌립(市町村立) 학교직원 급여부담법」 등 모두
   17건이다. 文部科学省(2009a), 「学校保健法等の一部を改正する法律」 http://
   www.mext.go.jp/b_menu/houan/kakutei/08040703/gakkouhoken.htm
   (2016. 5. 3. 인출).

학교보건 활동 현황에 대한 단순한 추인 조치로 끝날 수 있다는 지적도 있다.

학교안전에 관해서는 국가 및 지방자치단체의 재정 조치 의무와 학교안전 추진 계획 책정 의무를 명확히 함으로써 향후 중앙 정부나 지방자치단체 차원의 종합적인 학교안전 정책의 수행에 유용하게 활용될 것으로 기대된다.

 학교보건안전법 발효 이후의 후속 조치

이상 살펴본 바와 같이 일본에서는 「학교보건안전법」의 제정에 의해 지금까지 애매했던 학교 사고·재해에 영향을 미칠 책임의 소재가 명확히 되었고, 각각의 책임에 근거한 역할과 대응이 요청되게 되었다. 또 동법에서는 학교에 있어서의 안전관리 체제의 확립과 안전계획의 책정이 명기되어 사건·사고의 발생에 관계없이 학교가 안전대책에 대응하는 책임이 명확히 되어 사고·재해의 사후 대책이 아니고 예방을 중시한 일상적인 대처가 중시되도록 되었다. 후속 조치로 학교시설의 보전·관리 기준이나 사고방지 기준 등에 대해서는 안전기준 책정 등으로 현실화되고 있다. 실제로 적절한 학교시설 설비의 정비를 진척시키기 위하여 실태적인 기준의 내용이 만들어졌고, 현장조사에 의한 실태 파악과 그것에 근거한 개선이 이루어지고 있으며, 향후의 개선 상황조사와 대응 등을 거치며 더욱 공고해 질 것으로 사료된다.

학교안전 대책에 전념하는 직원 등의 배치에 관해서는 교직원과 전문직의 역할을 명확히 하고 실제로 기능할 수 있는 학교안전 관리 체제를 확립하는 가운데 어떤 형태로 실현해야 하는지에 대해서 폭넓은 논의를 갖고 정비해 오고 있다. 학교에서의 기존 안전 관리 체제하에서는 새로 배치되는 전문직 등이 충분히 기능하기 어렵다고 생각되었기 때문이다.

학교보안에 관해서는 학교의 안전은 학교만으로는 지킬 수 없다는 현대적 상황을 근거로 필요한 경우에는 외부 지원 등을 적극적으로 요청하는 것이 중요하다. 학교안전의 문제는 학교뿐만 아니라 학교를 둘러싼 지역사회의 안전에 대한 대응과 제휴·협동에 의해 이루어진다는 생각이 확대되고 있다. 그리고 그것은 안전의 전제가 되는 건강 증진 활동과도 밀접하게 결합되고 있다. 학교와 지역과의 연계는 지역 주민이 주민 자신의 건강과 안전 문제를 학교안전 문제와 연결시킬 때 실질적인 효과를 거둘 수 있다. 학교·가정·지역 사회가 각각 역할을 발휘함과 동시에 어떻게 연계하여 공통적인 활동을 할 것인지가 안전 실현의 열쇠가 된다.

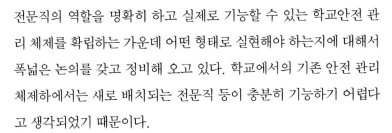 최근의 법적 체제 정비

일본에서는 최근 이지메 문제와 아동학대가 특히 큰 문제가 되고 있다. 이지메는 1980년대 후반 이후 현재까지 매우 심각한 상태이며, 대응이 요구되는 문제가 끊임없이 계속되고 있다. 2016년에도 아이치현(愛知県), 아오모리현(青森県), 미야기현(宮城県) 등에서 중학생 자살 사건이 잇따라 일어나 각종 매스컴에 보도되었다.

또한 아동학대는 근래 십수 년간 부모가 친자식을 죽이거나 다치게 하는 사건이 끊이지 않고 있다.

이지메는 2011년 10월에 일어난 시가현(滋賀県) 오츠시(大津市)의 중학생 이지메 자살 사건에 대하여 시장, 교육위원회, 교원, 연구자, 주민을 포함하여 큰 논란이 야기되었다. 오츠시교육위원회는 이지메 자살을 교원이 이지메를 인지하고 있었으나 방치하고 있었다는 현의 의견에 대하여 교원 편에 서서 해결하려고 했다. 하지만 오츠시장은 이지메 문제를 철저히 확인하고 교육위원회와 대립했다. 이에 주변 자치단체의 지사, 시정촌장, 연구자, 주민이 참여하게 되었다.

이 사건으로 기존 법률이 개정되어 새로운 법률이 만들어졌다. 그것은 2013년의 「이지메 방지 대책 추진법(いじめ防止対策推進法)」 제정이며, 2014년의 「지방교육행정의 조직과 운영에 관한 법률(地方教育行政の組織及び運営に関する法律)」 개정이다. 「이지메 방지 대책 추진법」에서는 이지메의 정의를 학생이 심신의 고통을 느끼고 있는 것으로 하고, 신체를 손상시키거나 폭력을 행사하는 것은 물론, 동료로부터 따돌림을 받거나 인터넷에 악성 글을 올리는 것을 포함하여 명확하게 명시하였다.

학교는 학부모, 지역 주민, 학생상담소 등 관계자와 연계하여 이지메 방지와 조기 발견에 노력하도록 요구했고, 이지메 방지 기본 방침을 정하고 이지메 방지 조직을 두도록 의무화했다. 이지메가 의심되는 경우에는 이러한 방지 조직에서 정보를 수집하고 교육위원회에 보고하도록 하였다.

또한 「지방교육행정의 조직과 운영에 관한 법률」의 개정에 따라

교육장과 교육위원장을 통합(교육장은 존속, 교육위원장은 폐지)하고, 교육장의 임명·해임에 대해 지사·시정촌장이 중요한 역할을 하도록 되었다. 그리고 도도부현, 시정촌마다 자치단체의 교육행정의 최종 결정을 하는 조직으로 '종합교육회의'가 설치되어 지사, 시정촌장, 교육장은 이 회의의 참가자가 되었다.

하지만 이지메 자살 사건은 전혀 줄어들지 않고 있다. 이지메의 발생을 감지하는 것, 이지메의 정보를 학교 관계자와 공유하여 이지메 문제에 적절하게 대응하는 등의 대책이 아직 이지메 방지 대책 추진법에서는 충분하지 않다는 목소리가 강해지고 있다. 현재 아직 「이지메 방지 대책 추진법」의 개정은 이루어지고 있지 않지만 향후 개정될 가능성은 매우 높다고 하겠다.

한편 아동학대에 대해서는 1990년대 중반에 아동학대가 사회문제화되자 2000년에 「아동학대방지법」이 제정되었다. 아동학대를 18세 미만의 어린이에 대한 신체적 학대, 성적 학대, 방치, 심리적 학대 4가지로 정의하고 법으로 금지하였다.

그러나 동법 성립 및 시행 후에도 아동학대가 잇따르자 2004년에 법이 개정되어 학대의 확증이 없어도 학대가 의심되는 경우에는 아동상담소 등에 통보하는 것이 의무화되었다. 2008년 개정에서는 아동상담소의 권한이 강화되어 현장조사에 부모의 동의를 얻지 못해도 법원의 허가를 얻으면 강제로 출입할 수 있게 되었다.

하지만 2015년 이후에도 아동학대로 아이가 죽는 사례가 많이 발생하자, 2016년 5월에 「아동학대방지법」에 대하여 전체 당파 전원일치로 개정하기에 이르렀다. 동법의 개정에서는 경험이 풍부한 전문 아동복지사 및 변호사를 아동상담소에 의무배치하고, 가정에

강제로 들어가서 조사할 수 있는 출입 절차의 간소화 등이 포함되었다. 또한 의료 기관이나 학교, 아동복지시설 등은 아동상담소의 요구에 따라 학대 어린이에 관한 자료를 제공하는 것이 의무화되었다.

아동학대와 관련하여 1989년에 국제연합(UN)이 정한 「아동권리협약」은 비준 당사국들 사이에 국제법적 지위를 가지고 있는데, 동 협약에서는 아동학대에 대하여 포괄적으로 규정하고 있다. 동 협약 제19조 제1항에서는 "당사국은 아동이 부모나 법정후견인, 다른 보호자로부터 양육되는 동안 모든 형태의 신체적·정신적 폭력, 상해나 학대, 유기, 부당한 대우, 성적인 학대를 비롯한 착취로부터 아동을 보호하기 위해 모든 적절한 입법적·행정적·사회적·교육적 조치를 취하여야 한다."라고 규정하고 있다. 또한 제2항에서는 이러한 보호조치 속에는 아동 및 아동의 양육책임자에게 필요한 지원을 제공하기 위한 사회계획의 수립과 동조 제1항에 규정된 아동학대 사례에 대하여 여러 형태로 방지하거나 학대 사례를 확인·보고·조회·조사·처리·추적하고, 필요한 경우 사법적 개입이 가능한 효과적인 절차가 적절히 포함되어야 한다고 규정하고 있다. 즉, 아동의 성장에 위해 요소가 될 수 있는 모든 범위의 행위를 학대로 규정함으로써 아동학대의 개념을 폭넓게 정의하고 있다.

 **시사점**

이상으로 일본의 학교안전과 관련한 법규범 체제 및 최근의 아

동 안전에 관한 현황에 대하여 살펴보았다. 학교의 위기개입에 관해서는 지속적인 대응이 중요하다. 아울러 사고 해결 후에 학생뿐 아니라 교직원까지 포함한 정신위생 케어 등의 실시 체제 확립도 중요하다. 즉, 학교안전은 사건이나 사고 대응이라는 일시적이고 특별한 것이 아니라 일상적인 학교생활의 안전 의식과 행동의 문제로 파악하는 것이 절실하다고 하겠다.

안전은 언제 어디서나 예측의 범위를 넘어 위협받을 것을 전제로 발생하는 위험에 대비하여 안전을 확보하면서 위기관리시스템의 정비에 의해 위험을 최소화하려는 노력이 필요하다. 또한 안전한 사회를 구축하기 위하여 조직과 함께 개인의 안전에 대한 지식과 의식을 고양함으로써 안전한 사회 구축에 필요한 개인의 역할을 다할 수 있는 분위기의 조성 역시 중요하다.

살펴본 바와 같이 향후 일본의 학교안전에 있어서는 학교안전 체제와 학교안전 계획에 근거하여 예방을 중시한 일상적인 대처 방향으로 진행될 것이다. 안전하고 안심할 수 있는 사회를 실현하기 위한 법규범이 지닌 긍정과 부정의 양면을 충분히 고려하여 어디까지 안전하고 안심할 수 있는 사회를 실현할지 합리적으로 결정해 나갈 것으로 본다. 이러한 일본의 안전·안심 대책의 방향성은 우리나라의 학교안전 체제를 확립하는 데 많은 시사를 줄 것으로 본다.

✎ 참고문헌

石川県 教育スポーツ健康課「学校安全の対象領域」http://www.pref.

ishikawa.lg.jp/kyoiku/hotai/hoken/documents/004sousetsu.pdf#se
arch=%27%E5%AD%A6%E6%A0%A1%E5%AE%89%E5%85%A8%E3
%81%AE%E5%AF%BE%E8%B1%A1%E9%A0%98%E5%9F%9F%27
(2017. 8. 21. 인출).

喜多明人(2009.03.), 学校保健安全法の意義と活かし方―学校現場依存
　　主義からの脱却, 季刊教育法, No.160.

中央教育審議会(2008), 「子どもの心身の健康を守り、安全·安心を確
　　保するために学校全体としての取組を進めるための方策について
　　(答申) http://www.mext.go.jp/b_menu/shingi/chukyo/chukyo0/
　　toushin/__icsFiles/afieldfile/2009/01/14/001_4.pdf(2017. 8. 14. 인출).

文部科学省(2004), 資料2「学校安全緊急アピール―子どもの安全を守
　　るために―」(「学校安全に関する具体的な留意事項等」の骨子)
　　http://www.mext.go.jp/b_menu/shingi/chukyo/chukyo0/gijiroku/
　　attach/1345459.htm (2017. 8. 14. 인출).

文部科学省(2009a), 「学校保健法等の一部を改正する法律」http://www.
　　mext.go.jp/b_menu/houan/kakutei/08040703/gakkouhoken.htm
　　(2016. 5. 3. 인출).

文部科学省(2009b) 「学校保健法等の一部を改正する法律の概要」,
　　http://www.mext.go.jp/component/b_menu/other/__icsFiles/afiel
　　dfile/2009/04/01/1236264_001.pdf (2016. 5. 2. 인출).

文部科学省(2009c), 「学校保健法等の一部を改正する法律」중「新旧対
　　照表」http://www.mext.go.jp/component/b_menu/other/__icsFiles/
　　afieldfile/2009/04/01/1236264_003.pdf (2016. 5. 2. 인출).

제 2 장
이지메와
학교 안전 · 안심 교육

남경희 (서울교육대학교)

제2장
이지메와 학교 안전·안심 교육[1)]

남경희 (서울교육대학교)

 1 이지메의 사회문제화

이지메는 타자를 공격하는 하나의 형태라 하겠다. 현대 사회에서는 학력 경쟁 격화, 격차 사회 진행, 다문화 사회 진입, 단절 사회 등과 같은 현상이 심화되고 있다. 이지메는 이런 사회에서 발생하는 억압, 불안, 불만이나 소외 등을 왜곡된 형태로 해소하려는 것에서 나타났다. 이런 점에서 오늘날 이지메의 문제는 학교폭력에 포함되면서도 고유의 특성을 가진 독자 영역으로 보는 것이 일반적이다.

이지메는 어떤 시대나 사회에서도 있었으며, 시대와 사회에 따라 그 양상이 다르게 변화하여 왔다고 할 수 있다. 오늘날의 이지메

---

1) 이 글은 『한국초등교육』 제26권 제4호(2015)에 실린 필자의 논문 「일본 사회의 집단괴롭힘에 대한 인식 진전과 접근」을 수정·보완한 것임.

는 음습하고 집요하며 그 수단이 교묘하고 지능화하여 조기에 발견
이 어렵고 장기화하는 특성을 보이고 있다. 이로 인해 희생자가 발
생할 정도로 심각해진 후에 비로소 이지메가 발견되어 문제해결이
더욱 어려워지고 있다.[2] 이러한 이지메는 갑자기 발생하는 것이
아니라 일상생활에서 집단 내의 상호작용을 영위하여 가는 가운데
맹아가 되고 점차 심화되어 간다. 일반적으로 〈표 2-1〉에서와 같
이 초등학교에서는 학년이 높아짐에 따라 이지메가 점차 증가하다
가 중학교 1, 2학년에서 급증하고, 중학교 3학년 이후에는 점차 감
소해 가는 경향을 보이고 있다.

〈표 2-1〉 이지메의 인지건수

구분	1학년	2학년	3학년	4학년	5학년	6학년	계
초등학교	25,816	28,342	27,566	25,436	24,231	20,301	151,692
중학교	31,085	19,637	8,780	–	–	–	59,502
고등학교	6,412	3,989	2,225	38	–	–	12,664

출처: 文部科学省[3](2017: 29).

---

2) 오늘날 이지메의 특징으로 히루다 겐지로(昼田源四郎) 씨는 다음 8가지를 들고
　있다(1997: 76). ① 본래는 도움이나 우정이 기대되는 학급 동료나 친구 간에
　생긴다. ② 놀이나 게임 감각으로 일어난다. ③ 상투적인 수법이 잔혹·음습
　하다. ④ 집요하게 장기간 계속된다. ⑤ 소수의 학생을 집단으로 하는 형태를
　취하고 책임 소재가 애매하고 죄의식이 없다. ⑥ 상대의 입장에서 생각하는 공
　감능력이 결여되어 있다. ⑦ 교묘하게 숨겨져 행해지는 탓에 피해자도 주위에
　도움을 구하지 않는 경향이 있다. ⑧ 주위의 동료도 무관심하거나 보고도 못 본
　체하고 회피한다. 반면, 사카이 료지(酒井亮爾)는 4가지를 들고 있다(1995: 16-
　17). ① 집단으로 1인에게 하는 경우가 많고, 계층화하고 있다. ② 수법이 교묘
　하고 교사나 성인의 눈이 닿지 않는 곳에서 행해진다. ③ 방법이 집요하고 음습
　하다. ④ 계속하여 철저히 한다.

일본에서 이지메의 문제가 커다란 사회문제로 비화되기 시작한 것은 1980년대 전반으로 이때를 전후하여 종전과는 달리 이지메가 음습화 · 장기화 · 집단화되기 시작했고, 이로 인한 자살이 연이어 발생하였다. 이처럼 이지메가 학생들을 죽음으로 몰고 갈 정도로 심각한 피해를 발생시키자 1985년 4월 16일에 문부성에 설치된 '학생의 문제행동에 관한 검토회의(児童生徒の問題行動に関する検討会議)'에서는 그해 6월에 '이지메 문제의 해결을 위한 긴급 제언(いじめ問題の解決のための緊急アピール)'을 공표하였다. 나아가서 문부성은 1985년 10월 25일에 '이지메의 실태 및 지도상황 등'에 관하여 파악하는 조사를 최초로 개시하고, 1986년에 이지메의 사회문제화가 절정에 이르자 이의 실태조사를 매년 실시하여 오늘에 이르고 있다(国立教育政策研究所編, 2012: 13–14).

오늘날 이지메는 일상적 · 계속적으로 일어나고 있고, 과거와 달리 누구나 가해자나 피해자가 될 가능성이 높으며 실제로 이러한 경우를 다수 찾아볼 수 있다. 이지메는 개인의 생명과 관련되는 인권문제이자 교육문제이고, 사회구조적인 문제로 안전 · 안심한 학교환경을 만들기 위하여 그 해결을 도모하는 것은 매우 지난하고도 시급한 교육적 과제라 하겠다.

---

3) 2011년 1월 6일 문부성(文部省)과 과학기술청(科学技術庁)을 통합하여 문부과학성(文部科学省)을 설치하였기에, 시기에 따라 문부성과 문부과학성 등 해당 명칭을 혼용하여 사용함.

 2 이지메의 발생 실태와 양태

1) 이지메의 발생 실태

문부과학성에서는 매년 전국의 공립 중학교 및 고등학교에서 발생하는 교내폭력 발생 상황을 비롯하여 등교 거부 및 이지메 문제 등을 전수조사하고, 이를 사회 변화와 더불어 다양화하는 학생을 둘러싼 문제에 적절하게 대응하고, 효과적인 시책을 강구하기 위한 기초 자료로 삼고 있다.

학교를 대상으로 한 조사 사항은 다음과 같다. 폭력행위 상황, 출석정지 조치 상황, 이지메 상황, 등교 거부 상황, 장기결석 상황, 중도퇴학자수 상황, 자살 상황, 교육상담 상황 등이다.

이지메의 인지(발생)건수는 1994년도, 2006년도 및 2013년도에 조사방법을 수정하였기 때문에, 비교가 가능한 연도를 기준으로 한 〈표 2-2〉 및 〈표 2-3〉을 보면 다음과 같다. 이지메의 인지(발생)건수 추이는 1985년에 155,066건이었으나 1986년부터 1993년에는 21,598건까지 급감하고 있고, 1994년도에서 2005년도 사이에는 절반 가까이 감소하고 있다. 그 이후 2006년도에서 2011년도 사이에는 감소하다가 2012년에 다시 증가하고 있다.

또한, 이지메의 인지(발생)율 역시 이지메의 인지(발생)건수와 같은 추이를 보이고 있다. 이지메는 단기적으로 치유될 수 있는 문제가 아니라 장기적으로 꾸준하게 사회 각계각층의 모든 구성원이 힘을 합쳐 노력해야 되는 문제라는 것을 보여 주는 자료라 하겠다.

〈표 2-2〉 이지메의 인지(발생)건수의 추이[4)]

연도	’85	’86	’87	’88	’89	’90	’91	’92	’93			
계	155,066	52,610	35,067	29,786	29,088	24,308	22,062	23,258	21,598			
연도	’94	’95	’96	’97	’98	’99	’00	’01	’02	’03	’04	’05
계	56,601	60,096	51,544	42,790	36,396	31,359	30,918	25,037	22,205	23,351	21,671	20,143
연도	’06	’07	’08	’09	’10	’11	’12					
계	124,898	101,097	84,648	72,778	77,630	70,231	198,109					
연도	’13	’14	’15									
계	185,803	188,072	225,132									

출처: 文部科学省(2017: 24).

*1993년도까지는 공립 소·중고등학교를 대상으로 함. 1994년도부터는 특수교육학교,
　2006년도부터는 국·사립학교, 중등교육학교가 포함됨.

**1994년도 및 2006년도에 조사방법이 수정됨.

***2005년도까지는 발생건수, 2006년도부터는 인지건수임.

****2013년도부터는 고등학교에 통신제과정이 포함됨.

---

4) 종래의 조사에 의하여 파악된 이지메의 건수는 발생건수로 명명되었다. 여기
　서는 교사에 의하여 파악된 개개 이지메의 사례를 학교에서 정리하고, 시정촌
　교육위원회에 보고하고 집약한 것이 도도부현교육위원회를 통하여 문부과학
　성에 보고되는 절차를 취하고 있다. 따라서 이것은 발생건수가 아니라 교사가
　인지한 인지건수에 불과한 자료로 그 특징을 정확하게 표현하지 못하고 있다
　는 비판을 받아왔다. 교사나 학교에 의한 인지 건수를 발생 건수로 파악한 것이
　라서 2006년부터는 이를 인지건수로 수정하여 명명하고 있다. 이는 이지메의
　통계에 대한 명명의 문제로 통계 숫자가 의미하는 것은 발생건수라고 하기 보
　다는 인지건수로 명명하는 것이 옳다는 점에서 의의 있는 수정이라 하겠다.

〈표 2-3〉 이지메의 동향(천 명당 인지건수)

연도	'85	'86	'87	'88	'89	'90	'91	'92	'93			
계	7.6	2.6	1.8	1.5	1.5	1.3	1.2	1.3	1.3			
연도	'94	'95	'96	'97	'98	'99	'00	'01	'02	'03	'04	'05
계	3.5	3.8	3.3	2.8	2.5	2.2	2.2	1.8	1.6	1.7	1.6	1.5
연도	'06	'07	'08	'09	'10	'11	'12					
계	8.7	7.1	6.0	5.1	5.5	5.0	14.3					
연도	'13	'14	'15									
계	13.4	13.7	16.5									

출처: 文部科学省(2017: 24).

2) 이지메의 양태

이지메의 양태로는 다음 〈표 2-4〉에서와 같이 희롱이나 조롱 등을 하는 것(63.4%), 놀이인 것처럼 위장하고 실제로는 치거나 차기를 하는 것(22.7%), 동료에서 제외하거나 집단에서 무시하는 것(17.6%)과 같은 유형이 많이 발생하고 있음을 알 수 있다. 이 밖에 심하게 부딪히거나 치기 · 차기를 하는 것, 금품을 갈취하거나 손상하는 것, 싫은 것이나 부끄러운 것, 위험한 것을 시키는 것, PC나 휴대 전화를 통해 비방 · 중상하는 것 등과 같은 유형의 이지메가 발생하고 있음을 알 수 있다. 이러한 양태는 이지메를 방지하기 위해 실시하는 다양한 형태의 교육이나 연수에 매우 유익한 자료로 활용될 수 있다 하겠다.

〈표 2-4〉 이지메 양태

구분	초등학교		중학교		고등학교		특별지원 학교		계	
	건수	구성비(%)	건수	구성비(%)	건수	구성비(%)	건수	구성비(%)	건수	구성비(%)
희롱, 조롱 등	94,353	62.2	39,952	67.1	7,767	61.3	733	57.5	142,805	63.4
동료에서 제외, 집단에서 무시	28,525	18.8	9,086	15.3	1,960	15.5	132	10.4	39,703	17.6
놀이인 체하면서 치거나 차기	38,889	25.6	10,067	16.9	1,784	14.1	319	25.0	51,059	22.7
심하게 부딪히거나 차기	13,736	9.1	3,447	5.8	675	5.3	76	6.0	17,934	8.0
금품갈취	2,816	1.9	894	1.5	413	3.3	29	2.3	4,152	1.8
금품은닉, 버리기 등	10,275	6.8	3,636	6.1	769	6.1	78	6.1	14,758	6.6
싫거나 위험한 것 시키기 등	12,317	8.1	4,222	7.1	964	7.6	108	8.5	17,611	7.8
PC, 휴대 전화로 비방·중상	2,075	1.4	4,644	7.8	2,365	18.7	103	8.1	9,187	4.1
기타	6,729	4.4	1,886	3.2	569	4.5	63	4.9	9,247	4.1
인지건수	151,692		59,502		12,664		1,274		225,132	

출처: 文部科学省(2017: 31).

*복수회답임.

**구성비는 각 구분에 있어 인지건수에 대한 비율임.

3) 이지메의 실태 파악 및 상담 상황

학교에서 이지메의 실태를 파악하는 방법으로는 〈표 2-5〉에서

와 같이 앙케이트 조사(99.3%), 개별면담(89.4%), 가정방문(64.7%), 생활 노트(55.5%, 교직원과 학생 사이에서 일상으로 행해지는 일기) 등이 많이 활용되고 있다. 또한 이지메를 당한 학생의 상담 상황을 보면 〈표 2-6〉에서와 같이 학급담임(74.7%), 보호자나 가족 등(26.1%), 학급담임 외의 교직원(9.7%)에게 상담하는 비율이 높은 것으로 나와 있다. 이는 이지메의 실태 파악이나 예방 측면에서 이들의 역할이 매우 중요하고, 따라서 이들에게 정보를 제공하고, 연수 기회를 부여하는 것 등이 필요하다는 점을 시사하고 있다.

〈표 2-5〉 학교에서 이지메의 실태 파악 방법

구분	초등학교		중학교		고등학교		특별지원 학교		계	
	건수	구성비 (%)	건수	구성비 (%)	건수	구성비 (%)	건수	구성비 (%)	건수	구성비 (%)
앙케이트	12,758	99.8	7,528	99.3	2,810	97.4	290	94.2	23,386	99.3
개별면담	11,117	87.0	7,170	94.6	2,512	87.1	252	81.8	21,051	89.4
생활 노트	6,437	50.3	6,046	79.8	445	15.4	145	47.1	13,073	55.5
가정방문	8,727	68.3	5,531	73.0	861	29.9	119	38.6	15,238	64.7
기타	1048	8.2	412	5.4	107	3.7	29	9.4	1,596	6.8

출처: 文部科学省(2017: 37).
*복수 회답을 가능하게 함.
**구성비는 각 구분에 있어서 이지메를 인지한 학교 수에 대한 비율임.

〈표 2-6〉 이지메를 당한 학생의 상담 상황

상담 대상 구분	초등학교		중학교		고등학교		특별지원 학교		계	
	건수	구성비(%)	건수	구성비(%)	건수	구성비(%)	건수	구성비(%)	건수	구성비(%)
학급담임	114,956	75.8	44,269	74.4	7,961	62.9	937	73.5	168,123	74.7
교직원	8,586	5.7	10,508	17.7	2,459	19.4	198	15.5	21,751	9.7
양호교사	3,973	2.6	3,436	5.8	1,062	8.4	37	2.9	8,508	3.8
상담원	2,826	1.9	2,730	4.6	719	5.7	23	1.8	6,298	2.8
학교 외 상담기관	1,038	0.7	809	1.4	138	1.1	12	0.9	1,997	0.9
보호자나 가족 등	40,088	26.4	15,934	26.8	2,469	19.5	199	15.6	58,690	26.1
친구	10,446	6.9	5,934	10.0	1,658	13.1	70	5.5	18,108	8.0
기타	955	0.6	498	0.8	59	0.5	22	1.7	1,534	0.7
상담 안 함	10,514	6.9	3,913	6.6	1,857	14.7	156	12.2	16,440	7.3
인지건수	151,692		59,502		12,664		1,274		225,132	

출처: 文部科学省(2017: 31).

*복수 회답을 가능하게 함.

**구성비는 각 구분에 있어서 인지건수에 대한 비율임.

3 이지메의 정의 및 시기별 인식

1) 이지메의 정의에 관한 인식

문부과학성은 이지메 문제의 진전에 따라 이에 대한 정의를 변경해왔다. 이를 통해 기본적으로 이지메에 대한 관점이 어떻게 변화해 왔는지를 고찰해 볼 수 있다.

첫째, 문부성은 이지메가 사회문제화함에 따라 1985년에 최초로 이에 대한 정의를 다음과 같이 하였다(http://www.nara-edu.ac.jp).

> 자기보다 약한 자에 대하여 일방적으로, 신체적 · 심리적 공격을 계속적으로 가하고, 상대가 심각한 고통을 감지하고 있는 것, 학교에서 그 사실을 확인하고 있을 것, 또한 일어난 장소는 학교 내외를 불문한다.

그런데 이와 같은 정의는 오늘날 반드시 약한 자만이 이지메를 당하는 것이 아니라는 점과 심각한 고통을 감지하는 것은 피해 당사자이지 학교가 아니라는 점에서 피해자의 입장을 충분히 살리지 못했다는 비판을 받았다(尾木直樹, 2013: 17).

둘째, 이러한 비판에 따라 문부과학성은 1994년에 1985년에 내린 이지메에 대한 정의의 일부를 다음과 같이 수정하였다. 피해자 측의 시점에서 학교의 확인이라는 표면적 · 형식적인 우선 조건에서 벗어나 학생 본인의 호소가 있으면 이지메로 확인하는 것으로 다음과 같이 변경한 것이다(http://www.nara-edu.ac.jp).

> 자기보다 약한 자에 대하여 일방적으로, 신체적 · 심리적 공격을 계속적으로 가하고, 상대가 심각한 고통을 감지하고 있는 것, 개개의 행위가 이지메에 해당하는지 여부의 판단을 표면적 · 형식적으로 행하지 않고, 이지메를 당하고 있는 학생의 입장에서 행한다. 또한 일어난 장소는 학교 내외를 불문한다.

이러한 정의는 당사자가 괴롭다고 느끼면 이지메로 인식하고 피해자의 구제에 나서야 한다는 점에서 피해 당사자의 입장으로 일보 진전한 것이라 하겠다. 그렇지만 나머지 조건에 대해서는 진전이 없었다는 점에서 여전히 비판을 받았다.

셋째, 이로부터 13년 후인 2007년에 와서 문부과학성은 피해자의 시점에서 이지메에 대한 정의를 다음과 같이 대폭으로 변경하였다(http://www.mext.go.jp 〉 (전략) 〉 小学校, 中学校, 高等学校 〉 生徒指導等について).

> 당해 학생이 일정의 인간관계가 있는 자로부터, 심리적·물리적인 공격을 받음에 의해, 정신적인 고통을 감지하고 있는 것

이러한 정의는 1985년이나 1994년의 정의에서 '약한 자'라는 이지메의 시점이나 '계속적' 또는 '심각한' 등과 같은 표현이 삭제됨으로써(相馬誠一, 2012: 10; 尾木直樹, 2013: 18; 森田洋司, 2013: 109) 피해자의 입장에 보다 많이 접근한 것으로 평가받고 있다.

〈표 2-7〉 이지메에 대한 문부과학성의 관점 변화

이지메의 구성 요소		1985	1994	2007
관계성	자기보다 약한 자에 대해 일방적으로	○	○	
	일정의 인간관계가 있는 자			○
계속성	신체적·심리적인 공격을 계속적으로	○	○	
	심리적·물리적인 공격을			○

피해자	심각한 고통을 감지	○	○	
반응	정신적 고통을 감지			○
이지메의	학교가 확인하는 것으로	○		
확인	본인의 호소만으로		○	○

출처: 杉森伸吉(2012).

　　1985년에 문부과학성이 이지메를 정의한 후에 발생한 1986년의 사카가와 히로후미(鹿川裕史) 학생의 자살 사건은 이지메에 대한 사회적 인식에 커다란 영향을 주었다. 그러나 사회 전체로 이지메를 추방해야 한다는 인식에 결정적으로 영향을 미친 것은 10년 후에 일어난 1994년의 오오코우치 키요테루(大河内清輝) 학생의 자살 사건이었다.

　　이지메의 정의 역시 이러한 사건을 계기로 보다 피해자의 시점에서 기술하게 되었다. 1985년부터 1994년까지는 힘의 비대칭성, 계속성, 심각한 고통, 학교의 확인이라는 4가지 요소가 없으면 이지메로 인정되지 않았으나 1994년부터는 학교의 확인이 없어도 인정이 되었다. 그리고 2007년부터는 정신적 고통을 감지하고 있으면 힘의 비대칭성과 계속성이 없어도 이지메로 인정되고 있다. 이지메에 대한 정의가 피해자의 입장이라는 시점에서 현실에 부합되는 방향으로 변화와 진전을 보고 있는 것이다. 이는 일본 사회가 이지메 문제를 중대한 사회병리 문제로 보면서 이에 보다 적극적으로 대처하겠다는 강한 의지를 표명한 것이라 하겠다.

2) 이지메에 관한 시기별 인식

이지메의 진전 시기에 대해 이지메가 일본 사회에서 사회문제화한 것을 기준으로 오키 나오키(尾木直樹)는 4기로(2013: 2-15), 모리다 요지(森田洋司)는 3파(기)로(2013: 40-64) 구분하여 그 특징을 파악하고 있으나 별반 차이는 없다. 오키의 견해에 따라 4기로 나누어 설명한다.

1기는 1985년을 전후로 이지메가 사회문제로서 등장한 시기이다. 1970년대 후반부터 1980년대 중반에 걸쳐 이지메 문제가 발견되고 서적, 잡지 등의 공공 인쇄물에 보도되기 시작하면서 점차 사회적인 관심을 끌기 시작하였다. 그러다가 1986년 2월 도쿄도(東京都)의 중학 2년생인 사카가와가 장례 놀이가 주된 원인이 된 이지메로 자살한 사건이 결정적인 계기가 되어 이지메를 정의하고 사회적인 대응을 시스템화하기 시작하였다.

2기는 1995년을 전후로 이지메에 의한 심각한 피해가 다시 부각화된 시기이다. 1994년 11월 아이치현(愛知県)의 중학 2년생인 오코우치 기요테루(大河内清輝) 학생이 이지메로 자살한 사건이 대표적이다. 초등학교 6학년 무렵부터 동급생에 의한 이지메가 시작되어 다액의 현금을 갈취 당하는 등 공갈, 폭행과 같은 범죄행위를 수반한 매우 악질적인 사건이다. 이를 계기로 이지메의 정의를 변경하고, 이지메의 사전 방지를 위하여 전국적으로 카운슬러를 배치하기 시작하였다.

3기는 2006년을 전후로 이지메의 문제가 다시 일본 사회에 커다란 파문을 일으킨 시기이다. 2005년 9월 홋카이도(北海道) 류가와

시(龍川市)의 소학교 6학년생이, 2006년에는 후쿠오카현(福岡県) 치쿠젠정(筑前町)의 중학 2년생인 모리 게이스케(森啓祐) 학생 등 이 자살하는 사건이 발생하였다. 이를 계기로 교육재생회의가 설 치되고, 교육기본법이 개정되었으며, 행위자의 사회적 행위 책임이 부과되었다.

4기는 2012년을 전후로 이지메 문제가 다시 일본 사회에 커다란 파문을 일으킨 시기이다. 2011년 시가현(滋賀県) 오쓰시(大津市)의 중학 2년생, 2012년 효고현(兵庫県) 가와니시(川西市)의 고교 2년 생 등이 자살한 사건이다. 이를 계기로 인권 의식 및 학교와 행정의 진지성에 진전이 있었다. 그리고 2014년에 「이지메 방지 대책 추 진법」이 제정되기에 이르렀다.

이상의 4기를 시기별로 발생한 대표 사례 및 그 특징을 정리하면 〈표 2-8〉과 같다.

〈표 2-8〉 이지메의 시기별 분류

구분	시기	대표 사례	특징
1기	1985년 전후	1986년 도쿄도의 중학생 사카가와 자살	이지메 정의 및 사회적인 대응 시스템 구축
2기	1995년 전후	1994년 아이치현의 중학생 오코우치 자살	이지메 대책위원회 설치 및 카운슬러 배치 및 이지메 정의 변경
3기	2006년 전후	2006년 후쿠오카현의 중학생 모리 자살	교육재생회의 설치 및 교육기본법 개정 및 행위자의 사회적 행위 책임 부과
4기	2012년 전후	시가현 오쓰시의 중학생 자살	인권의식과 학교나 행정의 진지성 진전, 이지메 방지대책 추진법 제정

🏯④ 이지메와 학교 안전 · 안심 방안

1) 교육재생회의 및 교육재생실행회의의 제언

아베 내각의 교육재생회의에서는 2006년 11월 29일에 '이지메 문제에 대한 긴급 제언(いじめ問題への緊急提言ー教育関係者, 国民に向けて)'이라는 제언을 하였다. 여기서는 모두(冒頭)에 모든 학생에게 학교는 안심 · 안전한 즐거운 장소가 되지 않으면 안 된다고 하면서 다음 사항에 관해 언급하고 있다.

- 학교는 학생에 대하여 이지메는 반사회적인 행위로서 절대로 용서되지 않고, 이지메를 방관하는 자도 가해자라는 것을 철저하게 지도한다.
- 학교는 문제를 일으키는 학생에 대하여 지도, 징계 기준을 명확히 하고 의연하게 대응한다.
- 교원은 피해 학생에게 지켜주는 사람이 있다는 지도를 철저하게 한다.

이는 1980년대 중반부터 이지메 문제에 다각적으로 대처해 왔음에도 대응에 크게 효과를 거두지 못하고 있다는 인식에서 비롯된다. 그래서 교육재생회의가 설치되고 「교육기본법」이 개정되었다. 교육재생회의에서는 이지메의 대응책에 관하여 새로운 관점에서 제언을 하고 있다. 즉, 가해자에 대한 출석정지 조치 활용이나 징계 행사 등 교사가 의연한 태도로 임할 것을 강하게 요구하고 있다. 이는 그동안 이지메에 대해 가해 책임이라고 하는 관점이 약했던 것

에 대한 반성적인 조치라 하겠다.

또한 교육재생실행회의에서는 2013년 2월 26일 '이지메 문제 등의 대응에 관한 제1차 제언[いじめの問題等への対応について(第一次提言)]'에서 이지메를 빠른 단계에서 발견하고 대응하는 것이 교육재생에서 긴급한 과제라고 하면서 다음 사항을 언급하고 있다.

- 도덕의 교과화에 따른 도덕교육의 강화
- 이지메에 대처하여 가기 위한 기본적 이념과 체제를 정비하는 법률의 제정
- 학교, 가정, 지역, 모든 관계자가 이지메에 대해 책임 있는 체제 구축
- 가해자에 대한 의연하고 적절한 지도
- 체벌 금지의 철저 및 아동의 자발적 행동을 촉진하는 부(部) 활동 지도의 가이드라인 책정

2) 문부과학성의 출석정지 조치 및 종합적 대처 방침

문부과학성은 2011년 1월 '이지메 문제의 대처 상황에 관한 긴급 조사결과에 관하여(いじめ問題への取組状況に関する緊急調査結果について)'라는 제언에서 「학교교육법」 제35조에 관련하여 출석정지에 관한 규칙을 정비하지 않은 시구정촌(市区町村) 교육위원회는 신속하게 이에 관한 규칙을 정비할 것을 요구하고 있다. 여기서는 다음에 열거하는 행위의 하나 또는 둘 이상을 반복해서 하는 등 성행 불량으로 다른 학생의 교육에 방해가 된다고 인정되는 학생이 있을 때 보호자에 대하여 당해 학생의 출석정지를 명할 수 있도록 하고 있다.

- 다른 학생에 상해, 심신의 고통 또는 재산상의 손실을 부여하는 행위
- 직원에 상해 또는 심신의 고통을 부여하는 행위
- 시설 또는 설비를 손괴하는 행위
- 수업, 기타 교육활동의 실시를 방해하는 행위

또한, 문부과학성에서는 이지메 문제의 대응 강화를 위해 2012년 9월 5일에 '이지메, 학교안전에 관한 종합적인 대처 방침(いじめ, 学校安全等に関する綜合的な取組方針)'으로 4가지를 공표하였다.

- 학교, 가정, 지역이 일체가 되어 아동의 생명을 지켜야 한다. 그에 대한 조치로 도덕교육과 커뮤니케이션 활동을 중시한 교육 및 체험활동을 추진함과 동시에 학생회에서의 활동 등 학생 자신의 주체적인 참가에 의해 이지메에 대처할 것을 촉구하고 있다.
- 국가, 학교, 교육위원회의 연계를 강화해야 한다. 그에 대한 조치로 아동안전대책지원실 등 이지메에 대응하는 체제 강화, 도우미 배치 및 전화상담 체제 확립을 촉구하고 있다.
- 이지메의 조기 발견과 적절한 대응을 촉진해야 한다. 그에 대한 조치로 폭넓은 외부전문가를 활용하여 이지메의 문제 해결을 조정 · 지원하는 방안을 추진하고, 교육상담 체제를 충실히 할 것을 촉구하고 있다.
- 학교와 관계 기관의 연계를 촉진해야 한다. 그에 대한 조치로 학교와 경찰의 연계 강화 등의 방안을 촉구하고 있다.

3) 이지메 방지 대책 추진법 제정

일본은 사회 전체로 이지메의 문제에 대처하는 것을 목적으로 2013년 6월 28일에 「이지메 방지 대책 추진법(いじめ防止対策推進法)」을 제정하였다. 이 법은 총칙을 포함한 제6장 35조로 되어 있고, 이지메 방지를 위한 대책을 종합적이고 효과적으로 추진하기 위하여 그 대책에 관한 기본 이념을 정하고, 국가 및 지방 공공 단체 등의 책무에 관한 기본 방침을 책정하고 있다(小西洋之, 2014).

이 법의 제정 취지는 이지메가 피해 학생의 교육을 받을 권리를 현저하게 침해하고, 심신의 건전한 성장 및 인격 형성에 중대한 영향을 줄 뿐만 아니라 그 생명 또는 신체에 중대한 위험을 야기할 우려가 있는 경우 피해 학생의 존엄과 안전을 지키기 위한 것이다. 그래서 학생이 안심하고 학습 및 기타 활동에 대처할 수 있도록 학교 내외를 불문하고 이지메가 일어나지 않게 하는 것을 기본 이념으로 한다. 이에 따라 국가 및 지방 공공 단체 등의 책무를 규정하고 있다. 기념 이념에 따라 국가는 이지메의 방지 대책을 종합적으로 책정하고, 지방 공공 단체는 국가와 협력하면서 당해 지역의 상황에 맞는 시책을 책정하여 실시하도록 하고 있다. 또한 학교는 이지메를 방지하기 위한 조치를 강구하도록 하고 있다.

4) 학교상담사 배치 및 또래지지 교육 확산

문부과학성은 이지메의 문제가 심각해짐에 따라 이를 사전에 방지하기 위한 대책의 하나로 1995년부터 학교상담사(school counselor)

를 학교에 배치하기 시작하였다. 이는 학생 개인의 심리 치료에 초점을 둔 것으로 2000년 8월 24일부터 제도화하고 이를 확장해 나가고 있다. 또한, 교사나 성인의 힘이 미칠 수 없는 곳까지 작용할 수 있는 장점을 지닌 또래 지지(peer supporting) 교육도 활성화해 가고 있다. 이 제도는 교사나 부모가 개입할 수 없는 곳에서도 친구로서 문제 학생과 같은 입장에서 원조가 가능하기 때문에 문제해결에 크게 도움이 될 수 있다는 점에서 의의가 크다. 지원 형태로는 친구 만들기, 상담 접근, 갈등 해결 등을 들 수 있다(木場安紀, 2014: 2).

🏯⑤ 이지메와 학교 안전 · 안심 교육 방향

이지메는 학력 경쟁의 격화, 격차(隔差) 사회의 진행 등과 같은 현대 사회의 구조적 특징에 기인한다. 그 양태로는 희롱이나 조롱, 욕, 무시, 집단에서 제외, 소문, 구타, 협박, 금품 탈취 등 다양한 형태로 발생하고 있다. 일본에서는 1980년대에 들어와서 이지메의 문제가 커다란 사회문제로 비화함에 따라 아베 내각을 비롯한 문부과학성 등의 정부 관련 부처에서는 이를 치유하기 위한 대책을 다각적으로 강구해 오고 있다. 이지메의 진전에 따라 피해자의 관점에 더욱 접근하여 이를 정의하고, 발생 실태를 매년 조사하여 활용하고 있으며, 출석 정지 조치나 이지메 방지 대책법의 제정, 학교상담사 배치 등의 제도적 대책을 강구하고 있다.

이러한 노력의 결과 일본에서는 1986년부터 2012년도까지 이지메가 감소하는 추세를 보여 왔지만, 2012년을 전후하여 다시 증가

하는 현상을 보이고 있어 일본 사회를 긴장시키고 있다. 다른 한편으로 이지메의 양적 감소와는 달리 질적 측면에서 점차 음습화, 지능화, 장기화하여 발견과 해결을 어렵게 하고 있어 자살하는 학생이 다수 발생하고 있는 실정이다.

학생의 사회성은 또래들과의 상호작용을 통하여 형성되고, 이 과정에서 자연스럽게 우정이나 감정 등을 경험한다. 그러나 이러한 것들이 왜곡된 관계나 상호작용으로 발전하면 이지메라는 심각한 병증으로 전화하게 된다. 이러한 병증이 현대 사회의 구조적 요인에 기인하고 있는 점이 크다는 면에서 학교라고 하는 제도 그 자체가 지닌 심각한 병리 현상으로서 이지메에 대한 대책은 대증요법적 접근과 더불어 인간주의적 접근을 통해 해결을 도모해야 한다(남경희, 2013). 이를 종합한 방안은 다음과 같다.

첫째, 교사의 역량 강화이다. 조사에 의하면 이지메를 당한 학생들은 학급 담임에게 가장 많이 상담하고 있다. 따라서 교사에 대한 연수를 강화하여 이들이 카운슬러로서의 역할을 보다 충실히 할 수 있도록 해야 한다. 둘째, 제도적 장치의 강화이다. 이지메에 대한 법제화를 비롯한 스쿨 카운슬러 배치의 확대 및 또래 지지 제도 등의 강화를 통해 피해 발생을 최소화해야 한다. 셋째, 학생, 부모, 교사, 카운슬러, 주민, 행정 등의 다양한 관계자가 참가하는 시스템을 구축하여 조직적이고 연계적으로 대처해야 한다. 넷째, 사회 구조적 요인의 경감 및 해소이다. 과도한 학력 경쟁의 완화, 과도한 간섭이나 규제 완화, 격차 사회의 완화, 인간성의 회복 등이다. 다섯째, 이지메의 구조나 관련 요인을 규명·활용하는 일이다. 이지메의 허용적인 분위기에 영향을 미치는 구조와 이지메의 집단 관련

요인 등에 주목해야 한다. 여섯째, 학생의 내면에 자기 긍정감과 공감적인 타자를 가지게 해야 한다. 자기 확립과 공감·공생(남경희, 2004)은 현대 사회를 살아가는 힘의 원천이 되는 요소라 하겠다.

결론적으로 이지메를 방지하기 위해서는 교사를 비롯한 모든 관련자가 학생의 내면에 접근할 수 있도록 소통과 대화가 가능한 상호 신뢰 관계를 구축해 가는 것이 중요하다. 우리 역시 2004년에 「학교폭력 예방 및 대책에 관한 법률」 등을 수립하여 학교폭력 대책을 추진해 왔다. 그러나 2012년을 전후하여 학교폭력을 비롯한 이지메의 문제가 매우 심각해지고 커다란 사회문제로 비화하고 있다. 이를 계기로 정부에서는 인성교육 강화 등의 대책을 강구해 오고 있지만, 지속적이고 근본적인 대책을 마련하기 위해서는 한국형 이지메에 대한 연구를 보다 체계적으로 하여 이에 대처할 필요가 있다. 무엇보다 중요한 것은 이지메는 절대로 용서받을 수 없는 반사회적 행위이자 우리 모두의 문제라는 점에 대하여 사회구성원 모두가 깊은 인식을 가져야 한다는 것이라 하겠다.

☞✎ 참고문헌

남경희(2004). 사회과교육의 기축과 동향 탐색-21세기 사회의 특성과 관련하여. 한국일본교육학연구, 8(1), 17-36.

남경희(2013). 홀리스틱 교육관점을 통한 학교폭력 치유: 자기 및 타자 연관의 교육력 강화 측면에서. 홀리스틱교육연구, 17(1), 67-85.

남경희(2015). 일본 사회의 집단괴롭힘에 대한 인식 진전과 접근. 한국초등교육, 26(4), 495-513.

稲村博(1995). いじめ問題－日本獨特の背景とその對策. 教育出版.

尾木直樹(2013). いじめ問題をどう克服するか. 岩波書店.

海老原治(1985). 教育的風土としてのいじめ. 兒童心理, 39(5), 713-719.

教育再生会議(2006). いじめ問題への緊急提言－教育關係者, 國民に向けて.

教育再生実行会議(2013). いじめの問題等への對應について(第一次提言).

国立教育政策研究所編(2012). いじめについて、わかっていること、できること. 悠光堂.

小西洋之(2014). いじめ防止對策推進法の解說と具體策. WAVE出版.

諏訪哲二(2013). いじめの大罪. 中公新書ラクレ.

添田晴雄(1996). いじめ日本独特論再考. 人文研究 大阪市立大學文學部, 48, 135-147.

相馬誠一外 編著(2012). 入門 いじめ對策. 学事出版.

酒井亮爾(1995). 学校におけるいじめとその対処法に関する一考察. 人間文化, 10, 1-31.

酒井亮爾(2005). 学校におけるいじめに関する一考察. 愛知學院大學心身科學部紀要, 1, 41-49.

橋本摂子(1999). いじめ集団の類型化とその変容過程－傍観者に着目して－. 教育社會學研究, 64, 123-142.

昼田源四郎外(1997). 「いじめ」研究の現狀と課題. 福島大學教育學部論集, 62, 71-88.

深谷和子(1996). 「いじめ世界」の子どもたち. 金子書房.

前島康男(1995). いじめ－その本質と克服の道筋. 教育, 11, 46-54.

文部科学省(2011). いじめ問題への取組狀況に關する緊急調査結果について.

文部科学省(2012). いじめ、學校安全等に關する綜合的な取組方針－子どもの「命」を守るために－.

文部科学省(2017). 「兒童生徒の問題行動等生徒指導上の諸問題に關する調査」(碻定値) について.

森田洋司(2013). いじめとは何か一教室の問題, 社會の問題. 中公新書.

木場安紀(2014). 學校教育におけるピア·サポート. http://www.u-gakugei.ac.jp/~nmatsuo/koba-kadai.htm (2014. 10. 8 인출).

杉森伸吉(2012). いじめの定義と変化. http://www.blog.crn.or.jp/report/02/143.html (2015. 4. 24 인출).

奈良教育大学(2015). http://www.nara-edu.ac.jp/CERT/April07/html/chapter1/01.html (2015. 4. 24 인출).

文部科学省(Ministry of Education, Culture, Sports, Science and Technology, 2015). http://www.mext.go.jp 〉 … 〉小学校, 中学校, 高等学校 〉生徒指導等について (2015. 4. 24 인출).

横浜市立本郷中学校(2014). http://www7a.biglobe.ne.jp/~hama7/sougou/pia.htm (2014. 10. 8. 인출).

제3장

방재지도를 활용한 방재교육

이정희 (광주교육대학교)

제3장
방재지도를 활용한 방재교육[1]

이정희 (광주교육대학교)

 ## 1 방재지도의 기능 및 교육적 활용

1) 방재지도의 기능

방재지도(防災地図, hazards map)란 재해로 인한 피해를 경감하기 위해 재해의 원인이 되는 현상이 영향을 미칠 것으로 추정되는 영역과 재해를 일으키는 충격의 크기 등을 사전에 예측하고 이를 지도에 정리한 것(稻垣景子, 2014: 10)으로 일반적으로 이해되고 있으나 명확한 정의는 없다. 그 명칭도 방재지도, 재해예측지도, 재해지도, 위험지도 등 다양하나 이 장에서는 '방재지도'로 칭하기로 한다. 방재지도는 대상으로 하는 재해, 즉 수해, 지진 재해, 화산 재

---

1) 이 글은 『한국일본교육학연구』 제21권 제2호(2017)에 실린 필자의 논문 「방재지도(hazards map)를 활용한 일본의 방재교육」을 수정·보완한 것임.

해, 토사 재해, 지진해일(쓰나미) 재해 등에 따라 다양한 방재지도가 있으며 각각의 목적에 따라 작성된다. 예를 들어 이나가키 게이코(稲垣景子, 2014: 10-15)에 의하면 화산 방재지도에는 화산재가 날리는 범위와 정도, 용암과 화산 쇄설류, 화산 진흙 사태가 흐르는 경로와 그 영향 범위 등이 그려진다. 지역의 특성과 용도에 따라 과거 재해의 이력, 방재 관련 시설 정보 등이 게재될 수도 있다.

방재지도는 지역주민들에게 재해가 일어날 수 있는 피해 범위와 방재 활동에 대한 정보를 제공하는 것을 목표로 한다(Udono, T, et al., 2002: 3)고 할 수 있다. 자연재해 현상 자체는 인간의 힘으로 막을 수 없으나 방재지도를 효과적으로 사용하면 자연재해의 규모를 줄일 수 있는 것이다. 이나가키(2014: 12)에 의하면 실제로 1998년 8월 후쿠시마현(福島県) 고리야마시(郡山市)에서 집중 호우에 의해 아부쿠마강(阿武隈川)이 범람하였지만 재해 발생 수개월 전에 홍수 방재지도가 주민들에게 배포되었기 때문에 사전에 이 지도를 보았던 주민들은 보지 않은 주민에 비해 피난 권고·지시에 따른 행동 개시가 1시간 정도 빨리 이루어졌다고 한다. 2000년 3월의 홋카이도(北海道) 우스산(有珠山) 분화 재해에서는 사전에 방재지도가 주민들에게 주지되어 있었기 때문에 신속하게 대피할 수 있었다고 한다.

그러나 방재지도가 공표되고 행정과 주민들이 그 의미를 이해하고 평소부터 재해에 대비하지 않으면 그 효과는 기대할 수 없다. 콜롬비아의 네바도 델 루이스 산(Nevado Del Ruiz) 화산 분화(1985년)는 약 2만 5천명의 희생자를 내는 대참사가 되었다. 분화 전에 방재지도를 정비·배포하였지만 활용되지 않은 것이 대참사가 된 원인

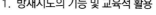

중 하나(稲垣景子, 2014: 13)로 지목되고 있다. 따라서 방재지도를 유용하게 활용하기 위한 연구가 필요한 것이다.

이정희(2016: 38-39)의 연구에서 드러났듯이 일본에서는 안전한 지역 공동체를 만들기 위한 재해대책의 기본 원칙으로 공조(公助)·공조(共助)·자조(自助)[2]가 작동하고 있다. 지금까지 국가 및 지방공공 단체가 보호 시설이나 재해대책 계획 등의 정비를 추진하여 왔다. 그러나 인간의 상상을 넘어서는 자연의 거대한 힘 앞에서는 공조(公助)만으로는 한계가 있다. 지역 주민들의 공조(共助)와 자조(自助)도 필요한 것이다. 이러한 관점에서 보았을 때 방재지도는 지역 주민들에 대한 방재대책에서 공조(共助)와 자조(自助)를 지원하는 기능과 함께 행정에 대해서는 방재대책에서 공조(公助)를 지원하는 기능을 하는 것으로 이해될 수 있겠다.

2) 방재지도의 제작 경위

일본에서는 피해 범위를 비교적 예측하기 쉬운 화산 방재지도와 홍수 방재지도를 먼저 정비하였다. 홍수 방재지도의 제작 배경을 예로 살펴보자.

일본의 하천은 일반적으로 강 하부의 경사가 가파르고 태풍 등의 영향으로 비가 많이 내리는 계절에는 매년 몇 개 도시가 홍수 재

---

2) 재해로부터 사람의 소중한 생명이나 신체, 재산을 지키기 위해서는 국가나 지방 공공 단체 등의 행정의 기능과 역할(公助), 지역사회에서 주민이 서로 협력하여 상호 안전을 확보하는 활동(共助), 자신의 몸은 자신이 지킨다고 하는 의식과 행동(自助)의 세 가지 관점을 중요하게 다루고 있다(北俊夫·片上宗二, 2008: 201; 이정희, 2016: 39에서 재인용).

해의 습격을 받는다. 그리고 일본 열도 지도를 보면 많은 도시부가 저지대에 위치하고 있다는 것을 알 수 있다. 예를 들어, 2000년 9월 11일부터 12일까지 일본의 3대 도시인 나고야시(名古屋市)와 그 근교에 한 번에 500mm가 넘는 폭우가 내려 큰 피해가 발생하였다(国土交通省・社団法人 国際建設技術協会, 2003: 2). 그러나 지금까지 일본의 홍수 대책은 댐이나 제방을 통해 홍수 조절과 범람 방지를 해 오는 등 주로 구조물을 통해 홍수 범람을 막기 위해 노력해 왔다. 이를 통해 홍수의 발생 빈도는 확실히 감소하였다고 할 수 있으나 그럼에도 불구하고 매년 홍수 범람이 발생하고 있고, 제방 건설 등으로 침수 빈도가 저하된 지역에 사는 주민들은 이러한 시설의 효과

[그림 3-1] 국토교통성 방재지도 포털사이트 팸플릿

를 과신하여 홍수에 대한 위기의식을 저하시키는 문제가 발생하고 있다. 이러한 문제에 대한 대책으로 일본에서는 기존의 치수 시설, 즉 구조물을 통한 홍수 대책과 병행하여 비구조물을 통한 홍수 대책이 이루어지게 되었는데 홍수 방재지도가 그 하나인 것이다.

일본은 2001년과 2005년에 「수방법(水防法)」을 개정하여 시정촌(市町村)의 홍수 방재지도 작성을 의무화하였다. 2006년에는 토사재해대책 기본 지침을 변경하여 도도부현(都道府県)의 기초조사 사항에 '위험지도에 관한 조사'를 추가하였다. 2006년의 「대규모 지진대책 특별 조치법」 개정에서는 '도도부현 및 시정촌은 지진의 흔들림 크기, 지진해일 침수 범위, 기타 예상되는 인적·물적 피해를 방재지도 등을 통해 주지시키기 위한 노력'이 명기되었다. 또한 '지진해일·고조 방재지도 매뉴얼(2004)' 등 각종 방재지도 작성 요령과 매뉴얼 등도 정비되어 방재지도를 작성하는 지방자치단체가 증가하였다(稲垣景子, 2014: 10). 현재 국토교통성(国土交通省)에서는 전국의 시정촌에서 작성한 방재지도를 지도나 재해 종류별로 간단하게 검색할 수 있도록 인터넷상에 공개하고 있다. 이러한 방재지도는 재해가 발생하였을 때 피난을 하거나 사전에 방재대책을 세우는 데 도움이 된다.

방재지도가 갖추어야 할 조건을 홍수 방재지도를 통해 살펴보면 '침수 예상 구역이 기재되어 있을 것, 피난 정보가 기재되어 있을 것, 시정촌의 장(특별구를 포함)이 작성 주체가 되어 있을 것'(国土交通省水管理·国土保全局, 2013: 2)을 만족시켜야 한다.

3) 방재지도의 교육적 활용

앞에서 검토한 바와 같이 일본에서 방재지도는 각 시정촌에서 제작하여 지역 주민들에게 배포하고 있으나, 방재지도를 활용한 방재교육은 2011년 동일본 대지진 이후에 본격적으로 주목받게 된다.

방재지도가 학교교육에 소개된 것은 2000년대부터 고등학교 지리역사과나 중·고등학교의 이과(理科) 지학(地学) 영역에서 자료로 소개되면서부터이다. 지역의 방재지도를 교재로 적극적으로 활용하게 된 계기는 중앙교육심의회 답신(中央教育審議会, 2008)으로 개정된 중·고등학교 학습지도요령(文部科学省, 2008; 2009)이다. 이과의 지학 영역에서 지진, 화산, 강우에 대하여 학습해 왔는데 그와 관련된 지역의 자연재해나 방재를 위해 노력한 실제 사례에 대해서도 다루고, 이때 지역의 방재지도를 활용하는 내용이 학습지도요령의 해설서에 명시되었다.

특히 동일본 대지진 이후 방재교육에 대한 관심이 높아지면서 특정 교과뿐만 아니라 학생들에게 다각적인 방재교육을 실시하도록 하면서 꽃피기 시작하였다. 지진해일에 의한 피해가 워낙 컸기 때문에 해안가 재해에 주목하기 쉬웠지만, 2012년 기리시마산(霧島山)의 신모에다케(新燃岳) 분화, 규슈(九州) 북부의 호우 등에서 새롭게 인식된 바와 같이 화산, 침수 및 토사 재해 등 다양한 재해에 관심을 가질 필요가 있었다. 그중에서 지역 재해에 대한 구체적인 정보가 기재된 방재지도를 보급 및 활용하는 것의 중요성이 지적되면서 학교에서 방재지도를 활용한 교육이 이루어지기 시작하였다.

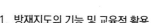

　　각 지역의 실정을 반영한 방재지도를 제작하여 교육에 활용할 수 있도록 보급하고 있는 것을 홋카이도(北海道)의 사례를 통해 살펴보면, 홋카이도에서는 방재교육에 대한 의식 함양·개발, 방재교육 정보 제공, 방재교육 조직 지원, 담당자(행정 직원, 소방 직원, 지역 리더) 육성 등 방재교육을 위한 지원을 하고 있다(甲谷恵, 2014). 그 중, 방재교육을 위해 먼저 자신의 지역에서 일어날 수 있는 재해를 알 수 있도록 방재지도(지진, 해일, 토사 재해, 홍수 등)를 제시하고 있다. 예를 들어 홍수가 났을 때 지역에서 어디가 침수하는지, 어디로 피하면 좋은지를 알기 쉽게 표시한 홍수 방재지도에는 비상시 정보 전달 경로, 피난 장소, 혹은 피난할 때의 마음가짐이나 비상 물품 등 다양한 정보를 지역 특성에 따라 지역 주민들의 의견을 반영하여 한 눈에 알기 쉽도록 게재하고 있다. 또한 작성하여 배부하는 것으로 끝나는 것이 아니라, 피난 훈련이나 수업 등에서 실제로 활동할 수 있도록 하고 있다. 예를 들어 초등학교에서는 실제 피난 경로나 피난 장소, 위험 장소 등을 스스로 직접 걸어 보고 눈으로 보면서 확인할 수 있도록 하고 있다(藤井聡·唐木清志, 2015: 61).

　　이와 같이 일본에서는 각 지방자치단체를 중심으로 방재지도를 작성하여 주민들이 자신이 살고 있는 지역의 위험한 곳에 대한 정보를 알 수 있도록 하고, 방재 활동이나 방재교육의 장에 활용할 수 있도록 공조(公助)를 지원하는 기능을 하고 있음을 알 수 있다.

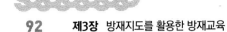

2 방재지도를 활용한 방재교육 사례

1) 초등학교의 방재지도 활용 사례

(1) 초등학교 전 학년을 대상으로 하는 사례

　초등학교 저학년은 인지발달 과정상 각 지방자치단체에서 제작한 지도를 그대로 활용하여 지도하기에는 어려움이 따를 것이다. 따라서 초등학교 전 학년을 대상으로 방재지도를 활용한 방재교육을 하고자 할 때에는 저학년의 이러한 특징을 반영하여 실제적이고 효과적인 방법을 도모하여야 한다.

　미에현(三重県) 오와세시(尾鷲市) 미야노우에초등학교(宮之上小学校)와 야노하마초등학교(矢浜小学校)에서 실천한 수업(公益財団法人新潟県中越大震災復興基金, 2015: 23)을 통해 그 방법을 검토해 보자. 먼저 아동이 파악할 수 있는 지도로 집에서부터 학교까지 통학로만을 나타낸 간단한 지도를 제작한 다음 통학로에서 위험한 곳이나 피난 장소를 생각하도록 한다. 그리고, 아동들의 평소 생활에서 행동 범위가 넓어짐에 따라 지도를 조금씩 덧붙여 가며 그에 맞게 기입하는 내용도 늘려간다([그림 3-2] 참조).

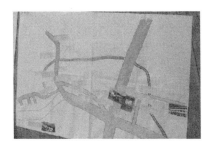

[그림 3-2] 오와세시(尾鷲市)의 두 초등학교 수업 사례

　이렇게 만들어진 방재지도는 다음 [그림 3-3]에 나타난 바와 같이 전교생이 참가하여 학구 전체의 방재지도 만들기로 확장된다. 먼저, 주거지별로 조를 나누어 조별 마을 걷기를 한 후 그 결과를 각각의 지역에서 방재지도로 정리한다. 각 지역의 방재지도를 하나로 정리하여 학구 전체의 거대한 방재지도를 작성한다. 작성한 방재지도는 상시 학내에 게시하면서 성과 발표회 등을 통해 전교생에게 정보를 공유한다(公益財団法人新潟県中越大震災復興基金, 2015: 23).

[그림 3-3] 가마이시초등학교(釜石小学校) 사례

(2) 초등학교 고학년을 대상으로 하는 사례

초등학교 고학년을 대상으로 한 '방재지도 만들기'(田中義成, 2014)
지도안을 검토해 보자.

① 목표: 토사 재해의 무서움과 피난 행동에 대해 이해한다.
② 방법: 5학년 이상의 종합적인 학습 시간에 토사 재해 전문가
　　가 학습 지도안을 준비한다.
③ 내용: 토사 재해의 종류, 토사 재해의 발생 유인, 방재지도 작
　　성, 토사 재해에 대한 대처로 한다.[3]

주요 학습 흐름과 예상되는 아동의 의식	교사의 지도 활동
방재지도 작성하기 **'방재지도를 모두 함께 만들어 봅시다.'**	
• 자신의 집에 표시하기 • 초등학교에 표시하기 • 피난처에 표시하기 • 자신이 자주 가는 곳에 표시하기 • 토사 재해가 발생한 곳에 표시하기 • 토사 재해의 위험성이 있는 곳에 표시하기	• 조 활동 • 시정촌이 지정하는 대피소를 제시(근처에 없는 아동이 있으면 공민관이나 집회소 등) • 과거 토사 재해가 발생한 위치를 제시 • 토사 재해 위험 장소 등을 제시

---

3) 이 수업은 다나카 요시나리(田中義成, 2014)가 미야기현 센다이시(宮城県仙
台市), 히로시마현 히로시마시(広島県広島市), 니가타현 나가오카시(新潟県
長岡市) 세 곳의 초등학교에서 실천한 수업을 바탕으로 제안한 학습지도 사례
중 2차시에 해당하는 것이다.

◎ 가정과 학교, 피난처와 토사 재해 위험 장소의 위치 관계를 알기	
'큰 비가 내릴 때 모두 어떻게 하나?'	
• 어디로 도망갈지 어느 길로 도망갈지 생각하기	• 생각할 시간을 마련하기 • 발표 하도록 하기 • 한밤중이라면 어떻게 하나?
◎ 발표를 통해 피난에 대해 재인식하기	• 고민하고 있는 아동은 강사가 돕기
토사 재해에 대한 대처를 알기	
'토사 재해가 발생하지 않기 위한 대처를 알고 있는가?'	
• '제시된 사진에 나타난 시설물'을 본 적이 있다. • 토사 재해 방지를 위한 중요한 시설이다.	• 산사태, 토석류, 산사태 (각각의 방재 시설을 지역에 있는 사진 등으로 소개) • 방재지도 상에도 표시하기 • ○○ 지역의 좋은 특징을 지키고 있다는 것과 연계시키기
◎ 생명과 지역을 지키기 위해 대처하는 것을 이해하기	
정리 • 오늘 배운 것을 돌이켜 보기 • 질문이나 의문점 • 감상 작성하기	• 배운 것을 간단하게 정리하기 • 담임 선생님의 질문

2) 중학교의 방재지도 활용 사례

중학교의 사례로 2015년 야나이시립(柳井市立) 야나이중학교(柳井中学校)에서 실천한 수업을 살펴보자. 다음 수업에서는 두 가지 목표를 설정하여 수업을 전개하고 있다.

① 목표

• 지진 발생으로 인한 화재나 지진 해일에 대한 대처 방법을 익히면서, 재해로부터 생명을 지키기 위한 준비를 평소부터 실시해 두는 것이 중요함을 이해시킨다.

• 방재지도에서 야나이시(柳井市)의 위험 장소나 피난 장소를 확인하고, 재해 발생시 안전한 범위 내에서 일반인들과 협력하여 구출 활동을 하는 등 자신이 할 수 있는 것을 하고자 하는 태도를 기른다.

② 전개

학습내용·활동	교사의 지도 활동	지도상 유의점
1. 지진 발생 후 화재를 상정한 제1차 피난하기 • 건물 안에 있을 때 올바른 방법(책상 밑에 몸을 숨기기 등) • 화재로부터 몸을 지키기 위한 피난 경로와 피난 장소(운동장 등) 2. 지진해일을 상정한 제2차 피난하기 • 2차 피난 방법, 경로	• '방재교육 교재' 2쪽을 활용하여 안전한 장소에서 안전한 자세를 취하는 것의 중요함을 인지시키고 전원 안전을 준수하고 있는지를 확인한다. • '오·하·시·모4)를 철저하게 시켜 전원이 안전하게 대피하고 있는지 확인한다. • 자신의 안전이 확보되	• 당황하지 않고 침착하게 행동하도록 지시하고, 잡담이나 진지함이 결여된 행동이 없도록 주의 깊게 지켜본다. • 학생의 어깨를 한 명씩 두드리며 인원을 확인한다. • 학생이 피난하는 모습을 관찰·평가하여 학생들의 적절한 반성과 연계한다. • 안전한 범위 내에서 구

---

4) 오·하·시·모(お·は·し·も)는 「押さない」(밀지 않기)「走らない」(달리지 않기)「しゃべらない」(말하지 않기)「戻らない」(되돌아가지 않기)의 머리글자를 딴 것으로, 일본에서 피난할 때 주의할 점을 정리한 표어이다. 이를 통해 만일의 경우 당황하지 않고 냉정하게 행동하고 판단할 수 있도록 하고 있다.

3. 방재 전문 강사에게 강연 듣기 • 피난 모습에 대한 지도 • 방재지도를 기초로 한 야나이시의 위험 장소와 피난 장소 4. 되돌아 보기 - 재해 준비나 발생 시 대처 방법 - 야나이시의 위험 장소와 피난 장소 파악 - 자신의 몸을 보호 할 뿐만 아니라 안전한 범위 내에서의 구조 활동 등에 협력	면 가족과 이웃의 안전 확인, 확보를 위해 노력하도록 지시한다. • 자연재해로부터 생명을 지키기 위해 준비한 방재지도의 유효함을 지도하고, 이를 입수하는 방법과 활용 방법을 확인한다. • 왼쪽의 '되돌아보기' 3가지에 대하여 자기 평가를 하도록 하여 학습 활동을 반성한다. • 방재지도 활용 학습에 이어 '방재교육 교재' 7쪽을 활용하여 가족들이 확인하도록 지도한다. - 평소의 대비 - 가정에서 자신의 역할	출 활동 등 자신이 할 수 있는 것에 노력하는 것이 중학생에게 요구되는 태도임을 전한다. • 피난 훈련에 관한 지도 내용을 사후지도에 활용한다. • 재해 발생 시 대처 방법뿐만 아니라 지역 안전에 기여하고 주민 한 사람으로서 자각 있는 행동을 취할 것인가라는 점에 대해 평가하고 사후지도로 이어 간다.

🏯3 지역의 방재지도를 활용한 방재교육의 특징과 한계

1) 방재지도를 활용한 방재교육의 특징

　일본의 방재지도를 활용한 방재교육 사례를 통해 학년 단계별 방재지도 활용에서 일정한 체계를 발견할 수 있다.

초등학교 저학년의 경우 지방자치단체에서 제작한 방재지도를 그대로 활용하기에는 무리가 따른다. 지자체에서 제작한 방재지도는 시정촌 전체를 아우르고 있기 때문에 학구 정도의 좁은 범위를 이해시키기에는 어려움이 있는 것이다. 또한 방재지도의 추상성을 이해하고 그리는 활동에도 제약이 따른다. 따라서 일본의 사례와 같이 학생이 매일 다니는 집과 학교 사이의 통학로를 중심으로 한 그림지도 내지는 심상지도 그리기를 통해 위험한 곳이나 피난 장소를 생각할 수 있도록 하는 것이 적합할 것이다.

이때 저학년 학생들은 공간을 부감적(俯瞰的)으로 인지하기보다는 촉감적인 시점에서 보이는 것을 기술하기 쉽기 때문에 예를 들어 '횡단보도를 건너면 오른쪽에 파출소가 있다.'와 같이 주로 '전후좌우'에 따라 기술한다. 따라서 저학년의 경우 집과 학교 사이를 그려 넣는 조붓한 종이 용지를 주면 손으로 지도를 그릴 수 있다. 언어(말)와 장소를 연결지어간다면 통학로 주변의 손으로 그린 방재지도는 저학년에서도 만들 수 있는 것이다. 나아가 거기에 조붓한 종이 상태의 지도를 방사상으로 붙여 맞춘다면 '○○의 통학로는 서쪽에서부터 학교로 오고 있네'라고 말하면서, '어디가 위험하지?' '안전을 지켜 주는 경찰이나 소방서는 어디에 있나?' 등의 이야기를 나눠도 좋다. 친구의 통학로에 대해서도 안전한 곳, 위험한 곳을 포스트잇에 쓰게 하여 각자가 알게 된 것을 교류할 수 있도록 한다. 방재력과 함께 언어력 신장도 기대할 수 있다(藤井聡・唐木清志, 2015: 118).

초등학교 고학년에서는 이러한 저학년의 방재지도 그리기 능력을 확대・발전시켜 방재지도 위에 자신이 살고 있는 집과 학교, 자

신이 자주 가는 곳을 찾아 위험한 곳과 피난 장소 등을 파악하고 위급한 상황에서 어디로 피할지에 대하여 생각할 수 있도록 한다.

　중학교에서는 사례 수업에서도 드러났듯이 시단위의 방재지도를 통해 지역의 위험 장소나 피난 장소를 파악하게 하고, 자연재해 시 방재지도의 유효함과 방재지도를 입수하는 방법 등 보다 적극적으로 방재지도를 활용한 수업을 진행할 수 있다. 또한 자기 자신을 지키는 자조(自助) 의식뿐만 아니라 가족과 이웃의 안전을 확보하기 위해서도 노력하고 자신이 안전한 범위 내에서 구조 활동에 협력하는 태도도 지도하고 있는 것을 통해 공조(共助)를 강조하고 있음을 알 수 있다.

　이와 같은 일본의 사례에 나타난 방재지도를 활용한 방재교육의 실제를 보면 후지이 사토시·가라키 키요시(藤井聡·唐木清志, 2015)가 제시한 학년별 단계에 따른 방재교육의 목표와도 어느 정도 부합하고 있음을 알 수 있다.

　후지이·가라키(2015)는 방재교육의 목표를 대상에 따라 초등학생, 중학생, 고등학생, 대학생 4개의 단계로 나누어 제시하고 있다.[5] 초등학생 단계에서는 자신을 지킬 수 있도록 하는 것, 중학생 단계에서는 주위 사람들도 지킬 수 있도록 하는 것, 고등학생 단계는 자신의 미래를 지킬 수 있는 것, 대학생 단계에서는 지역의 미래를 지킬 책임을 짊어지는 사람이 되는 것이다. 이에 대하여 의무교

---

5) 시간축과 공간축이라는 두 개의 축은 '현재×미래'나 '자신·가족×가족·국가' 등으로 단순하게 이분화할 수 있는 것이 아니고 또한 본질적으로 될 수 있는 것도 아니다. 그렇기는 하지만 이렇게 설정함으로써 발달단계에 따른 방재교육의 4개 목표 단계를 나타낼 수 있다(藤井聡·唐木清志, 2015: 141-142).

육 단계인 초등학생과 중학생 단계를 중심으로 조금 더 구체적으로 검토하면 다음과 같다.

　　초등학생 단계에서 방재교육의 목표는 '자신의 안전을 혼자서라도 지킬 수 있도록 하는 것'이다. 가능하다면 가족도 지킬 수 있도록 하는 것이 좋겠지만 저학년에게는 어려운 과제이다. 부언하자면 원래 이 단계의 기본은 '어른의 지시에 따르는 것'이다. 그러나 어른이 적재적소에 지시를 내릴 수 있는지에 대해서는 동일본 대지진에서 이시노마키시립(石卷市立) 오가와초등학교(大川小学校)의 비극이라고 하는 실제 사례가 있는 이상 적용할 수는 없다. 특히 피난 시에는 어른들에게 '피난합시다'라고 자발적이고 적극적으로 말할 수 있도록 하는 것이 중요한 요소가 된다.

　　중학생 단계에서는 주위 사람들도 지킬 수 있도록 하는 것이 목표이다. 중학생 단계가 되면 물론 학년에 따라 다르겠지만 육체적으로는 어른과의 차가 적어진다. 따라서 자각시켜야 할 것은 '여러분들은 무력한 유치원생이 아니다'라는 것이다. 초등학생 단계에서 달성해야할 '그 장소에서 자신(가능하면 가족도)을 지킬 수 있는 행동을 할 수 있도록 하는 것'(自助)과 더불어 자신과 가족 이외의 주위 사람들에 대해서도 지원의 손을 내밀 수 있도록 하는 것이 이 단계의 목표이다. '현재형×마을'이다. 구체적으로는 서로 돕는 것(共助)으로 알려져 있는 재해 대응 일반(초기 소화, 구출, 응급구호 등)은 어른처럼 체험하는 것이 목표가 된다(藤井聡·唐木清志, 2015: 141-142).

2) 방재지도를 활용한 안전교육의 한계

지역의 방재지도를 활용한 방재교육은 다음 학생의 소감문(藤井聰·唐木淸志, 2015: 118)에서 드러난 바와 같이 자신이 살고 있는 지역의 재해 상황을 인식하고, 피난 장소에 대하여 파악한 후 재해에 임하는 태도를 형성해 나가는 것이 방재교육에 효과적이라 할 수 있다.

> 나는 B지구의 방재지도, '대지진 해일 경보 발령 중'을 만들어 보고, B지구에는 피난할 수 있는 장소가 거의 없다는 것을 알게 되었습니다. 게다가 위험한 장소도 많고, 수로로 둘러싸여 있기 때문에 만약 해일이 온다면 필사적으로 도망가지 않으면 죽을 수도 있겠다고 생각했습니다. 해발도 도요사키(豊崎) 지구는 거의 3~4m였기 때문에 10m이상 해일이 온다면 거의 살아남지 못할 수도 있겠다는 생각이 들었습니다. 그렇지만 방재 훈련을 하거나 이렇게 방재지도 만들기를 하니 조금은 살아남을 확률이 높아지지 않을까라고 생각하였습니다. 그래서 이 수업을 듣게 되어 정말 좋았습니다. 앞으로도 정기적으로 방재지도를 고쳐 나가고자 합니다[오키나와현 도요사키초등학교(沖縄県豊崎小学校) 5학년 아동].

그러나 방재지도를 활용하여 교육할 때에는 방재지도가 나타내는 한계점을 인식하고 접근할 필요가 있다. 그러한 한계의 예를 도쿄도의 마치다시(町田市)의 사례(藤岡達也, 2011: 122-123)를 통해 살펴보자.

홍수 방재지도에는 게릴라성 호우에 따른 20cm 이상의 침수 구역을 표시하고 있다. 그래서 홍수 방재지도를 통해 침수 깊이가 20cm 미만이 되는 지역은 알 수 없을 뿐만 아니라, 총 강우량 589mm, 시간 최대 강우량 114mm를 넘는 경우 침수지역을 알 수 없다. 2008년 8월의 집중 호우로 홍수 방재지도에서 침수 깊이가 20cm 이상이라고 상정하지 않았던 지역에서도 20cm 이상 침수하였다. 실제로 이때 주택 마루 위까지 침수되었다. 또한 방재지도에 나타난 지정 피난 장소 중에는 침수 예상 구역에 해당하는 장소도 있었다. 이는 방재지도를 작성할 때 부서 간의 행정적 폐해로 인한 것으로 추정할 수 있다.

이러한 사례를 통해 홍수 방재지도를 읽을 때에는 방재지도를 작성할 때 상정한 내용과 방재지도에 표시된 침수 조건 등을 이해하는 것이 중요하다는 것을 알 수 있다. 이는 비단 홍수 방재지도에 국한되는 것이 아니라 어떤 특정 방재지도를 읽을 때 공통적으로 주의해야 하는 것으로, 방재지도를 작성할 때 상정한 것을 확인하고 방재지도에 드러난 한계를 이해하고 읽는 능력이 필요하다. 또한 방재지도를 교재로 이용할 때에는 가능하면 각각의 방재지도가 어떻게 작성된 것인지를 상세하게 확인할 필요가 있다는 것을 알 수 있다.

방재지도는 자연재해를 미연에 방지하고 줄이고자 하는 측면에서는 상당히 유용하다. 그러나 실제로 자연재해가 일어났을 때에는 방재지도에만 너무 의존하지 않도록 지도하는 것도 중요하다. 방재지도 상에 자신의 집이나 학교가 위험한 곳이 아닌 경우 방심

하기 쉽다. 자칫하다가 피난할 수 있는 기회를 놓칠 수 있는 것이다. 동일본 대지진에서 '가마이시(釜石)의 기적'이라는 유명한 사례가 있다. 방재교육을 철저하게 학습한 가마이시의 초·중학교에서는 학생 전원이 적절한 피난 행동을 취하여 대부분이 살아남을 수 있었다는 사례(藤井聡·唐木清志, 2015: 15)이다. 군마(群馬)대학대학원의 가타다 도시타카(片田敏孝)교수가 가마이시 학생들을 대상으로 장기간에 걸쳐 '지진해일이 왔을 때 아무것도 하지 않고 있으면 죽을 것이다'는 것을 반복적으로 가르쳐왔다. 그리고 방재지도에 나타난 정보를 그대로 믿지 말고, 오직 필사적으로 높은 곳으로 도망치도록 가르쳐왔다. 이러한 교육적 노력을 통하여 많은 학생의 소중한 생명을 구할 수 있었던 것이다. 방재지도를 활용할 때에는 이러한 교훈을 상기하며 지도에 임해야 할 것이다.

참고문헌

이정희(2016). 일본의 초등사회과 자연재해·방재교육의 구성 원리-일본 문교출판 교과서 분석을 중심으로-. 한국일본교육학연구, 20(2), 21-44.

稲垣景子(2014). ハザードマップ. SE 174. 総合安全工学研究所.
甲谷恵(2014). 北海道総務部危機対策局危機対策課 ほっかいどうの防災教育~道民みんなでつくる災害に強い北海道~.
北俊夫·片上宗二(2008). 小学校 新学習指導要領の展開 社会科編. 明治図書.

公益財団法人新潟県中越大震災復興基金(2015). 新潟県防災教育プログラム.

国土交通省・社団法人 国際建設技術協会(2003). 建設技術移転指針 洪水ハザードマップ・マニュアル概要版.

国土交通省水管理・国土保全局(2013). 河川環境課水防企画室洪水ハザードマップ作成の手引き.

田中義成(2014). 学校における土砂災害に対する防災教育の実践方法の研究～小学校における取り組み事例～. 筑波大学大学院学位論文要旨.

中央教育審議会(2008). 幼稚園, 小学校, 中学校, 高等学校及び特別支援学校の学習指導要領等の改善について(答申).

文部科学省(2008). 中學校學習指導要領.

文部科学省(2009). 高等學校學習指導要領.

藤井聡・唐木清志(2015). 実践シティズンシップ教育　防災まちづくり・くにづくり学習. 悠光堂.

藤岡達也(2011). 持続可能な社会をつくる防災教育. 協同出版.

국토교통성 방재지도 포털사이트 http://disaportal.gsi.go.jp/ (2017. 1. 9. 인출).

연합뉴스(2017.1.8.). 지진・태풍・산불・홍수……지구촌, 작년 최악 자연재해로 '신음' http://www.yonhapnews.co.kr (2017. 1. 9. 인출).

柳井市立柳井中学校 수업 사례. http://www.pref.yamaguchi.lg.jp/ (2016. 12. 5. 인출).

Udono, T, et al(2002). Hazard Mapping and Vulnerability Assessment. Regional Workshop on Total Disaster Risk Management. 1-10.(7-9 August). http://unpan1. un.org/intradoc/groups/public/documents/ APCITY/UNPAN009857.pdf (2016. 12. 10. 인출).

제4장

지역 연계를 통한 체험형 안전교육

오민석 (고려대학교)

제4장
지역 연계를 통한 체험형 안전교육[1]

오민석 (고려대학교)

 1 지역사회 내 안전교육의 필요성

한국 사회는 저출산·고령화가 급속히 진전되는 가운데, 소위 사회적 약자인 아동을 대상으로 한 범죄 증가가 유발한 사회적 불안감을 해소할 대책 마련에 부심하고 있다. 이를 실천하기 위해 중앙정부는 퇴직 교원의 '배움터 지킴이'(2005년 2월), '아동안전 지킴이 집'(2008년 4월), '한국형 아동안전지도 제작 사업'(2011년 9월) 그리고 각종 '안전예방의 전문성 강화 교육·연수' 등 다양한 범죄예방대책을 강구해 왔다. 그러나 국가의 법적·행정적 움직임에도 불구하고 '안양 초등학생 실종 사망사건'(2007년 12월), '고양 초등학생 엘리베이터 납치 미수사건'(2008년 4월) 등 아동대상 범죄는 점

---

1) 이 글은 『한국일본교육학연구』 제21권 제2호(2017)에 실린 「지역연계를 통한 체험형 아동 안전교육 활동」을 수정·보완한 것임.

차 증가·흉악화하고 있다. 특히, 학부모와 지역 주민, 그리고 지역 기관 등 아동안전문제의 주체가 그 존재 이유를 상실한 나머지 지역사회의 교육에 대해 무관심·비협조를 보임으로써 지역사회 연계활동의 곤란을 초래하고 있는 실정이다. 그 근간에는 '공동체 의식의 결여', 이른바 지역공동체의 붕괴가 자리 잡고 있다고 볼 수 있다. 이런 사회적 상황의 해결책으로 '아동 스스로가 주체적으로' 안전한 활동이 가능하고 이를 지원할 수 있는 평생교육학적 접근방식이 대두되고 있다.

한편, 일본 사회에서 아동의 '안전·안심·위기'에 대한 논의가 오늘날처럼 빈번히 거론된 적은 드물며, 그 경위에 대한 규명 또한 명확하지 않은 것도 사실이다. '아동의 안전을 지킨다'고 할 경우 어른들이 '어떻게 아동을 지킬 것인가?' 라는 것에 초점이 맞춰져 있다. 이는 1989년 미야자키 쓰토무(宮崎勤) 사건과 2001년 이케다 초등학교(池田小) 사건에 대한 일본 사회의 반성으로부터 형성된 표현이며, '안전대책의 중심은 위기로부터 지키고 피하는 것에 있다'는 의미로 대치될 수 있겠다. 그러나 실제 사건에 연루되어 희생된 아동은 위기상황을 피하지 못하고 범죄자와 대치하는 결과에 이르렀던 것이다.

이와 같은 위기대치능력은 '자신의 생명은 스스로가 책임지는 것'을 당연시해 온 일본 사회의 위기관리의식과 관계가 깊다. 그 이면에는 인간은 혼자 살아갈 수 없고 상호협력 관계 속에서 공생, 이른바 '유대·연계'하지 않으면 안 된다는 것을 내포하고 있다. 이런 관점에서 아동 스스로가 자신의 몸과 생명을 지킬 수 있는 안전의식·안전행동에 대한 학교교육활동은 물론, 자발적 지역활동을 통

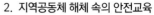

한 지역 교육력의 육성이 요구된다. 즉, 아동의 안전교육 경험이 안
전사고 방지라는 직접적 학습체험뿐만 아니라, 그 학습의 주체적
반성의 장으로서 지역공동체의 교육적 가능성이라는 맥락을 중시
한 안전교육활동을 고찰할 필요가 있겠다.

   이러한 과제를 해결하기 위해 이 장에서는 지역사회와의 연계를
통한 아동의 주체적 안전교육 실천 과정과 그 속에 담긴 평생교육
학적 함의에 대하여 검토하고자 추진하였다. 즉, 안전교육과정을
모범적으로 실천해 온 니가타현(新潟県) 조에쓰시립(上越市立) 오
마치초등학교(大町小学校)의 안전지도수업 분석을 통해 아동의 주
체적 안전교육에 드러난 지역사회교육적 의미에 대하여 보다 구체
적으로 살펴보고자 한다.

2 지역공동체 해체 속의 안전교육

1) 지역 생활력의 저하와 지역공동체의 재구축

   앞서 살펴본 바와 같이 아동의 안전교육은 아동의 주체적 '위기
대치능력' 및 '위기회피능력' 그리고 '자조'에 바탕을 둔 '공조(共助)'
의 중요성이 강조되고 있다. 이런 교육방향은 수많은 사건 속에서
얻은 지식ㆍ경험의 결과이다. 아동사건은 지역 연계의 희박화가
심각한 지방 중소도시의 주변부에서 일어났다는 공통점을 지니고
있다(国土交通省, 2005).

   아동사건의 주변부화는 1960년대 급격한 산업화와 함께 대두된

지역의 일체감·연대감의 희박화와 관련이 있다. 발생요인은 다양하지만 근래 설득력을 얻고 있는 것은 '의식 변화' '지역사회의 샐러리맨화' '단신세대 증가' '거주환경'을 들 수 있다(内閣府, 2007: 84-89). 지역연계의 희박화는 상호 신뢰와 공조(共助) 관계의 단절뿐만 아니라 지역공동체성의 해체로 인한 지역사회의 교육력 저하를 초래함으로써 아동대상 범죄를 가중시키는 결과를 낳았다. 다시 말해, "지연(地緣)적·규범적 가치관에서 벗어나 주민 참여에 의한 합의적 의사결정과 아동 스스로가 주체적으로 참여하고 성인과 함께 성장하는 공동관계"(佐藤一子, 2002: 55) 형성력, 이른바 '지역 교육력'의 붕괴로 인한 "지역 생활력"의 저하이다. 이는 아동의 범죄방지에 있어 불가결한 요소로 '지역공동체의 재구축'이 요구되는 대목이다. 이러한 사회적 상황 속에서 가정·학교·지역사회 등 일상 환경 속에서의 교육력 저하와 지역사회로부터 고립된 부모의 양육에 대한 불안감의 심화는 아동의 '주체적 성장'의 걸림돌로 작용해 왔다. 아동을 둘러싼 다양한 문제에 대해 일본의 사회교육은 가정, 학교가 아닌 지역사회 내 양육에 대한 책임을 사회화·공동화하려는 지역공동체의 교육력 재생·창조에서 찾고자 하였다.

이와 같이 지역공동체의 교육적 가치에 착목한 일본의 안전교육은 지역사회의 목소리를 회피하고 지역과 차단된 폐쇄적 학교중심의 학습활동에서 벗어나고자 하였다. 그 결과 지역에 기인한 교육(community based education), 즉 학교적 교수형이 아닌 학습자의 절실한 관심에 입각한 참여적·변혁적 학습이자, 보다 학습자 중심의 접근'으로 전개되는 주체성 형성(subject formation)의 교육을 지향하기에 이른 것이다(佐藤一子, 1998: 154).

2) 지역사회 속의 교육력과 주체성 형성

가타오카 히로가쓰(片岡広勝, 2015)에 따르면, 성인의 지역사회 참여활동에 대한 관점과 함께 교육력의 핵심을 이루는 아동의 주체적 학습활동의 연동성·동태성(dynamic)에 대한 관점은 지역 교육력을 이해함에 있어 필수적 요소임을 지적하고 있다. 특히 공동체 내에 존재하는 교육력은 아동의 주체적 학습과의 연계성을 구축해 나가는 환경조건에서야 말로 의미 있는 유효성이 도출될 수 있음을 역설하고 있다. 다시 말해, 지식전달형 교육방식에서 벗어나 지역의 다양한 참여환경 안에서 문제해결방법을 찾는 주체성 육성에 기반을 둔 학습 환경 조성인 것이다.

이러한 '주체적 학습의 대상화'에 대해 가타오카는 오쓰카 히사오(大塚久雄)의 『공동체의 기초이론』(1970) 및 맥가이버(MacIver)의 『community』(1975)를 비교·분석하고, 우에하라 센로쿠(上原専禄)의 '지역' 개념 4요소의 규명을 통해 주체적 학습의 성립환경을 제기하였다. 그 구체적 내용은 첫째로 (지역은)내발적 에너지의 존재와 재생산, 둘째는 '중앙' 세력권에 대한 경제·정치·문화의 자립 지향, 셋째는 생활·생산의 이심원(異心円)적 복합구조–만다라(다변)적 세계관, 넷째는 개인지향과 집단지향의 동태성을 만들어 내는 긴장역학(緊張力学)(片岡広勝, 2015: 18)이다. 즉, '지역' 개념의 일본적 4요소와 주체적 학습의 불가분성 그리고 각기 다른 학습 참여 환경 속에서도 지역에 자생하는 연대성(=지역 교육력)의 원천이 성립함을 이해할 수 있겠다.

특히, 넷째는 주체성 형성과 지역 교육력을 연관지어 설명한 '지역'개념으로서 성인 세대의 교육적 역할의 상정이다. 다시 말해, 지역사회 내 개인지향과 집단지향에 대한 성인 세대의 다양한 사고 · 행동, 의견 대립 등의 긴장관계에 대해 아동 세대는 '단일 · 평준화된 가치관과 인간모델이 아닌 복수의 상이한 가치관과 인간모델을 선택하면서 자신의 지향성 · 가치관'을 주체적으로 갈고 닦는다는 것이다(上原弘江, 1989). 또한 사실이나 사태를 있는 그대로 수용하기보다 해결 · 극복 · 실현 등을 요하는 과제를 스스로 파악 · 수용할 수 있는 능력, 이른바 '과제화적 인식'이 가능한 교육환경인 것이다(上原弘江, 1987; 片岡広勝, 2015).

주체적 학습이 성립하기 위한 환경의 4요소는 지역공동체 내에서 대인적 관계를 동반하는 모든 활동에 아동의 상호 주체적 학습참여를 기본전제로 한다. 로저 하트(Roger Hart)는 아동의 참여에 대해 『innocenti essays』(UNISEF, 1992)에서 "참여(participation)란, 인간의 생명과 인간이 살아가는 지역공동체의 생활에 영향을 미치는 의사결정의 공유과정"으로 정의하고 있다. 또한, 학습참여는 아동 스스로가 생활을 주도해 나감은 물론, 가정 · 학교 · 지역사회 등 다양한 현장(Roger Hart, 1992: 5)에서 발언이 가능한 주체적 생활자로 의미 부여하고 있다. 이가라시 마키코(五十嵐牧子)는 로저 하트의 아동 참여론 속에는 주체적인 삶, 타인과의 대화, 협력, 상호 합의 등과 같은 커뮤니케이션의 실천, 활동내용과 참여 방식의 다양화(五十嵐牧子, 2001: 69-70)라는 평생교육학적 의미가 함축되어 있음을 지적하였다. 이중 일상의 대인관계 속에서 '자신의 생각을 통해 스스로 생각하고, 행동을 통해 스스로가 극복'하고자 하는 인간의 '의식화' 속의 '주체성'(Paulo Freire, 2011: 164)에 주목하였다. 이것

은 아동을 교육받는 행위와 실천의 객체가 아니라 학습하는 자각과 의지의 주체로 인식하고 있는 것이다. 즉, 아동 개인의 지역 내 참여 활동은 자아성장뿐만 아니라, 그 활동을 기반으로 평생교육(학습)이 실천(五十嵐牧子, 2000)된다는 사실을 함축하고 있다고 볼 수 있다.

결국 아동의 주체성은 지역이라는 다양한 삶의 현장 속의 상호 커뮤니케이션을 매개로 형성된 '연대의 힘'을 촉진하고, 나아가 '지역 교육력의 원천'으로 이어진다는 점에서 평생교육학적 의의를 조명할 수 있겠다. 따라서 아동의 주체적 안전교육 활동을 위해서는 성인 세대와 아동 세대의 상호 주체적 학습과정에서 나타나는 아동의 변화 과정과 그 양상을 함께 살핌으로써 아동의 지역사회 참여 과정에서 드러나는 다양한 교육학적 특성 이해가 요구된다.

③ 오마치초등학교의 안전교육 활동

1) 지역사회에서 전개되는 체험형 안전교육 활동

(1) 오마치초등학교의 개요

일본의 안전교육은 지역교육공동체의 지역 교육력에 의한 안전교육의 전개를 통해 아동의 주체 역량 함양을 도모하였다. 지역 공동체의 연대와 그 결과로 획득되는 지역 교육력을 적극적으로 수용해 온 오마치초등학교는 1904년 창립 이래 2013년 7월까지 총

12학급이 운영되고 있으며, 구성원은 전교생 286명, 교직원 25명이다. 교육활동은 '지역사회로 확산되는 배움의 장'을 목표로 학교 주변의 다양한 지역 환경의 이점을 살려 지역사회와 관계를 맺는 학습활동을 도모하고 있다. 또한, 지역 주민과 학부모의 교육에 대해 관심이 높아 학부모와 교직원에 의한 사회교육 관련단체 PTA (Parent-Teacher Association: 학부모-교사 연합회) 활동에 적극적으로 참여하고 있다는 점이 특징적이다.

오마치초등학교의 지리적 환경은 반경 400m 이내 인적·물적 자원이 대부분 존재하는 니가타현 조에쓰시 다카다 지구(高田地区)의 시내에 위치하고 있다. 행정구역별로 그 특징을 살펴보면, 먼저 학교 북쪽에 위치해 있는 오마치(大町)는 아침 시장이 열리는 지역으로 매우 활기차고 붐빈다. 남쪽의 혼마치(本町)는 주택지와 상점가로 개발된 지역이다. 이와 달리 서쪽의 나카마치(仲町)와 그 주변부 데라마치(寺町)에는 일본 국철 JR신에쓰혼선(信越本線)과 다카다역(高田駅)을 제외하면 옛날식 건물과 상점이 즐비해 있어 주간에는 사람의 왕래가 거의 없다. 특히 데라마치의 경우, 16개소 이상의 불교사원이 산재해 있는 우범지역으로서 교통안전뿐만 아니라 범죄에 대한 지역 전체의 활동과 대응이 요구되고 있다. 이러한 지역 환경을 고려하여 오마치초등학교에서는 아동의 주체적 안전교육활동, 안전지도 작성을 통한 피해방지능력의 육성, 안전지도를 활용한 아동 모임의 결성, 학부모, 지역사회, 행정, 경찰 등과의 협력·연대 체계의 형성을 축으로 지역안전교육이 이루어지고 있다.

(2) 지역안전지도와 그 원리

　지역사회의 붕괴는 안전교육의 위기를 유발했다 하여도 과언이 아니다. 게다가 안전교육은 자칫하면 아동들에게 모든 주민은 수상한 사람, 경계 대상으로 인식게 만드는 부작용을 초래한다. "모르는 사람에게는 가까이 가지 마. 하지만 만난 적이 있는 사람에게는 인사를 해야 한다(朝日新聞, 2006년 6월 2일자)."라는 기사에서도 엿볼 수 있듯이 성인들은 이해할 수 없는 모순적 단어를 사용하면서 지역 내 어느 누구도 믿지 못하게 만드는 불신 사회를 조장하고 있지는 않은가? 또한, 상호 불신의 이면에 존재하는 인권 문제도 간과할 수 없다.

　타인 경계가 범죄예방이라는 순기능만을 가지고 있는가? 타인에 대한 신뢰성 결여라는 역기능도 주목해야 할 것이다. 그럼 상호 신뢰관계 속에서 아동의 범죄 노출 방지에는 어떠한 방법이 있는가? 범죄로부터 아동을 지킬 수 있는 방법은 매우 다양함에도 불구하고 자조에 입각한 인적 공조가 가능할지에 대한 의문이 남는다. 특히, 지역공동체의 붕괴라는 여건 속에서 아동 스스로가 자신을 지킬 수 있는 능력이 부족할 경우, 어떻게 '위기대치 능력'이 발휘될 수 있겠는가? 결국 인적 네트워크 구축을 통한 위기관리가 불가결한 이유이다.

　아동 혼자만의 힘으로 해결 불가능한 위기상황 극복 방법으로 현재 주목을 받고 있는 '지역안전지도'는 범죄자 개인을 발견·신고하기 위함이 아닌 범죄가 발생하기 쉬운 장소를 표시한 지도이다. '장소'에 착목하여 아동의 피해방지 능력과 지역사회에 대한 관심을 높이는 역할을 한다(小野正俊, 2008: 4). '지역안전지도'의 이론적 근거(東京都, 2006: 3-18)로는 '범죄기회론'을 들 수 있다. 동 이론은 범죄자의 인격·환경에서 범죄의 원인을 찾으려했던 '범죄원인론'에 대한 반성을 통해 성립되었다. 여기에서 '범죄기회'란 범죄의 실행 가능한 환경을 의미하며, 그 환경이 좋지 않으면 범죄를 주저하게 되는 것이다. 즉, '사람의 물건을 훔쳐서는 안 된다'라는 교육과 함께 스스로가 '물건을 도난당하지 않도록 하지 않으면 안 된다'는 교육인 것이다. 다시 말해, 범죄 원인 제거를 위한 도덕교육에 머무르지 않고, 범죄 기회를 줄이기 위해 아동 간 혹은 아동과 주민 간 상호연계에 의한 지역활동의 실시에 주목한 것이다. '범죄기회론'에 근거한 대책으로 다음 3요소를 제시할 수 있다(東京都, 2006: 5).

'범죄기회론'은 '저항성(범죄자의 힘을 물리침)' '영역성(범죄자 영향력 외 범위)' '감시성(범죄자의 행동 파악)'이라는 3요소가 높으면 높을수록 범죄로 이어질 가능성이 낮아지는 원리이다(東京都, 2006). 이는 수상한 사람을 식별해내려는 의도보다 범죄의 발생 빈도를 감소시키려는데 목적이 있다. 오마치초등학교는 이에 부합하는 교육으로 범죄가 발생하기 쉬운 장소, 이른바 '들어가기 쉬운 곳'과 '잘 보이지 않는 곳'에 범죄자가 접근할 수 없도록 물리적 환경 조성을 중시했다. 나아가 지역 청소·방범 등의 관리 철저를 통해 범죄를 예방코자 하는 주민연대의 방범의식 함양을 도모하였다(竹内薫, 2013: 117). 무엇보다 성인 세대와의 교류를 통해 아동 스스로가 이런 장소에 대해 인지케 함은 물론 일상의 다양한 장소에서 적용할 수 있는 능력을 체득시키도록 하였다.

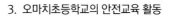

(3) 지역안전지도 작성에 의한 체험교육활동

오마치초등학교의 '지역안전지도' 수업은 아동을 비롯해 학부모, 교사, 지역 주민 등 언제, 어디서나, 누구든지 작성 가능한 체험형 교육활동이다. 또한, 이를 통해 생활상의 범죄기회론을 이해함은 물론, 범죄에 대한 개인의 '피해방지능력'을 기를 수 있도록 고안·작성되었다. 오마치초등학교는 '지역안전지도' 교육방법 5단계, 즉 사전학습단계(1시간), 팀 편성단계(1시간), 현지조사단계(2시간), 지역안전지도 작성단계(3시간), 발표, 분석 및 평가단계(1시간) 총 8시간으로 구성·운영되었다.

먼저 제1단계는 사전학습단계이며 아동을 대상으로 범죄가 발생하기 쉬운 장소의 판단기준을 설명한다. 먼저 출입이 어려운 곳 혹은 잘 보이는 곳 등은 범죄자가 접근하기 어려운 곳임을 이해시킨 후, 일상 속 그런 장소에 대한 피해방지 능력 향상에 주력하여 학습시킨다. 제2단계는 지도 작성 계획 및 팀 편성단계이다. 위험한 장소로 정한 이유와 그 구체적 사례 그리고 지도 작성 시 유의해야 할 사항을 설명한다. 이어 팀(5~7명)을 편성한다. 제3단계는 현지조사단계이며 조사 중의 안전사고에 주의할 것과 학부모·주민 등의 협력을 당부한다. 제4단계는 지역안전지도 작성단계이다. 이 단계는 수집한 정보를 팀원 간 대화를 통해 한 장의 종이에 정리하는 창작교육활동 시간이다. 다녀온 지역을 입체적으로 표현하기에 앞서 우선 지역명, 날짜 등을 기입함으로써 제작 연월일을 명확히 하고, 주택지의 개인명은 표기하지 않도록 유의한다. 마지막 제5단계에는 팀원이 이러한 체험 과정을 통해 완성된 지역안전지도를 학

부모와 주민 등에게 소개하고 향후 개선책에 대해 발표한다.

앞과 같이 오마치초등학교에서 실시되고 있는 지역안전지도 수업은 피해방지 능력 및 위기회피 능력, 나아가 주체적 '위기대치능력'을 향상시키기 위해 고안된 지역사회 교육활동이다. 또한 팀원간 혹은 지역 주민들과의 상호 대등한 연대작용을 통해 체험활동이 이루어지도록 고안되었다는 점에서 의사소통 능력 향상과 사회성 육성도 기대된다.

2) 상호연대를 통한 아동의 주체적 안전교육의 검토

(1) 안전교육 준비단계: 사회참여 환경 속에서 촉진되는 '연대의 힘'

오마치초등학교는 아동의 다양한 사회참여 환경설계를 통해 안전교육의 원동력을 이루는 '연대의 힘' 육성에 힘을 기울였다. 이에 "자력으로 활동해 온 사람들과 만나 대화하며 학습할 수 있는 장(場)"에 직접 참여하여 인적관계구축이 가능한 체험학습활동을 장려하였다. 다시 말해, 지역의 재생 및 지역 만들기 과제를 고려한 지역 교육력의 활성화, 아동과 성인 간의 관계형성과 학습문화의 창조(佐藤一子, 2002: 132)를 이끌어 내고자 하는 지역사회교육을 도모하였다. 그 구체적 실천방법으로 지역사회 참여적 학습과정인 '아침 독서회'와 '체험학습'을 들 수 있으며 안전교육이 본격적으로 실시되기 이전부터 계획·추진되었다.

학습 과정은 5학년생이 주도하고 1학년생이 참여하는 방식으로 주 3회 10분간 학생과 교직원 모두가 좋아하는 '아침 독서회'로 교

류의 첫발을 내딛었다. 여기에서 주목할 점은 학습과정에서 그룹 토의 등 자연스레 형성되는 대화의 장(場)을 통해 서로 느꼈던 고민 거리나 아이디어의 교류가 가능해지고 보다 연대감이 형성되었다 는 점이다(大町小学校, 2006). 이와 관련하여 '아침 독서회'를 5년째 지도해온 다나가 에리코(田中枝利子) 교사는 다음과 같이 회고하고 있다.

> 서로 재미있는 것을 들어주는 활동을 통해 사람마다 느낌에 대한 방식 차이가 있음을 깨닫는다고 생각한다. 〈중략〉 "친구 들과 자신이 재미있다고 느끼는 점이 다르다는 것에 놀랐습니 다. 친구가 말한 재미있는 점을 들었을 때 왜 재미있다고 생각 하지? 라고 재미를 이해하지 못했지만, 그 이유를 들어보고 그 렇구나. 라고 생각했습니다."(田中枝利子, 2006: 32-33)

'아침 독서회'는 상대를 이해하고 공감함으로써 상대의 존재를 인정할 수 있음은 물론 친밀감을 통해 연대감을 형성할 수 있는 계 기가 마련되었다. 무엇보다 학교현장뿐만 아니라 지역이라는 사회 환경 속에서도 지역 교육력을 기르고자 하였다는 점에 그 의의가 크다. 예컨대, 독서회 활동에서 발생한 문제점을 학내에 머무르지 않고 지역 낭독회의 회원들에게 협력을 얻어 자문을 구하는 등 지 역 주민과의 연대를 통해 해결코자 하였다는 점이다.

이어 실시된 사전학습은 '체험학습'이다. 오마치초등학교에서는 니가타현 묘코시(妙高市) 지역에 위치한 자연학습장을 방문하여 그 곳에서 만난 활동지도원 등 다양한 사람과의 새로운 만남을 기획하고 함께 활동하였다. 이를 통해 일상에서 삶의 방식을 스스로 터득할 수 있는 기회 제공은 물론 자연에서 다양한 경험을 할 수 있도록 하였다. 또한, 체험활동에 참여한 아동 간 역할 분담을 통해 책임의식과 협동심을 학습하였다. 그리고 대화를 통해 상호 의견을 반영한 의사결정을 실행함으로써 상호 연대감을 돈독케 하였으며, 이를 매개로 아동 스스로가 보다 나은 체험학습활동으로 발전시켜 나갔다. 이에 조에쓰(上越) 시민 연구원 히로타 마치코(広田真知子)는 다음과 같이 지적한다. 체험학습은 아동이 "자신이 사는 마을의 자연, 역사, 주민의 따스한 마음, 지역을 사랑하는 마음을 통해 스스로의 삶의 방식을 생각"하게끔 만드는 지역사회교육으로서 "지역에 대한 가치관 양성과 의식계발이라는 효과도 기대"(上越市創造行政研究所, 2004: 92-93)할 수 있다.

이처럼 오마치초등학교에서는 '아침 독서회'와 '체험학습'과 같은 사회참여환경 속에서 함께 같은 경험을 공유함으로써 '연대의 힘' 촉진과 그 과정에서 자아성장의 계기를 마련코자 하였다. 즉, 복수의 사회참여 환경요소가 단순히 병렬적으로 성립되지 않고 지역 내에 존재하는 다양한 법칙과 의미에 따라 복수의 요소가 조화·통합(片岡広勝, 2015: 18)을 이룬 사회참여 학습이었다.

(2) 안전교육활동단계: 지역 안전 문제의 설정과 해결

오마치초등학교는 안전교육의 기본을 '자신의 몸은 자신이 지킨다'에 두었다. 다시 말해, 아동 스스로가 생활상에서 '스스로 과제를 발견하고, 스스로 배우고, 스스로 생각하고, 문제해결이 가능한 자질과 능력'을 지닌 주체적 안전교육을 지향하고 있는 것이다. 이러한 교육목표 하에 오마치초등학교는 사전학습을 통해 인지하게 된 인간관계 속의 '연대의 힘'과 이와 밀접하게 결부된 아동의 '주체성' 육성을 중시한 안전교육활동을 도모하였다.

　안전교육활동 단계는 "아동이 자기 자신의 생활과 자신이 살고 있는 지역사회의 생활에 있어 중요한 환경의 문제와 그 문제에 대처하기 위한 행동에 참여하도록 지원"(Roger Hart, 2000)할 수 있는 안전 문제의 설정 및 해결을 위한 과정이다. 이에 오마치초등학교가 안전교육문제로 설정한 것은 안전에 대한 주체성과 안전에 대한 의식과 능력 향상이었다(大町小学校, 2006: 74). 먼저, 안전에 대한 주체성은 지역사회와의 관계성과 상호 지원의 희박화로 인한 안전 문제의 부작용을 지역안전을 지키는 활동·방범(防犯)에 대해 지역 주민이 바라는 것을 깨닫게 한다. 또한, 아동 혼자 할 수 있는 것은 과연 무엇인지 스스로가 생각하고, 스스로가 실행할 수 있는 태도를 함양토록 하기 위함이다. 다음으로, 안전에 대한 의식과 능력 향상은 '공동적 관계의 체험' 가운데 이루어지는 안전지도 작성을 통해 안전에 대한 의식을 향상시키고 위험을 예측·회피할 수 있는 위험예측 회피능력을 기르는 것이 목적이다. 결국 종래 억압구조의 성격을 지닌 지역공동체를 거부하고 "자주성과 책임제에 입각하여 다양화하는 각종 주민요구와 창의(創意)를 실현하는 집단"(コミュニティ問題小委員会, 1969: 156) 속에서 아동의 주체적 참여를 기본으로 하는 '교육의 네트워크 형성'을 매개로 안전교육을 해결코자 하였다.

　여기에서 주목할 것은 주체적·공동적 안전교육문제를 해결하

〈표 4-1〉 안전교육단계별 계획 및 활동 내용

단계	계획			활동 내용
I 인식	자신 또는 친구가 무서운 일을 겪은 사람은 없습니까?			자신의 체험을 서로 이야기하고 자기 주변에 잠재되어 있는 위험에 대해 의식한다.
II 탐색	지역 주민으로부터 이야기 듣기			지역방범대원과 경찰관에게 이야기를 듣는다.
	안전지도를 만들자	자신과 그룹의 목표		개인과 그룹의 목표를 세워 조사 및 작성에 대한 아동들의 의식을 명확히 한다.
		마을 조사		학부모 봉사대, 안전관리 직원과 함께 현지를 조사하고, 통학로와 자신의 마을에 위험한 장소가 없는지 조사한다.
		안전지도 작성		그룹 내 상호 의사소통을 통해 안전지도를 작성한다.
III 전파	전교생에게 알리자	'마을아동회' 별 발표준비		작성한 안전지도를 알기 쉽게 아동들에게 전하기 위해 그룹별로 발표 담당을 정하고 발표 준비와 연습을 한다.
		'마을아동회' 발표와 그룹별 등하교 설명		작성한 안전지도를 이해하기 쉽게 아동들에게 전하기 위해 주의를 환기시킨다. 또한 등교그룹을 정해 실제 도보로 하교하고 현지조사를 한다.

*출처: 大町小学校(2006: 73-78).

기 위해 고안된 지역안전지도 만들기 수업이다. 오마치초등학교는 동 수업을 지속가능한 안전교육으로 정착시킬 목적으로 1998년에 문부과학성 교육과정심의회가 책정한 교육과정 "종합적 학습의 시간"의 일환으로 운영하기 시작하였다. 무엇보다 지역공동체의 '연대의 힘'을 원동력으로 하는 '지역 교육력'을 바탕으로 아동 스스로가 지키는 안전교육으로 자리매김시켜 나갔다. 이를 구현화하기

위해 마루다 가오루(丸田勳) 교장을 필두로 진행한 안전교육 활동 계획과 그 과정에서 아동들이 체득하길 바랐던 것이 무엇이었는 가? 상술한 "지역안전지도" 교육방법 5단계를 바탕으로 다음 〈표 4-1〉과 같이 수업계획 3단계(인식-탐색-전파)로 나타낼 수 있다.

먼저, 활동 계획(Ⅰ)은 '인식단계'이다. 일상의 잡다한 일에 잠재 되어 있는 위험에 대해 아동 자신과 친구들의 체험에는 어떤 일이 있었는가? "자신이나 친구 중 무서운 일을 겪은 사람은 없습니까?" 등의 질문수업을 통해 주변에 위험지역에 대해 인식시키는 학습단 계이다.

다음으로 활동 계획(Ⅱ)는 '탐색단계'이다. 탐색단계는 '자신의 생명은 스스로 지키지 않고서는' 안 된다는 주체적 안전의식을 바 탕으로 '자신의 몸을 지키기 위해 어떻게 해야 하는지' 그 교육적 방 법을 체험을 통해 탐색코자 하였다. 오마치초등학교가 중시한 것 은 "일상에 기인한 생활의 지혜와 실천적 지혜를 모아 문제해결에 임하는 '참여' '협동'의 변혁적 실천과정"(佐藤一子, 2005: 43)이다. 그 방법은 아동 자신이 지도 작성 과정을 주체적으로 이끌어 갈 수 있는 능력과 재능을 체득할 수 있도록 지역 주민이 앞장서서 참여 환경을 조성하는 과정이다. 이와 관련하여 안전교육 담당교사의 발언 내용을 살펴보면 다음과 같다.

조사를 통해 의심스러운 자를 직접 만났다. 본 적이 있다고 인식한 아동은 소수이며 소문이나 뉴스 이야기를 기입하는 아 동이 많았다. 결국 자신의 일로 생각·활동하려는 의식형성이 부족하며, 다른 각도에서 아동들의 의식에 접근할 필요성이 있

음을 깨달을 수 있었다. 강사를 의뢰한 지역의 주민들에게 방범 활동을 통한 감상뿐만 아니라, 지역에 대한 바람도 이야기할 수 있도록 의뢰하였다(大町小学校, 2006: 76).

교사의 이야기에서도 알 수 있듯이 아동들은 안전이 자신의 삶과 동떨어진 곳에 존재한다고 생각했다. 이는 결국 안전의식에 대한 기본적 인식이 형성되지 않은 채 그들의 일상 속의 사고와 행동에 영향을 미쳐 왔다고 볼 수 있겠다. 이에 학교에서는 실제 안전조사만이 아닌 지역사회 구성원과의 연계를 통해 서로 다른 사고방식과 가치관이 의사소통이라는 상호이해를 매개로 아동안전에 대한 지역 네트워크 교육력을 향상시키고자 하였다.

이어 활동계획(III)은 본 활동을 다수의 사람에게 널리 알리는 '전파단계'이다. 안전생활을 위한 의견 찬동과 매일의 생활에 주의하도록 태도를 육성한다. 이 단계는 아동들이 경찰관, 지역방범대원 등과의 인적 교류를 통해 구축한 자생적 교육력을 바탕으로 안전이라는 지역 공통 과제에 대해 민주적 방식의 발표회를 가졌다. 이를 담당한 아동조직 '마을아동회'는 저학년과 고학년 간의 정보제공 및 정보 교환의 네트워크 구축에 노력하였다. 특히 집단 속에서 이루어지는 긍정적 역학 관계 속에서 안전에 대한 경각심을 고취시켰으며, 직접 작성한 안전지도를 보며 위험지역의 재확인 · 재조사를 실시하였다. 무엇보다 저출산 · 고령화 · 도시화 등을 배경으로 한 인간관계의 희박화와 자존감의 저하에 대해 아동회의 집단 활동을 통해 자아인식 및 사회성 함양에 도움을 주었다. 또한 "집단 일원으로서 책임을 다하고 의사를 집단에 반영시키고, 자주적 · 실천적으

로 행동하고 성장을 실감하여 다음에 활용할 수 있는 자치적 능력"(飯尾友謙, 2013: 121-122)을 향상시키는 결과를 가져 왔다.

아동들은 이와 같은 안전 수업 3단계 과정을 경험해 봄으로써 '사람'이 아닌 '장소'에 주목한 주체적 '안전'교육이란 공동체의 인적 연대를 원동력으로 하는 사회참여 환경 하에서 아동의 자생적 교육력 체득을 통해 구현된다는 사실을 실감할 수 있었다.

(3) 안전교육 반성단계: 성과 및 과제

아동들은 안전 문제를 인식하는 과정에서 실제 지역사회 내 장소와 범죄 사이의 관계를 정하는 직관적 틀의 성장과 그 과정에서 형성된 지역 공동체성에 의한 사회교육력을 통해 주체적 안전의식의 고양을 도모하였다. 다음은 안전교육활동 이전 범죄 위험장소를 알아차리지 못했던 아동들이 안전수업 종료 후 보인 태도 변화에 대해 담당교사가 남긴 글과 지역안전지도 만들기 수업에 참여한 초등학교 5년생의 감상문에서 발췌한 글이다.

> 담당교사: 수상해 보이는 자가 들어가기 쉽고 보이기 어려운 곳에서 아동이 들어가기 쉽고 보이기 어려운 곳으로 생각의 관점을 바꿔 나갔다. 실제 걸으며 자신의 시선으로 여기는 왠지 무서워라고 느끼게 되었고, '우리는 괜찮지만 좀 더 작은 아이는 안쪽에서 보이지 않아'라는 관점과 대상이 확대되는 모습을 볼 수 있었다. 〈중략〉 지도 제작을 통해 위험에서 자신을 지키

기 위해 어떻게 하면 좋은지 생각하게 된 아동이 증가하고 있음을 알았다. 또한 지금껏 통학해왔음에도 불구하고 위험에 대해 인식하지 못한 자신에 대해 지각할 수 있는 계기가 마련되었다(大町小学校, 2006: 76-77).

학생A: 위험한 장소로 가장 많이 뽑힌 곳은 아파트 뒤편으로 담이 있거나 사람이 있어도 보이지 않거나 하는 장소입니다. 게다가 어둑어둑하고 범인은 바로 도망갈 수가 있습니다. 이런 아파트의 뒤편에 신경을 쓰고 싶습니다.

학생B: 인상 깊은 것은 '다른 견지에서 본다'는 것입니다. '위험할지 몰라'라는 관점에서 보면, 위험한 장소는 상당히 있습니다.

학생C: 가장 놀란 것은 ○○고등학교 앞 도로입니다. 귀갓길에 친구와 헤어지고 혼자서 걸어가곤 했는데 앞으로는 주의하고자 합니다(大町小学校, 2006: 76).

이처럼 체험형 안전교육활동에 참여한 아동들은 주변 생활에서 주체적 자각을 통해 위험지역에서 어떠한 대처를 취하면 좋을지 안전에 대한 관점 변화와 대상 확대, 나아가 경각심을 길러 나갔음을 알 수 있다. 이 과정에서 지역 내 자생하는 연대의 힘(보호자, 교사, 경찰관)을 매개로 형성된 공동체의 교육적 가능성 그 자체가 아동 스스로가 지키는 '지속발전교육'인 안전교육의 원동력 역할을 했다고 볼 수 있다. 그 교육적 방법의 하나로 담당교사는 지역구성원들에게 순찰활동을 통한 경험담과 범죄예방 노하우, 그리고 지역사회에 바라는 점을 이야기해 줄 것을 촉구함으로써 지역 연계를 통한

실질적 안전정보 제공을 기대하였다. 다음은 아동들의 수업 후 모습과 안전교육에 있어 지역 연계성의 중요성을 묘사한 내용이다.

> "자신의 생명은 스스로 지킨다."라는 말은 경찰관의 이야기와 일치하고, 명언을 기입해 놓는 명언집에 새기는 아동의 모습도 볼 수 있었다. 또한, 안전지도 조사활동과 작성, 집단하교 할 경우, 보호자와 주민, 행정 직원에게 협력을 부탁했다. 평소 바쁨에도 불구하고 주민들로부터 많은 협력을 얻음으로써 보호자와 주민들이 아동들의 안전에 대해 얼마나 진지하게 생각하고 있는지 아동들은 몸소 느낄 수 있었다(大町小学校, 2006: 77).

오마치초등학교는 아동 각자의 삶 속에서 지역 주민들과 만나 친하게 지내는 동안 각 주체 간의 연대과정에서 생성되는 사회성·자아의식, 지역교육력에 주목한 안전교육을 실시하였다. 즉, 지역사회에 존재하는 인적·물적 요소와의 다양한 교류·접촉에 근간한 자기교육의 기회 획득 가능한 환경 하에서 주체적 안전교육이 실시되었다고 볼 수 있다. 특히 안전교육에 있어 지역사회는 종래 폐쇄성·배제성을 지닌 공간으로서가 아니라, 지역 주민의 다양한 접근과 행동이 이루어지는 생활체험의 주체적 공간이자, 지역 주민들 간 갈등·모순을 극복하고 안전이라는 지역 과제를 공유하는 '공론의 장'으로 인식되었다는 점이 특징적이었다.

이와 같이 오마치초등학교에서는 지역네트워크의 교육력을 통해 아동에 한정된 안전이 아닌 지역사회의 안전의식 함양으로 이어지는 성과를 가져왔다. 또한 수업 종료 후에도 학부모·지역사회,

경찰관·지역 행정 등 상호 협력 및 연계가 곤란에 처할 경우 지역 안전지도 만들기 활동을 회상하며 지역사회의 내부적 연결고리와 상호 부조정신의 기반을 다져 나갔다(上越市創造行政研究所, 2004: 93; 大町小学校, 2006: 78). 더 나아가 개인의 주체적 안전의식과 함께 다수의 지역 구성원과의 인적 연계를 통해 자신을 지킬 수 있다는 사실을 알 수 있었으며, '지역 안전을 위해 자신이 무엇을 할 수 있는가?'라고 생각하게 됨으로써 지역공동체 의식의 재생에도 영향을 미쳤다(大町小学校, 2006: 78). 이를 가능케 한 것은 지역공동체의 안전학습 '참여'였다. 특히 아동은 생활체험에 기반을 둔 안전의식의 주체화에 입각하여 스스로가 지역 주민과의 관계를 통해 자주적·주체적으로 판단할 수 있는 참여의 질적 심화 과정을 거쳐 성인들과 함께 학습하고, 함께 결정하며, 나아가 민주적 시민교육(자)으로의 발전 가능성이 시사되었다(Roger Hart, 2000: 42).

4   아동안전교육에 대한 시사점

이 글에서는 지역사회 교육의 시점에서 아동의 주체적 안전교육을 이해하는 접근방법으로 오마치초등학교의 체험교육활동에서 드러난 아동 스스로가 지키는 안전교육에 대하여 검토하였다. 검토 결과 일본의 안전교육은 개인의 자조에 입각한 공조방식으로의 전환을 도모하였다는 점에서 그 특성을 찾을 수 있다. 즉 안전교육은 개개인 스스로가 해결해 나가야 할 문제라는 기본인식 하에 자신의 생활 주변부터 실천하고 지속가능한 지역사회 만들기에 공헌할 수 있

는 지역 구성원이 될 수 있도록 한 사람 한 사람을 육성하는 교육이었다. 이른바 '지속발전교육(Education for Sustainable Development: ESD)'이자, 나아가 스스로 생각하고 스스로 실천할 수 있는 개인육성 지향의 '시민화교육'임을 이해할 수 있다.

　이상의 결론에 입각하여 한국의 아동 안전교육활동에 주는 시사점을 정리하면 다음과 같다. 첫째, 상호주체적 사회참여 환경의 조성이 요구된다. 지역공동체와 아동이 함께 상호 공동적 관계 경험을 통해 안전에 대한 사회적 인식과 능력 함양의 촉진, 지역문제의 해결방법을 공유할 수 있는 다양한 사회참여 환경설계를 통해 안전교육 실천이 실천가능하다. 이른바 '관주도형' 안전교육환경에서 주체성 형성에 기반을 둔 '시민주도형' 안전교육 환경으로의 전환이라고 할 수 있다. 둘째, 아동이 주체적으로 집단활동을 할 수 있는 자치적 조직 · 단체 형성이다. 아동은 집단 구성원과 함께 일상 속 다양한 실천활동을 통해 폭넓은 인간관계를 매개로 자신의 존재가치를 인식함은 물론, 자치적 능력과 사회성의 육성이라는 자기성장을 획득했다(飯尾友謙, 2013). 셋째, 안전교육 관련 행정의 공공성 · 독립성 및 지원 시설의 전문성 강화이다. 즉, 학습 · 복지 · 문화 · 집회 시설의 평생교육적 기능, 각종 평생교육 관련 시설의 일상생활에 대한 지원 기능, 교육 관련 사무관리 · 집행을 위한 행정위원회와 지역발전 관련 행정기관 간 연계 및 협력 등 종래 지역공동체 내에 내재되어 있는 자생적 교육기능을 바탕으로 한 지역교육체계의 형성이 필요하다.

　이 글에서는 아동의 안전교육활동의 모범 사례로 일본의 오마치 초등학교에 대하여 고찰하였다. 그러나 지역공동체와의 인적 교류를 매개로 한 지역사회 참여에 내포되어 있는 아동의 가치관·인식 성장에 대한 변화 과정에 대한 검토가 미진하였다. 향후 과제로는 '장소'보다 '사람'에 주목하는 지역사회의 주민의식을 변화시킬 수 있는 중장기적 지역사회 교육에 대한 검토가 요구된다.

 참고문헌

飯尾友謙(2013). 児童会活動を中心とした自治的能力の向上. 教師教育研究, 9, 121-130.

五十嵐牧子(2000). 生涯学習における「子どもと大人の参画学習」の理念について. 文教大学教育研究所紀要, 9, 95-102.

五十嵐牧子(2001). 生涯学習社会における子どもの参画についての一考察. 文教大学教育研究所紀要, 10, 69-76.

上原弘江(1987). 世界史認識の親課題. 東京: 評論社.

上原弘江(1989). 国民形成の教育. 東京: 評論社.

大町小学校(2006). 被害防止能力を高める「安全マップづくり」の取組. 大町小学校.

小野正俊(2008). 地域安全マップをつくろう. 帝国書院.

国土交通省(2005). 国土交通白書. 東京: ぎょうせい.

コミュニティ問題小委員会(1969). コミュニティー生活の場における人間性の回復. 国民生活審議会調査部会.

佐藤一子(1998). 生涯学習と社会参加. 東京: 東京大学出版会.

佐藤一子(2002). 子どもが育つ地域社会. 東京: 東京大学出版会.

佐藤一子(2005). 社会教育研究とアクションリサーチ. 日本社会教育学会紀要, 41, 41-50.

上越市創造行政研究所(2004). 歴史的建造物の保存と活用に関する調査報告書. 上越市.

竹内薫(2013). 「科学的防犯術」を知ろう. **週刊新潮**, 14, 東京: 新潮社.

田中枝利子(2006). 「読書が楽しい子ども」を育てるために. **教育実践研究**, 16, 29-34.

東京都(2006). 地域安全マップをつくろう. 東京都青少年・治安対策本部.

内閣府(2007). **国民生活白書**. 東京: 経済企画庁.

Paulo Freire(2011). **被抑圧者の教育学**. (三砂ちづる 訳). 東京: 亜紀書房.

Roger A. Hart(1992). Children's Participation: From Tokenism to Citizenship, *Innocent Essays, No.4*, UNISEF International Development Center, Florence, 1-39.

Roger Hart(저), IPA(역) (2000). 子どもの参画. 東京: 萌文社.

大町小学校. 異常事件. http://www.ohmachi.jorne.ed.jp/ (2017. 1. 3. 인출).

子どもの犯罪被害データーベース. http://kodomo.s58.xrea.com/ijou.htm (2016. 12. 23. 인출).

제5장

유아교육기관에서의
안전교육

-히마와리유치원(ひまわり 幼稚園)
위기관리 매뉴얼을 중심으로-

제5장
유아교육기관에서의 안전교육
-히마와리유치원 위기관리 매뉴얼을 중심으로-

최순자 (국제아동발달교육연구원)

 일본 유치원에서의 안전관리 근거와 지휘권

1) 안전관리 근거

2011년 3월 11일에는 동북지방 대지진과 쓰나미로 큰 피해를 입었다. 대참사 가운데 유치원과 보육소 원아들은 모두 안전했다. 이를 계기로 전국 유치원과 보육소에서 '안전관리 매뉴얼' 또는 '위기관리 매뉴얼'을 재검토하고 정비했다(牧野桂一, 2013).

'보육심리사회'에서도 재해 지역 심리 치료를 중심으로 한 지원 활동을 통해 '안전관리 매뉴얼'과 '위기관리 매뉴얼'을 전면적으로 개정하여 긴급하게 '보육심리사통신'을 발행하여 전국 보육심리사에게 발신했다(牧野桂一·今西千春, 2012).

일본에서는 원아의 건강한 발달을 고려하여 1958년에 「학교보건

법」(법률 제56호)이 제정되었다(e-Gpv, 2017). '학교'라 함은 1947년
에 제정된 「학교교육법」(법률 제26호) 제1조에 규정한 '학교'로 원아
도 이 법률의 적용을 받는다(河鍋好一·牧野桂一·八谷俊一郎, 2011).

「학교보건법」은 2008년 6월에 안전에 관한 규정이 추가되어 「학
교보건안전법」(법률 제73호)으로 명칭이 바뀌어 2009년 4월부터 시
행되었다(文部科学省, 2017). 「학교보건법」에 '안전'이 추가되게 된
배경은 몇 가지 사회적 관심을 끌었던 사건·사고의 영향이 컸다.

1970년 중반부터는 집단 따돌림 '이지메'가 사회문제가 되었다.
또한 1995년 한신·아와지 대지진, 1997년 초등학교 3명이 중학생
에 의해 살해·사상을 입은 고베소년사건, 1999년 히노초등학생
살해사건, 2001년 오사카교육대학교 부속 초등학생 살해사건 등으
로 학교 방범문제가 대두되었다. 한편 병원성대장균 0157 식중독,
운동 중 열사병에 의한 돌연사 등으로 학교안전이 사회적으로 크게
주목받게 되어 안전을 추가한 법률이 제정·시행됐다(공병호, 2016).

2) 안전관리 지휘권

유치원에서 시행되고 있는 안전·위기 관리 매뉴얼은 각 유치원
마다 특성을 반영하고 있어 전국적으로 통일된 매뉴얼은 없다. 본
고에서 살펴보는 사이타마현(埼玉県) '학교법인 히마와리학원(ひま
わり学園) 부속 유치원'에서는 화재, 재해, 사고 등의 모든 위기에
신속 정확하게 대응 또는 예방하기 위해 필요한 사항을 정해두고
있다.

매뉴얼을 두는 목적은 원아, 보호자, 교직원의 생명 및 건강을 지

키는 것으로 명시하고 있다. 여기에는 위기관리에 있어서 지휘권, 화재, 지진, 쓰나미, 홍수와 낙뢰 등의 자연재해, 사고와 사건 등 위험한 상황에서의 대응책과 예방책을 제시하고 있다.

지휘권은 일상 교육업무시에는 이사장, 원장, 주임, 부주임, 학년주임의 순으로 되어있다. 단 소풍이나 합숙 시의 지휘권은 구체적으로 나누고 있다. 소풍 때는 원장, 주임, 부주임, 학년주임의 순이다. 원외 교육 시에는 원장, 주임, 부주임, 학년주임의 순이고 합숙 시에는 이사장, 원장, 주임, 부주임 순이다.

반면에 졸업식, 입학식, 수업 참관일, 운동회 등 보호자가 참가할 경우는 대상별로 지휘권을 갖는다. 전체 인원은 원장이 지휘권을 갖고, 원아는 주임과 부주임 순이고, 보호자는 남자 교사, 그 다음은 자유롭게 지휘권을 가질 수 있다.

2 위기상황 예방과 대응

1) 화재 예방과 대응

히마와리유치원에서는 화재 발생을 대비하여 하는 훈련에서는 원아의 생명을 지키기 위해 교사와 원아가 몸에 익히도록 하는 것을 강조하고 있다. 이를 위해서는 만일의 사태에 대비하여 환경을 갖추는 것을 중요시하고 사전환경 정비로서 대피 훈련을 실시한다.

대피 훈련 내용은 화재 상황을 예상한 훈련, 초기 진화, 소화기, 취급 등 진화 훈련, 소방서에 신고하는 훈련, 대피 통로 및 경로 확인, 화재 경보 설비 및 비상벨의 사용 방법을 습득, 화재 발생 시의 각 교원의 역할 분담 확인 등이다.

원아의 보호자에게는 사전에 긴급 시 유치원의 대응 및 대피처를 알려 주고 학부모로부터 학기 초에 긴급 연락처를 알아둔다.

시설 점검도 실시한다. 화재 원인이 되기 쉬운 가스 기구, 콘센트, 배선 등의 올바른 사용 방법을 습득하도록 하고, 정상적으로 작동하는지 점검하고 만일 화재가 발생했을 때를 대비해서 소화기가 어디에 있는지 확인하고 올바른 사용 방법을 습득하여 사용이 가능하도록 한다.

또한 대피 경로에 방해가 되는 물건이 없는지 항상 확인하며 소방책임자를 표시하여 책임을 갖고 상시적으로 점검과 정비를 실시한다. 교사는 교육환경을 갖춤과 동시에 보육 활동 중 각 원아의 행동 특성을 잘 파악해 둔다.

화재 발생 시 기본적 흐름은 화재 발생, 보고, 통보 · 연락, 대피 유도, 초기 진화를 실시한다. 교육활동 중 화재가 발생하면, 발견자는 큰 소리로 주위의 교직원에게 알린다. 연락을 받은 직원은 신속하게 원장 및 다른 교직원에게 화재 발생을 알린다. 처음 화재 발견자에게 화재가 났다는 통보를 받은 교직원은 가능하면 초기 진화를 하도록 한다. 모든 교직원은 원장의 지시에 따르도록 한다. 허둥대어 시간을 낭비하지 않도록 하고 적절한 행동을 하도록 한다. 소방서에 통보 후 원아 대피를 유도하고 인원 파악 및 책임자에게 보고한다.

지역 주민과 관계 기관에 연락하도록 한다. 무엇보다 침착하게 행동하여 원아가 동요하지 않도록 한다. 화재가 난 장소, 화재가 난

주변 상태, 연기, 바람 방향 등을 생각하여 보다 안전한 장소로 대피한다. 대피를 한 후에는 상황에 따라 보호자에게 연락을 하고, 원아를 보호자가 데려가도록 한다.

이때 교사는 비상연락망 및 원아 명단을 반드시 들고 대피하도록 한다. 화재로 인해 교육활동을 하기 어려울 경우에는 원장과 관계 기간에 연락하고 향후 대응을 조속히 결정하도록 한다.

이와 같이 히마와리유치원에서는 화재 상황을 염두하고 평상시에 진화 훈련, 소방서 신고 훈련, 대피 통로 및 경로 확인, 비상벨 사용 방법 등을 익히고 있다. 보호자에게는 사전에 유치원의 대응 및 대피처를 알려 주고 긴급 연락처를 알아 두고 있다.

시설 점검도 평소 대피 통로에 방해물이 없는지 등을 점검하고 있다. 또 화재 대응 순서를 명확히 제시하고, 교육 중 화재 발생 시 상황별 대응을 제시하여 마음가짐과 더불어 몸에 익히도록 하고 있다.

2) 지진 · 쓰나미 예방과 대응

(1) 사전 점검 · 실내에서의 예방과 대응

일본 유치원과 보육소에서의 위기관리 대책은 지진대책 중심으로 이루어지고 있다(上田敏丈, 2005). 히마와리유치원에서는 지진과 쓰나미(지진 해일)가 언제 발생하더라도 그에 대한 대비를 하도록 훈련을 하고 있다. 또한 인근 지역과의 긴밀한 협력과 연계가 가능한 관계를 구축하고 있다. 대피 훈련은 대규모 지진을 예상하고 긴급 대피 훈련을 실시한다.

안전 확인 훈련을 실시하며 대피 훈련 통로 및 경로를 확인해 둔다. 평소에 비상시 지참할 물건을 확인하고 사용 방법을 배워 둔다. 지진 발생 시의 각 교원의 역할 분담을 확인한다. 원아의 보호자에게는 사전에 긴급 시 유치원의 대응 및 대피처를 알려 주고 학부모로부터 학기 초에 휴대 전화 번호 등 긴급 연락처를 알아 둔다.

시설 점검은 지진 발생 시 넘어지기 쉬운 가구, 전자제품, 비품 등이 넘어지지 않도록 되어 있는지 확인한다. 지진 발생 후 만일 화재가 발생했을 때를 대비해서 소화기가 어디에 있는지 확인해 둠과 동시에 올바른 사용 방법을 습득하여 사용이 가능하도록 한다.

대피 경로에 방해가 되는 물건이 없는지도 항상 확인한다. 우리나라도 마찬가지이지만 소방책임자를 표시하고 책임자는 점검과 정비를 실시한다. 교사는 교육환경을 갖춤과 동시에 교육 활동 중 각 원아의 행동 특성을 잘 파악해 둔다. 비상연락 시에는 연락처를 게시한다.

유치원 실내에서 지진이 발생했을 경우 대피 유도와 경비를 맡은 교사는 원아를 안심시킨 후 몸을 낮춰 떨어지는 물건으로부터 몸을 보호하도록 지시를 하고 긴급하게 대피시킨다.

대피 유도와 구호를 맡은 교사는 피아노, 창문, 책상 등 넘어지기 쉬운 물건으로부터 원아가 떨어져 있도록 한다. 원아와 교직원은 책상 아래에서 흔들림이 멈출 때까지 상태를 살핀다. 교직원은 가능하면 빠르게 문을 열어 비상출구를 확보한다.

흔들림이 조금 약해지면 운동장으로 대피한 후, 전체 원아와 교직원의 안전과 인원 점검을 실시한다. 그다음에 초기 진화 담당과

정보 전달, 지시 담당은 시설 점검을 하여 원장 또는 직무 대행자에게 보고한다.

원아 유도 담당과 구호 담당 교사는 지시가 있을 때까지 운동장에 앉아 지시를 기다린다. 시설 내에는 안전이 확인될 때까지 들어가지 않는다. 초기 진화 담당은 신속히 불이 날만한 곳은 잠그고 흔들림이 약해지면 가스나 전기배선 등을 확인한다. 혹시 시설 안이나 인근에 불이 났다면 불을 끄도록 한다.

정보 수집 담당은 전체 원아와 교직원 안전을 확인한 후 쓰나미 등 2차 재해가 일어날 가능성을 살피고, 휴대 라디오 등에서 나오는 정보를 파악하여 원장에게 보고한다.

(2) 실외 · 등하원 시 대응

유치원 실외인 운동장에서는 벽이나 건물에서 멀리 떨어져 있게 한다. 가능하면 운동장 중앙에 앉도록 하고 안심을 시킨 후 흔들림이 약해질 때까지 기다린다. 지면이 갈라지거나 구멍이 뚫리고 솟아오르는 것에 주의하고 머리 위로 떨어지는 물건이 없는지 주의한다.

어느 장소에서든지 흔들림이 약해지면, 담임교사는 신속히 교실 내 원아의 안전을 확인하고 운동장 긴급대피처로 이동시킴과 동시에 인원을 점검한다.

유치원을 벗어나 근린공원 등에서 지진이 발생했을 경우에는 흔들림을 느끼는 즉시 원아를 집합시킨다. 가능하면 벽이나 건물로부터 멀어지도록 하고 흔들림이 약해질 때까지 기다린 후, 곧바로

인원을 파악한다.

원아에게 끊어진 전선은 절대로 만져서는 안 된다는 것을 주의시킨다. 또한 블록으로 만든 벽, 자동판매기, 기왓장, 유리창, 간판 등 그밖에 떨어질 수 있거나 넘어질 수 있는 물건에 대해서도 주의시킨다. 쓰나미 등 2차 재해가 일어나지 않을지 휴대용 라디오 등에서 확인한다.

휴대 전화로 유치원, 원장 휴대 전화, 주임교사 휴대 전화로 연락을 하고 필요한 경우에는 유치원에 지원을 요청한다. 연락이 되지 않을 경우에는 보조교사가 유치원에 지원을 요청한다. 담임은 원아와 함께 가까운 안전한 장소에서 대기한다. 전원이 무사히 자력으로 유치원에 돌아갈 수 있는 안전을 확인하면서 신중하게 유치원으로 돌아간다.

소풍이나 견학은 사전 답사 시 목적지의 상황을 파악한다. 무엇보다 사전 답사 시 목적지의 안전한 장소를 확인해 둔다. 원외 교육 중 지진 발생 시에는 원아의 안전을 제일로 생각하고 침착하게 대응한다.

원외 활동을 중지하고, 원아의 안전을 확보한 후에 휴대 전화로 유치원이나 원장 또는 주임 휴대 전화로 전화를 건다. 재해 상황에 따라 지원을 요청하고 나서 유치원으로 돌아온다. 연락이 되지 않을 경우는 현지 지휘자의 판단에 의해 행동한다.

견학이나 소풍 시 목적지로 가고 있는 경우는 유리창, 간판 등의 파편에 주의한다. 끊어진 전선은 감전의 위험이 있기 때문에 특별히 주의한다.

원아 등원시간 때에는 서로 연령이 다르고 보호자 출입 등으로 복잡하다는 점을 고려한다. 기본적으로는 앞에서 언급한 '유치원 실내(놀이, 활동, 식사 중)'에서 지진이 발생했을 경우를 참고한다.

그 밖의 주의사항은 원아와 함께 있는 보호자에게 협력을 구하고 되돌아가 대피할 것을 지시한다. 원장은 재해의 정도에 따라 유치원 업무가 가능할지 그렇지 않을지를 판단하여 유치원 입구로 안내한다.

버스로 귀가 시 지진이 발생했을 경우는 원아의 안전을 제일 우선으로 생각하고 침착하게 행동한다. 귀가를 중지하고 원아의 안전을 확보한 다음, 휴대 전화로 유치원, 원장 휴대 전화, 주임교사 휴대 전화에 연락을 한다.

재해 정도에 따라 지원을 요청하고 유치원으로 돌아온다. 연락이 되지 않을 경우에는 현장 지휘권자의 판단으로 행동한다. 유리창, 간판 등의 파편이나 떨어질 수 있는 물건을 주의한다. 절단된 전선은 직접 또는 가드 레일 등을 통해서 감전될 수 있으므로 특별히 주의하도록 한다.

(3) 종일반 운영시 대응

종일반 운영 시 지진이 발생했을 경우에는 원아와 같이 있는 보호자에게는 협력을 구한다. 원장은 재해의 정도에 따라 그 후 유치원 업무가 가능한지 여부를 판단해서 유치원 입구에 안내문을 게시한다.

유치원에 남아 있는 원아는 보호자가 교육시간 내에 데려갈 수 없는 경우에는 보호자가 데리러 올 때까지 유치원에서 원칙적으로 24시간 동안 보호한다. 그 이후 시간에는 행정적으로 정해진 장소

로 옮긴다.

(4) 대피

담과 건물이 넘어질 수 있거나 화재 위험이 있는 경우에는 지정된 제2대피소(시립 초등학교, 이름 명시)로 대피한 후 그곳에서 보호한다. 이때 원장 또는 직무 대행자는 장소를 알 수 있도록 유치원 입구나 게시판 등에 안내하여 보호자에게 전달될 수 있도록 한다.

교직원은 남아 있는 원아 인원 수와 그 밖에 필요한 사항을 기록하여 원장에게 보고한다. 유치원에서 보호한지 24시간이 경과하여도 부모와 연락이 닿지 않거나 가까운 지역에 사는 친척도 오지 않을 경우에는 재해원아로서 제2대피소로 옮긴다.

큰 지진이 일어나더라도 곧바로 유치원을 벗어나지 않도록 한다. 유치원과 주위에 화재가 발생했을 경우, 쓰나미 공포가 있을 경우, 유치원에 큰 피해가 있을 거라는 판단이 설 경우는 제2대피소와 행정기관에서 지시하는 재해대피소로 대피한다. 또 쓰나미 공포가 있을 경우는 근처 맨션 등의 옥상으로 대피한다.

유치원이 아닌 다른 곳으로 대피할 경우에는 근처 초등학교(이름 명시)나 행정기관이 사전에 지정한 재해 대피소로 되어있기 때문에 상황을 확인하고 대피한다. 평소에 경로를 파악해 둔 후, 원아를 안전하게 이동시킬 수 있도록 줄을 세운다. 가능하면 앞뒤로 몇 명의 직원을 배치하여 이동한다. 또 대피할 때에는 원아의 안전을 제일로 하고 출석부와 비상시 휴대할 것을 최소한 가져간다.

주위에 큰 화재가 발생했을 경우는 원칙으로서 제2대피소로 옮

긴다. 그곳에서 지역 사람들과 함께 방재시민조직과 소방관, 경찰
관 등의 유도에 따라 다른 재해대피소로 대피한다.

쓰나미가 발생할 공포가 있을 경우는 근처 맨션 옥상에 일시적
으로 대피한다. 쓰나미가 발생했다면 짧은 시간 내에 밀려 올 수 있
기 때문에 상황을 확인하면서 신속하게 대피한다.

유치원을 떠날 경우는 원아를 데리러 오는 보호자가 바로 원아
를 찾을 수 있도록 이동한 장소를 명확하게 표시하여 반드시 정문
및 건물에 게시한다.

(5) 응급처치와 치료

원아나 교직원이 다쳤을 경우 응급처치는 평상시 유치원에 구비
된 구급용품으로 치료한다. 중도 이상의 부상자는 가까운 병원 또
는 시에서 설치한 의료소에서 치료한다. 목숨이 위험하거나 긴급
한 환자는 행정기관에서 지정한 광역 의료소로 옮겨 치료한다.

(6) 지진 발생 시 시간대별 대응

지진 발생 시 시간별 대응은 다음 〈표 5-1〉과 같다.

⟨표 5-1⟩ 지진 발생 시 시간별 대응표

발생	대피유도·구호 담당	지시·정보전달 담당	초기 진화계 담당
1시간	• 유도 담당(주담당) 가. 원아의 안전을 확보한다. 나. 운동장으로 대피시킨다. 다. 대피 완료 후 정보전달 담당에게 인원 등을 보고한다. • 구호 가. 구급용품을 확보한다. 나. 부상당한 원아를 응급 처치한다. 다. 정보전달 담당에게 보고한다.	• 확인(주로 담임과 원장) 가. 지진이 났음을 알린다. 나. 지시와 화재 확인 다. 원아와 교직원의 안전 확보와 인원을 확인한다. 라. 쓰나미 확인과 2차 재해 유무를 TV·라디오에서 정보를 수집한다.	• 초기 대응 가. 불씨를 잡는다. 나. 전기 배선, 가스 누출을 점검 다. 화재 발생 시에는 초기 진화를 한다.
6시간	가. 원아를 보호하고 보호자에게 인도한다. 나. 남은 원아를 안전한 임시 교실에서 보호한다.	가. 시설 안전점검 및 확인한다. 나. 주위 건물 상황 파악한다.	가. 시설 안전 및 불을 확인한다. 나. 주의 건물 상황을 확인한다.
23시간		가. 직원 역할분담, 지휘권을 확인한다. 나. 대피소까지의 경로를 확인한다.	가. 근처 주민이 대피올 경우 사실 상황을 정보 지시담당에게 전한다.

1일	가. 원아를 보호하고 보호자에게 인도한다. 나. 원아를 지정된 제2대피소(시립 초등학교)로 이동시킨다.	가. 상황에 따라 교직원을 귀가시킨다. 나. 원아를 제2대피소(시립초등학교)로 이동시킬 교직원 확보	
3일 이후	가. 유치원 재개 조직 만들기 나. 교직원 확보 다. 교실 확보-원내에서 사용 가능한 장소 확인 라. 원아·보호자의 이주 상황 확인 마. 재개 시 알리는 방법 검토 바. 임시 반편성, 최소한 서류를 사전에 작성		

출처: 히마와리유치원(ひまわり幼稚園) 홈페이지(2016).

이와 같이 히마와리유치원에서는 각 상황별로 지진 발생 시 예방과 대응책을 자세히 제시하고 있다. 우리나라도 지진 안전지대가 아니다. 최근 경주와 그 외 지역에서의 지진을 통해 불안감이 더해지고 있다.

그동안 유아교육기관에서 지진에 대한 위기의식이 거의 없었다고 해도 과언이 아니다. 지금부터라도 유치원과 어린이집에서 지진과 쓰나미에 대비한 안전교육이 있어야 한다.

3) 홍수와 태풍, 낙뢰의 대응과 예방

(1) 홍수와 태풍

히마와리유치원에서는 유치원 교육 중 강풍과 큰 비가 내릴 경

우에 원아들이 교실에서 침착하게 있을 수 있도록 배려하고 있다. 바람으로 날아갈 수 있을 만한 놀이기구나 그 외 물건을 철거한다. 물이 세는 곳을 발견하면 곧바로 보고하도록 하고 있다.

교육 전에 자연재해가 발생했을 경우는 라디오나 TV 등에서 정보를 수집하여 이사장이 등원과 휴원을 판단한다. 휴원 결정이 났을 경우에는 원장이 교직원 비상연락망을 통해 교직원에게 알리고 각 반 담임이 비상연락망을 통해 각 가정에 알린다.

남자 교사는 유치원에 출근하여 보호자로부터의 연락 등에 대응한다. 보호자 전원에게 연락이 되었다면 주임에게 보고하고, 주임은 유치원 보호자 전원에게 연락이 되었다면 원장에게 보고한다.

홍수에 의해 시설 피해가 났을 경우는 원장이 시설 피해를 확인하여 이사장에게 보고한다. 다음날 등원이 가능할지 그렇지 못할지를 신속하게 판단하여 보호자와 교직원에게 비상연락망을 통해 알린다.

(2) 낙뢰

낙뢰는 발생하기 전에 예측이 가능하기 때문에 유치원에 있는 경우는 건물 안으로 신속하게 대피한다. 또한 유치원 밖으로 나가야 할 경우, 낙뢰의 예측이 가능한 경우 다음 사항을 염두하도록 한다.

낙뢰가 발생할 경우 첫 낙뢰 전후에 비가 오리라는 것을 예상할 수 있다. 그러나 전류가 건물에 떨어질 경우에 표면에 많이 흐르고 중심부를 흐르는 경우는 표피 효과가 있기 때문에 비를 피하는 처마 밑이나 외벽 등에 있는 경우는 매우 위험하다. 그러므로 피난 장

소는 신중하게 선택하지 않으면 안 된다. 또 주변의 나무보다 높은 나무 밑에서 비를 피하는 것도 표피 효과 때문에 피해야 한다.

이와 같이 히마와리유치원에서는 홍수, 태풍, 낙뢰에 대한 예방과 대응책까지 마련하여 그에 대한 대책을 강구하고 있다. 우리나라 유치원과 어린이집에서도 좀 더 적극적으로 자연재해에 대한 교육이 있어야 할 것이다. 자연재해는 예고 없이 찾아오기 때문이다.

4) 사고와 사건 대응과 예방

(1) 사고 대응

히마와리유치원에서는 원아를 돌보는 전교직원이 연계하여 사고 방지를 위해 노력한다. 교직원은 사고 발생 시를 대비하여 응급처치와 적절한 사고 대응, 보호자 대응을 몸에 익혀 둘 필요가 있음을 강조한다.

사고를 발견하면 세 가지 대응을 해야 한다. 사고 원아에 대한 대응, 다른 원아 대응, 연락과 통보이다. 무엇보다 먼저 사고 원아에게 응급처치를 한 후 상태를 관찰하고 사고발생 시간 등 상황을 확인한다. 연락과 통보는 원장, 주임, 교직원, 의료기관(구급차), 보호자, 이사장에게 한다.

사고 발생 시 대응은 원장 또는 직무 대행자가 사고 상황을 신속하게 파악하여 기록해야 한다. 기록 내용은 사고 상황·원인·장소·시간, 출혈·상처 유무·안색·온몸 등 원아의 상태를 사실에 근거해서 시간에 따라 기록한다.

　　필요한 처치는 단독으로 하지 않는다. 평소에 교직원 전원이 긴급 시 연락하는 방법을 확인하고 익혀둔다. 긴급하게 치료를 할 경우는 보호자에게 평소에 약품 민감성이나 알레르기 등 주의할 사항은 없는지 확인 후 치료한다.

　　한편 의식이 몽롱하거나 안색이 좋지 않고 힘이 없는 상태, 출혈이 멈추지 않는 경우, 구토를 반복하고 있는 경우, 화학물질을 마셨을 경우, 뜨거운 물에 덴 자국이나 화상 자국이 넓을 경우, 원장이나 직무 대행자가 치료가 필요하다고 판단했을 경우는 구급차를 불러 곧바로 의료기관으로 가서 처치한다.

　　의료기관에서 처치를 받게 될 경우에는 사전에 병원에 연락을 하고, 반을 맡지 않고 있는 교직원이 따라가서 처치에 필요한 정보와 원아의 병원 이용과 알레르기 여부를 의사에게 전달한다.

　　보호자에게의 대응은 사고 발생 상황, 의료기관의 검사 · 결과, 앞으로의 처치 유무를 정확하게 설명하고 양해를 얻는다. 어떤 사고라도 교육 중에 발생한 사고인 이상 세심한 주의와 성의를 갖고 대응한다.

　　치료비 등에 대해서는 승낙서에 근거에서 담당직원이 설명하고 전달한다. 원장 또는 직무 대행자는 사고 후 신속한 대책 및 최대한의 대응에 대해 전 직원에게 확인시킨다.

　　원장 또는 직무 대행자는 사전에 사고에 대한 계획을 작성하여 직원에게 알린다. 또 원아의 병원 이용 · 알레르기 유무 · 주치의 유무, 건강보험증 번호, 보호자의 긴급연락처 등 사고발생 시에 대비한 정보를 수집하여 기록한다.

　　그 외에 유치원 가까이 소재하는 의료기관 등의 진찰 내용과 진찰 시간 등 자세한 정보를 수집하여 교직원에게 알린다. 평상시 유치원 비상약품을 파악할 뿐만 아니라 유치원 시설, 놀이기구, 교실 안, 운동장에서의 사고를 예상하여 그 위험을 없애는 노력을 기울인다. 사고 발생 시 대응을 알기 쉽게 간단한 도표로 작성하여 전직원에게 배포하여 잘 숙지하도록 한다.

원외 활동을 갈 경우는 사전 답사 시 위험한 곳이나 주의할 장소를 확인한다. 또 어린이 한 명 한 명의 행동 특성과 성격을 파악해 두는 것도 중요하다. 유치원을 나갈 때는 원아에게 위험한 행동에 대한 주의와 각 교직원의 사고에 대한 의식을 철저히 하는 것이 중요하다.

구체적으로 원외 활동을 나가기 전 담당교사는 원아의 인원을 파악하여 인솔교사 전원에게 알린다. 원외 활동 이동 중에는 교통 차량이나 신호 등에 있어서 위험을 예측할 수 있는 상황에 대해서 인솔교사가 원아에게 주의를 주어 적극적으로 행동하도록 한다. 목적지에서는 시야에서 보이지 않는 장소나 고정 놀이기구에는 반드시 교사가 함께 하도록 한다. 또 항상 원아의 움직임을 눈여겨 보고 인원 확인을 놓치지 않도록 한다. 유치원에 돌아오기 전에 원장 또는 주임에게 돌아간다는 사실을 보고함과 함께 귀가 후에도 돌아왔음을 알린다.

(2) 사건 대응과 예방

최근에 유치원에서 원아 관련 사건이 증가하고 있다. 사건은 대부분 제3자에 의한 계획적이고 우발적인 범죄 행동이다. 그러므로 유치원에서는 가능하면 방범 대책을 해둘 필요가 있다.

유치원은 원아가 자유롭게 출입할 수 있도록 되어 있기 때문에 출입구를 잠궈 두는 것은 현실적이지 않다. 그러므로 가능하면 출입구 숫자를 줄인다. 잠궈 두지 않는 출입구에는 고리나 열쇠 등을 반드시 채워둔다. 단 대피 시에는 곧바로 대응할 수 있도록 한다.

원장 또는 직무 대행자는 평소에 울타리나 벽 등을 점검하여 이상이 발견된 곳은 신속하게 보수한다. 또 방범상 필요하다고 생각되는 설비를 설치한다. 한편 교직원 한 사람 한 사람의 위기관리 의식을 철저하게 하기 위한 회의와 연수를 자주 실시한다. 낯선 사람을 확인했을 때의 대응을 각 교직원에게 알려 철저히 대처하도록 한다. 경찰과 행정기관 등 공공기관으로부터의 정보에 대해서는 전 교직원에게 신속하게 알려서 원아의 교실에서의 이동과 문을 잠그는 등 적절히 대응한다. 교사는 **원아**에게 계획적인 안전교육을 실시한다.

외부인 침입 시에는 원아의 안전을 최우선으로 생각하고 교원이 여러 명일 때는 한쪽은 근처에 있는 비품으로 상대와 대치하고 다른 한쪽은 원아에게 대피 행동을 지도하고 대피시키도록 한다. 또 비상벨을 눌러 경찰에 신고한다.

상대에게는 가능하면 여러 명의 남성 교직원이 대치하는 것이 좋지만, 난폭한 경우와 흉기를 가지고 있는 경우는 신속하게 대피한다. 모두의 안전을 확보한 다음 보호자에게 긴급 연락을 한다.

이와 같이 히마와리유치원에서는 사고에 대한 구체적인 대응책을 제시하고 있다. 예를 들면, 보호자에게 대응은 정중하게 사과할 것을 명시하고 있다.

또 히마와리유치원에는 발생할 수 있는 사건을 염두하고 평상시 그에 대한 예방과 대응책을 구체적으로 제시하고 있다. 예를 들면 낯선 사람이 원에 침입하여 해를 가할 경우에서는 한쪽은 상대와 대치하고 다른 한쪽은 원아를 대피시키도록 하고 있다.

3 결론 및 시사점

지금까지 일본 사이타마현에 위치한 히미와리유치원의 '위기관리 매뉴얼'을 중심으로 일본 유아교육기관에서의 안전과 위기관리에 대해 살펴보았다. 매뉴얼을 토대로 히마와리유치원에서의 위기관리 안전교육에 대한 결론과 시사점은 다음과 같다.

첫째, 화재는 여러 가지 요인에 의해 발생할 수 있으나 순식간에 큰 피해를 안겨 준다. 히마와리유치원의 사례에서처럼 평상시 화재 발생을 대비하는 마음가짐을 가져야 한다. 또 화재가 발생했을 경우 순발력을 발휘하여 화재로부터 원아를 보호하도록 해야 한다.

화재 예방에 관한 대응 중, 사전에 보호자에게 유치원의 대응 및 대피처를 알려 주는 점, 대피 경로에 방해가 되는 물건이 없는지 항상 확인해 두는 점, 교사가 교육 활동 중 위기 상황을 염두해서 각 원아의 행동 특성을 잘 파악해 두는 점은 우리나라 유아교육현장에서도 참고할 필요가 있다.

히마와리유치원의 화재 대응에 대한 사례를 통해 시사하고자 하는 내용은 화재가 난 장소, 화재가 난 주변 상태, 연기와 바람 방향을 생각하여 보다 안전한 장소로 대피한다는 점과 비상연락망 및 원아 명단은 반드시 들고 대피하도록 한다는 점이다. 비상연락망과 원아 명단은 요즘은 휴대 전화로 대체할 수 있을 것이라 본다.

둘째, 히마와리유치원에서는 각 상황별로 지진 발생 시 예방과 대응책을 자세히 제시하고 있다. 우리나라도 더 이상 지진 안전지대가 아니다. 최근 경주와 그 외 지역에서의 지진을 통해 불안감이 더해지고 있다.

지진 발생 시 대책 중에서는 사전에 담당자를 확실하게 정한 후 재해 발생 시 책임감을 갖고 역할을 할 수 있도록 구체적으로 임무를 제시하고 있는 점이다. 또한 시설 내, 시설 외, 소풍 등 원외 활동별로 구체적으로 매뉴얼을 제시하고 있는 점 또한 우리에게 시사점을 주고 있다.

그동안 유아교육기관에서 지진에 대한 위기의식이 거의 없었다고 해도 과언이 아니다. 우리나라 유치원과 어린이집에서도 지진과 쓰나미에 대비한 안전교육이 있어야 할 것이다.

셋째, 히마와리유치원에서는 홍수, 태풍, 낙뢰에 대한 예방과 대응책까지 마련하여 그에 대한 대책을 강구하고 있다. 우리나라 유치원이나 어린이집에서는 홍수, 태풍, 낙뢰에 대해 구체적이고 적극적으로 예방과 대응을 준비하고 있지는 않지만, 자연재해는 예고 없이 찾아오므로 그에 대한 대비가 필요하다.

넷째, 히마와리유치원에서는 사고 시 보호자에의 대응은 정중하게 사고에 대해 사과하도록 되어 있다. 또 보호자와의 대화는 반드시 메모를 해 두었다가 기록으로 남기도록 하고 있다.

사고 발생 시 대응 마지막 단계는 사고가 일어난 바로 그날 교직원 반성회를 갖는 것이다. 이는 사고가 어떻게 일어났는가를 정확하게 판단하고 분석하여 앞으로 활용하도록 한다. 또 검토 사항으로는 원인 파악, 해명 등의 앞으로의 검토 사항, 원인의 제거 및 처치를 점검하고 개선하도록 하고 있다.

우리나라 유치원과 어린이집에서 원장을 비롯하여 교사들이 가장 신경 쓰는 영역은 사고에 대한 것이라 본다. 그렇다고 사고가 발생하지 않는 것은 아니다. 사고는 언제 어디서 발생할지 예측할 수 없다. 특히 원아 특성상 크고 작은 안전사고가 발생하므로 이에 대한 대비를 철저히 해야 한다.

한편 히마와리유치원에서는 발생할 수 있는 사건을 염두하고 평상시 그에 대한 예방과 대응책을 구체적으로 제시하고 있다. 예를 들면 낯선 사람이 유치원에 침입하여 해를 가할 경우, 한쪽은 상대와 대치하고 다른 한쪽은 원아를 대피시키도록 하고 있다.

아직 우리나라에서는 유치원이나 어린이집에 침입한 사람에 의한 사건은 거의 없는듯 하다. 그러나 갈수록 정신적인 문제가 증가할 것이다. 그에 따라 우리가 예상할 수 없는 사건이 발생할 수도 있음을 염두해야 한다. 히마와리유치원의 사례를 통해 유아교육기관에서 발생할 수 있는 사건에 대한 예방과 대응책을 익혀 둘 필요가 있다.

유아교육기관은 지역의 거점으로서의 역할도 필요하리라 본다. 그 역할의 일환으로 재해 후 지역 주민을 살피는 활동도 유치원 안전이 확보된 후에 지원하면 좋을 것이다. 기후현(岐阜県)의 경우는 기후현 정신보건복지센터에 전용 전화기를 설치하고 지역 주민을 살피고 있다(岐阜県 精神保健福祉センター, 2011). 이런 활동에 유치원 구성원이 동참할 수 있으리라 본다.

    일본 후생노동성(厚生労動省)에서는 2015년 11월에 각 지방자치 단체 별로 '위기관리' 매뉴얼 비치와 활용 등에 대한 조사를 실시했다. 정부에서 일괄적으로 매뉴얼을 작성하여 활용하는 것이 아니라, 지자체와 각 유치원과 보육소 별로 매뉴얼을 운영하도록 하는 것은 지역 특성과 각 원의 특성을 고려하기 위함이다.

    일본 초등학교 108개교와 유치원 42개소를 대상으로 위기관리 조사를 한 연구(楠本久美子, 2013)에 의하면 동일본 대지진 전에는 사고, 사건에 대한 안전교육을 실시한 곳이 많지 않았다. 그러나 동일본 대지진 이후에는 안전교육을 실시하는 곳이 많아졌다. 우리나라에서는 이를 타산지석으로 삼아 사전에 안전에 대한 위기의식을 갖고 각 유치원과 어린이집에서 위기관리 교육과 훈련을 해야 한다.

참고문헌

공병호(2016). 일본의 안전안심교육. 한국일본교육학회 춘계학술대회발표자료집. 한국일본교육학회.

上田敏丈(2005). 高知市における幼稚園・保育所の地震対策に関する調査. 高知学園短期大学紀要 36, 37-41.

河鍋好一・牧野桂一・八谷俊一郎(2011). 最新・教育法規の要点-福岡県版-. オフィスさくた.

岐阜県精神保健福祉センター(2011). 災害時のこころのケア. 岐阜県精神保健福祉センター.

楠本久美子(2013). 小学校・幼稚園における学校安全の取り組みについ

て. 四天王寺 大学紀要 55, 141-148.

牧野桂一(2013). 保育現場における安全管理と危機管理のあり方. ほい
　　くしんり. Vol. 2. エージェル研究所.

牧野桂一・今西千春(2012). 幼稚園における危機管理マニュアル試案.
　　保育心理士山形・仙台エリア.

安全教育普及協会. http://www.jatras.or.jp/shidoujirei.html (2016. 5.
　　8. 인출).

学校法人ひまわり学園 ひまわり幼稚園. http://www.himawari-gakuen.
　　ed.jp/ (2016. 5. 3. 인출).

厚生労動省. http://www.mhlw.go.jp/ (2016. 5. 3. 인출).

文部科学省.「学校保健法等の一部を改正する法律の概要」. http://www.
　　mext.go.jp/component/b_menu/other/__icsFiles/afieldfile/2009/04/
　　01/1236264_001.pdf (2017. 1. 9. 인출).

e-Gpv. http://law.e-gov.go.jp/cgi-bin/idxsearch.cgi (2017. 1. 9. 인출).

제6장

초등 교과서에 나타난 지진재해 관련 서술의 변천

한현정 (부산대학교)

제6장
초등 교과서에 나타난
지진재해 관련 서술의 변천

한현정 (부산대학교)

 일본의 방재교육은 어떻게 이루어져 왔나

자연의 대이변이 있더라도 아무도 살지 않는 고도(孤島)나 산중이라면 재해라고 부르지 않는다. 인간이 생활하고 있는 지역에 지진, 태풍 등 큰 자연력이 작용하여 거기에 살고 있는 사람들이 만들어 놓은 생활 시스템이 그 힘을 흡수하지 못하고 지장이 생기는 경우에 자연은 처음으로 재해가 된다.

울리히 벡(Ulrich Beck)은 오늘날의 후기 근대 사회를 위험 사회, 리스크 사회라고 했다(Beck, 2014). 그에 의하면 산업 사회나 계급 사회에서는 재화의 분배를 정당화하는 방법을 다루는 데 반해, 이와 유사하면서도 다르게 위험사회에서는 재해를 예방하고 최소화하며, 극적으로 드러내거나 무시하게 하는 방법을 다룬다고 한다(Beck, 2014: 53). 이때 재해의 존재와 분배는 소득과 같은 실체가 없기 때문에 관련 집단 간의 논쟁을 매개로 해서 사실이 된다. 즉, 재해는 사회적으로 정의되고 구성되는 소지를 지니는 것이다. 위험의 사회적 구성을 지적하기 위해 그는 실제로 일어난 상태인 재해와 재해(위험)의 예견으로서 '리스크'를 구분하고 둘 사이에 작동되는 연출의 역할에 주목했다.

방재교육은 단순히 사실을 전달할 뿐 아니라 언제 일어날지 모르는 재해에 대해 주관적인 확률과 손실의 크기를 추정하고 불안과 공포, 낙관, 편의, 받아들여질 가능성 등 통합된 인식을 형성시키는 것을 목적으로 한다. 그래서 방재교육은 일어날 수 있는 다양한 위험부담에 대해 주관적인 표상을 줌으로써 리스크 인지(Risk Perception)를 가능하게 한다(岡本浩一, 1992). 이 리스크 인지에 따라 재난을 맞이했을 때 사람들이 협동할지 비협동적으로 행동할지가 결정된다. 벡의 주장에 기반할 때, 방재교육이 중요한 이유는 재앙 재해를 둘러싸고 다루어지는 이슈가 당대의 사람들의 사고와 행동을 규정 짓고, 나아가 정치적인 것을 새롭게 창안하기 때문이라고 볼 수 있다.

하지만 기존의 교육연구는 재해와 '리스크'의 차이를 본격적으로 다루지 않았다. 2011년 3월 11일에 일어난 동일본 대지진 이후 일본 방재교육에 대한 관심이 높아졌는데 한국 교육학계에는 재해교육의 내용과 구성 원리가 중점적으로 소개되었다(장은숙, 2011; 심민수, 2015; 이정희, 2016). 이들 연구는 방재교육의 목표와 과목별 구성 방침을 중심으로 파악하여 한국의 방재교육에 시사점을 얻고자 하는데 목적을 두었다. 방재교육의 긴급성은 일본교육연구에서도 강조되었는데, 기존의 계통 중심 교과 분류로 인해 방재교육의 실

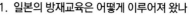

시가 방해받고 있다고 지적된 바 있다(城下英行・河田惠昭, 2007). 이들 연구는 방재를 기존의 교육과정에 도입・구성함으로써 실제 재해시의 피해를 최소화하는 것을 목표로 한다. 하지만 이들은 재해교육의 내용 구성만을 다룸으로써 재해가 사회적으로 정의되고 구성될 소지를 가진다는 점을 간과한다.

기존의 교육이 재해를 어떻게 제시했으며 그 속에 어떤 이슈가 다루어지거나 정치화되었는지, 그리고 재해의 인식이 어떤 방식으로 전달되었는가 여부는 그것이 속한 문화적 평가에 의존한다. 학교교육에서 빼놓을 수 없는 문화적 전달 매체는 교과서이다. 교과서를 통해 아동은 경험해보지 못한 재해를 인식하게 된다. 재해는 문화적으로 주관적 표상 영역을 통해 전달되는데 이때 교과서의 내용뿐 아니라 그 형식도 함께 인식된다. 교과서의 장기간에 걸친 문화적 영향을 통사적으로 분석하는 것을 사토 다쿠미(佐藤卓巳)는 미디어사적 접근(佐藤卓巳, 2005)이라고 했다. 이 글은 미디어사적 방법론을 통해 방재라는 목적을 향해 독자를 어떤 방향으로 이해시키고자 했는지의 변천을 다룬다. 미디어사적 접근은 포스트 산업사회를 맞이하여 곳곳에서 발생하는 자연재해 및 인재를 예방하고자 하는 한국의 방재교육 정책에 방향을 제시하고 유의미한 제언을 할 수 있을 것이다.

이 글에서는 다양한 재해 가운데 동일본 대지진 이후 주목받고 있는 지진이라는 자연 재해를 소재로, 교과서에 지진이 어떻게 표상되었는가를 보기 위해 초등학교의 보급기인 1900년대 초부터 현재에 걸친 100여 년의 교과서를 사용한다. 교과서 시기 구분은 전전의 소학교령 및 전후의 학습지도요령에 따라 다음과 같이 전전

(戰前)의 5회, 전후(戰後)의 8회로 나눈다.

〈표 6-1〉 소학교령 및 학습지도요령에 따른 시기 구분

전전: 1903/ 1910/ 1918/ 1932/ 1941
전후: 1947/ 1951/ 1958/ 1969/ 1977/ 1989/ 1998/ 2008

출처: 中村紀久二, 1997에 필자가 후반부를 붙인 것.

전전의 경우 교과서는 1903년 이전의 검정제(1886~1902)와 이후의 국정제(1903~1945)로 나누어진다. 전전의 국정 초등 교과서의 간행주체는 문부성이며 식민지의 경우 총독부가 일률적으로 간행했다. 교과서 중에서 지진 재해가 집중적으로 기술된 1930~1940년대 판을 살펴보겠다. 전후는 검정제 시행으로 동경서적, 중교출판, 대일본도서, 학교도서 등 몇몇 출판사가 판매를 주도해 왔다.

본론에서는 전전과 전후를 재해교육의 중요도가 높아지는 측면에서 시기 구분을 세 부분으로 나누어 본다. 방재교육의 필요성이 최초로 주창된 1930년대부터 1950년대까지, 「재해대책기본법」(1961)을 축으로 학교교육에서 재해에 대한 종합적인 관심을 기울인 시기로 1960~1990년대 중반까지, 교과를 넘어선 종합적 분야로서 방재교육 및 학교, 가정, 지역의 상승효과에 의한 방재교육을 추진한 1990년대 후반부터 2010년대까지로 나누었다.

제1시기는 문부성 교과서 및 총독부 교과서를, 제2시기는 교과서 출판사 중 판매량이 높은 동경서적의 사회과 교과서를 대상으로 했다. 반면 1990년대 후반부터 2000년대에는 재해에 대한 새로운 관점 도입을 중심으로 몇 가지 출판사의 사회과 교과서와 지역별

간행 부교재를 대상으로 했다. 재해를 다룬 교과는 시기에 따라 국
어독본, 역사·수신 교과서, 사회과 교과서, 부독본으로 나누어지
는데 이들을 전반적으로 다루는 과정에서 지진 재해의 표상을 비교
대조하고 나아가 재해를 통해 사회는 어떤 존재로 구성되는가를 고
찰한다.

2 재해교육의 이론적 배경

자연재해로서 지진은 국정화 이전 검정제 교과서에서부터 나타
난다. 1890년대 이과 교과서에서 지진은 자연 현상으로서 설명되
면서 다음과 같은 그림으로 제시되었다.

[그림 6-1] 지진 해일(쓰나미)
출처: 学海指針社(1893).

[그림 6-2] 기후 아이치 지방 지진
출처: 文学社(1893).

지진재해가 학교와 직접적으로 관련된 것은 초등학교 취학이 의
무화된 이후에 일어난 1923년 관동 대지진에서이다. 도쿄와 요코

하마(橫浜) 양 도시의 목조건축 초등학교 교사는 관동 대지진으로 소실되었는데 그 후 학교건축은 불연성의 철근 콘크리트 3층 건물 구조로 부흥·재건되었다(小林正泰, 2012). 1923년 9월 1일 오전 11시 50분이라는 지진 발생 시각과 때마침 불어오는 강풍이 겹쳐 대화재를 불렀는데 이 지진으로 14만 명 이상의 희생자가 대부분 불에 타 죽었다. 특히 지진이 일어난 시기가 신학기 정오였기 때문에 불행하게도 학교에서 초등학교 아동 약 5,000명이 사망했다. 이들의 죽음을 애도하고 명복을 빌고자 당시 학교 교장을 중심으로 조혼비 (弔魂碑) 건립이 기획되었다. 조각가 오구라 사이치로가 제작을 맡아서 1929년에 완성한 지진재해조난아동상(Earthquake Distress Children's Memorial)은 크고 작은 소년소녀의 모습으로 완결된 형상으로, 재해 추모라는 공적인 장에 아동이 새롭게 부각된 작품이다. 재해가 학교 공간과 공통 기억에 지역별로 연관되는 동안 이 사건이 당시 학교 교과서에 기록되는 일은 없었다. 오히려 관동 대지진은 지진 피해 지역이 아닌 총독부 교과서에 처음으로 기록되었다.

최초의 방재교육은 1933년 산리쿠(三陸) 지진(사망·행방불명자 3,064명)과 1934년 무로토(室戶) 태풍(사망자 2,702명)을 거치면서 학교교육에 방재교육이 절실하다는 목소리가 높아지면서 성립되었다. 이 시기에 지진학자 이마무라 아키츠네(今村明恒: 1870~1948)는 '지진국의 아이들에게 지진을 가르치지 않는 것은 불가해한 일(城下英行·河田惠昭, 2007)'이라고 강력히 주장한 바 있다. 1933년 문부성은 국어 및 수신교재를 전국에서 공모했는데 와카야마현(和歌山県) 초등학교 훈도인 나카이 쓰네조(中井常蔵)가 투고한 '이나무라의 불(稲なおらの火)'이 채택되어 이후 10년간 방재교육 소재로 전전의

10년간 교과서에 사용되었다.

패전 직후에도 연합군국 최고사령관 총사령부(General Head Quarters)와의 협동으로 교육과정 개혁이 이루어질 때 초기 사회과에 방재교육이 크게 취급되었고 1947년에는 사회과의 한 단원으로 포함되기도 했다. 하지만 다른 교과와 불필요한 중복을 피하고 학습의 능률을 올리기 위해 1951년에는 사회과 교육과정에서 방재교육을 제외시키는 대신 이과 교과서에 그에 관한 내용을 기재하게 되었다.

한편 일본의 학교교육에서 재해교육에 종합적 관심을 기울인 것은 1961년「재해대책기본법」이 제정된 이후인데 그 계기는 쥬조 앞바다(十条沖) 지진과 이세만(伊勢湾) 태풍이다. 이세만 태풍은 1959년 9월에 나고야시의 서부를 거쳐 노비 평야(濃尾平野)를 횡단한 태풍으로 시가지의 주택 파괴와 수해사상 최대의 5,012명 사망이라는 피해를 발생시켰다. 이들 재해를 계기로 하여 이후 학교교육에서 방재교육이 영역화되었다.

이때의 방재교육은 자연재해의 맹위에 대한 대처방법을 배우는 것으로 방재교육의 충실(부교재와 자료의 작성, 방재교육의 커리큘럼화), 피난 훈련의 충실(가정과 지역의 관계 기관과의 연계, 전문가의 협력과 평가), 방재교육의 실시(방재교육의 목적과 중점, 피난 훈련의 대상 학년, 방재교육, 응급 처치의 교내 연수, 학교, 가정, 지역사회와의 연계, 마음의 건강에 관한 사항 등)를 다룬다(安彦忠彦, 1993: 113). 이후 장기간 대규모의 자연재해가 발생하지 않아 줄어드는 재해 교육을 따로 문제시 하지는 않게 되었다. 그래서 1977년, 1989년 개정 지도요령에서 방재교육의 취급은 미세했고 자연재해를 대신하여 기름 유출, 수은 공해 등 인재로 인한 피해를 다루었다.

1995년의 한신·아와지 대지진으로 방재교육의 중요성이 재인식되었고 1998년 학습지도요령에는 큰 변화가 있었다. 이 시기에는 수업 시수 중에 '종합적 학습시간'이 마련되어 종래의 교과를 횡단하는 종합적 분야로서 방재교육이 도입되었다. 2001년에는 전국 규모의 방재교육지원 프로그램인 '방재교육 도전 플랜'이 추진되었으며, 2007년에는 학교, 가정, 지역의 상승효과에 의한 지역방재 향상이 도모되었다. 2011년에 동일본 대지진을 겪으면서 각 학교는 기존의 방재교육이 안고 있던 한계점을 보완하고 매뉴얼을 재검토하며 개선하고자 했다. 이 시기에는 지역별 방재 부독본이 간행되었고 방재교육 시수를 확보하자는 목소리가 높아졌다.

이상과 같이 일본의 재해교육은 시기별로 첫째로 교육과정상의 도입기, 둘째는 학교교육 내 방재교육의 영역화기, 셋째는 지역방재 향상기로 나누어 볼 수 있다. 앞의 재해교육의 시기 구분을 토대로 다음에서는 대표적인 지진재해인 관동 대지진이 시기별로 어떻게 기술 표상되어 왔는지 통사적으로 살펴보고 그 다음으로는 재해 전달의 형식에 대해 조사함으로써 재해가 전달되는 과정에서 생성되는 정치적인 것의 내용을 파악하고 현재의 재해교육 커리큘럼 구성에서 숙고해야할 점을 시사받고자 한다.

3 관동대지진의 서술

1) 1930~1950년대의 관동대지진 기술

관동대지진은 1923년에 일본 관동지역에서 발생하여 제국 도시 도쿄에 타격을 가하면서 이후 복구에 상당한 기간 동안 노력을 기울이게 한 재해이다. 이 사건을 계기로 하여 방재교육의 필요성이 주장되기 시작했음에도 불구하고 관동대지진은 전전 문부과학성 교과서에 기술되지 않았다. 1937년『심상소학국어(尋常小学国語) 5』에 1850년의 난카이 지진을 소재로 '이나무라의 불'이 게재되었다. 관동 대지진이 교과서에 처음으로 기록되는 것은 문부과학성 국정교과서에서가 아닌 조선총독부『조선초등수신서(朝鮮初等修身書) 6』(1938)에서이다. 조선총독부 교과서는 식민지 조선의 독자를 대상으로 하기 때문에 일본 교과서에 포함시킬 수 있는가에 반론이 있을 수 있으나 1938년은 명목상 조선교육령이 문부성 교육령과 통합되는 시기에 발간된 것으로 식민지 아동을 동화시키기 위한 목적으로 간행되었으므로 관동대지진의 기술 영역으로 포함시켰다.

우리 국민의 정신은 그 이전부터 일반적으로 느슨하고 생활도 사치스러웠습니다. 그때 이 천재지변이 일어난 것입니다. 이때 다이쇼 천황은 이 조서를 내리셨습니다. 이 큰 마음에 화답하고자 국민의 비상한 노력으로 도쿄, 요코하마를 시작으로 모든 지방이 복구되었지만 인심에는 아직 경솔한 데가 있어 자기 이익을 위해 일반의 행복을 돌아보지 않는 풍조가 있어 의식 있

는 사람은 걱정했습니다. 게다가 세상은 국민정신을 한층 높여 국력을 늘리지 않으면 안 되는 때에 부딪힌 것입니다. 지금이야 말로 이 조서의 정신을 수행하지 않으면 안 될 때입니다.

－제13과 국민정신작흥에 관한 조서－

출처: 朝鮮総督府(1938).

'국민정신작흥에 관한 조서'란 다이쇼 천황이 관동대지진 후 사회적 혼란 진정을 위해 낸 것으로 제1차 세계대전 후의 개인주의와 민주주의의 풍조, 사회주의의 대두에 대처하여 국민정신의 진흥을 불러일으키기 위한 목적으로 만들어졌다.

본문에서 지진은 해이함과 사치에 대한 징벌과 같이 기술되면서 자기이익을 일반의 이익보다 중시하는 풍조를 비판하고 정신적 고양으로 이어가고자 했다.

[그림 6-3]에서는 파괴되고 화재가 난 도시를 배경으로 살림살이를 챙겨 피난하는 군중들의 모습을 게재했다.

[그림 6-3] 『조선초등수신서 6』

출처: 朝鮮総督府(1938).

　관동대지진에 관한 서술은 조선총독부(1944) 역사 교과서 초등국사(初等国史)에서도 나타난다. 본문에서는 재해의 서술을 '대정왕후의 이재민 지역 방문'과 연관시키고 있다.

　　이때 1923년 9월 갑자기 관동에 대지진이 일어나, 도쿄와 요코하마에서는 대화재가 일어나 대부분 불탄 들판이 되어버린 곳도 있고, 다치거나 죽은 사람도 십만여 명이나 되었다. 다이쇼 천황은 상당히 큰 병에 걸려 있었기 때문에 지참금을 내려주셔서, 황후가 된 지금의 황태후 폐하는 감사하게도 재난을 당한 사람들을 친근하게 위문하시고, 측은하게 여기셨다. <u>생각지도 않던 재난을 당해 의식적인 사람들은 이를 신의 형벌이라고 생각하고 국민이 일상적 행동을 삼가지 않으면 안 된다고 깨닫게 되었다.</u> 천황은 이때에 맞추어 칙서를 내려 지진과 화재의 재앙에 꺾이지 않고 메이지 천황에게서 받은 교육칙어와 보신조서의 의미를 봉체하고 모두 마음을 모아 성실하게 일에 임하여 손실을 회복할 뿐 아니라 더욱 국력을 강하게 하도록 깨닫게 하셨다. 이것을 국민정신작흥에 관한 조서라고 한다.

　　　-제23과 국체의 빛남1, 조선총독부, 『초등국사 5년』(1944)

[그림 6-4] 황태후 폐하의 위문

출처: 朝鮮総督府(1944).

역사 교과서에서도 관동대지진은 신의 형벌로서 일상을 삼가할 징후로 여겼다. 지진재해는 이재민의 고충을 위로하는 황실의 인물과 연관시켜 서술되었다. 본문에는 그림과 같이 이재민의 천막을 방문한 황태후가 아이를 안고 휠체어에 있는 부인 곁을 지나가는 장면을 제시했다. 이는 재해의 공통 기억이나 재해방지의 의도라기보다는 재해를 정신작흥의 조서와 위문 행차를 통해 표현함으로써 실제적인 피해 파악보다는 사건의 전체적인 의미와 행동 방향을 제시하는 계기로 삼았다. 그렇다면 수신 교과서의 '국민정신작흥'이나 황실의 이재민 위문행사가 왜 피해 지역인 일본 본토가 아니라 식민지의 교과서에 게재된 것일까? 수신 및 역사 서술에서 재해는 기존의 생활 태도를 돌아보고 물질적 손해를 만회하는 이상으로 정신력을 고양시키는 계기로 표현되었다. 정신력으로 승화된 재해는 쉽게 당대의 전시 상황과 결부시킨 의미로 치환할 수 있었을 것이다. 1930년대 말에서 1940년대까지 교과서에서 재해는 객관적으로 파악되어야 할 대상으로는 아직 묘사되지 않았다.

한편, 전후 검정기의 사회과 교과서에서는 관동대지진에 대한 언급이 나타나기 시작했다. 재해를 황실과 연관시키는 제목이나 기록, 삽화는 찾아볼 수 없다.

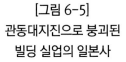

[그림 6-5]
관동대지진으로 붕괴된
빌딩 실업의 일본사
출처: 実業の日本社(1952).

[그림 6-6]
관동 피해지역의 지도
및 그 피해
출처: 二葉株式会社(1960).

[그림 6-7]
관동대지진에 의한
도쿄의 피해
출처: 中教出版(1970).

　실업의 일본사(1952) 사회교과서에서 관동대지진은 "1923년 도
쿄와 요코하마 등 대도시를 습격한 관동대진재가 막대한 손해를 초
래하고 국민에게 큰 불행을 주었다."라는 내용으로 서술되었다. 삽
화([그림 6-5])는 고층 빌딩 주변이 폐허로 된 장면을 보여 주고 있다.
　후타바(双葉)주식회사(1960)의 사회과 교과서에는 관동대지진을
'재해를 방지하자'라는 과에서 크게 다루고 있다. 요지는 지진으로
인한 화재가 커진 이유가 일본의 가옥 재료에 있기 때문이라는 것
으로 그에 대한 대책이 서술되었다.
　중교(中教)출판(1970)의 『초등학교 사회』의 관동대지진 기술은 '제
1차 세계 대전 후 불경기가 계속되는 가운데 관동 지방에 큰 지진이
나서 일본 산업이 큰 타격을 받았다.'고 진술된다. 재해는 기존의 경제
에 피해를 준 원인으로 보고 있으며 삽화([그림 6-7])에는 도쿄의 번
화가인 긴자대로를 중심으로 양쪽 폐허 속에 천막을 친 거리를 보

여 주고 있다.

2) 1960~1990년 중반의 관동대지진 기술

재해교육의 제2기에 해당하는 「재해대책기본법」(1961) 제정 이
후, 관동대지진은 어떻게 기술되어 왔을까? 교과서 내의 변화를 살
펴보기 위해 사회과 교육과정 및 교과서 편찬에 종사해 온 가이고
도키오미(海後宗臣)가 감수한 동경서적의 사회과 교과서를 대상으
로 했다. 동경서적의 새로운 사회과(新しい社会科) 1950년, 1954년
판에서는 관동대지진을 언급하지 않는다. 반면 1967년판 이후에는
본문에 기술되기 시작했는데 그 내용은 〈표 6-2〉와 같다.

〈표 6-2〉『새로운 사회(新しい社会) 6 上』본문 속 관동대지진 기술

간행연도	본문내용	삽화
1967	보통선거 운동: 1923년에는 관동대지진이 일어나 불경기는 더욱 진행되고 노동운동도 유행되었습니다.	없음
1977	정당정치의 정체: 불경기는 그 후에도 계속되어 1923년에는 관동지방에 대지진도 일어나 일본의 경제는 큰 손해를 입었습니다.	관동 대지진: 도쿄에서는 교통, 통신, 가스, 수도, 전기가 모두 멈추고, 사망자 약 9만 명, 무너지거나 타버린 가옥 약 46만 호. 이러한 혼란 가운데 여러 가지 소문이 퍼져 죄 없는 많은 조선인이 살해되었습니다.
1989	1923년에 관동 남부를 중심으로 대지진이 일어나 도쿄와 요코하마는 큰 피해를 입었습니다. 이 혼란 속에서 사회를 개혁하고자 하는 운동을 해온 사람들과 많은 조선인이 죽임을 당하는 사건이 일어났습니다.	없음
1996	1923년 관동 남부에 대지진이 일어나 그 혼란 속에서 조선인이 폭동을 일으킨다는 소문이 돌아 일본인에 의해 많은 조선인과 중국인이 살해되는 사건이 일어났습니다. 조선인과 중국인에 대한 차별의식이 그 원인이었습니다.	없음

　1967년판 사회과 교과서에서 관동대지진은 당시의 경제상황에 타격을 줌으로써 사회적인 의미로 언급되기 시작했다. 1977년판에는 본문에 캡션이 추가되어 피해의 구체적 수치, 조선인 학살과 같은 사건을 기술했다. 관동대지진의 삽화로는 파괴된 전차 노선 위에 경찰이 서 있는 장면을 게재하여 사회적 인프라의 불통 속에 질서를 잡으려는 힘겨운 노력을 표현했다. 막연한 경제적 피해와 불행은 수치화되고, 재해 속에 일어난 비이성적인 사회 현상에 주목하기 시작했다.

　1989년판에는 캡션이 아닌 본문 상에 관동대지진 중의 학살 사건이 기술되었는데 종래의 조선인뿐 아니라, 사회운동가를 부연하여 재해를 계층과 민족의 문제로 부각시켰다. 지진은 역사적 사건으로서 그 속에서 누가 더 큰 피해를 입었는가의 관점으로 서술되었다. 이 특징은 동경서적뿐 아니라 동시대의 타 출판사 사회과 교과서에도 공통적으로 보인다. 다음의 〈표 6-3〉은 1990년대 초반 8개 출판사 초등 사회과 교과서의 관동대지진 본문에 나온 민족과 계층의 서술 유무를 뽑아 놓은 것이다.

〈표 6-3〉 1990년대에 간행된 사회과 교과서에 기술된 지진 피해자

교육출판	중교출판	학교도서	동경서적	일본서적	오사카서적	제국서원	광촌서원
조선인	×	×	조선인	조선인, 사회운동가, 노동운동가	조선인 사회운동가	조선인	×

출처: 仁木ふみ子(1994) 재인용.

8개 출판사 가운데 반 이상이 관동대지진으로 인해 일어난 사회적 사건으로서 조선인 학살에 대해 다루고 있는데 교육출판, 동경서적, 제국서원에서는 지진의 피해자로서 조선인 학살문제를 중점적으로 다루는 반면, 일본서적과 오사카서적은 사회운동가 및 노동운동가를 피해자로 첨가하고 있다. 이들 교과서가 간행된 즈음인 1993년은 관동대지진 70주년을 기념하는 해로 이 시기의 교과서에는 사회주의자, 노동운동 지도자라는 주체를 사용했고, 지진으로 인해 발생한 인재에 대해 조선인 학살, 가메이도(龜戸) 사건, 오스기(大杉) 부처의 살해사건 등으로 나누어 설명했다. 피해의 주체가 보다 구체적이 되었으며 재해가 사회적 현상으로 연결되었다.

1996년판에는 학살 사건의 주체로서 일본인을 기술함으로써 재해 속 사회적 현상의 주체를 분절하여 표현했고 누가 더 피해를 보았는가하는 관점에서 재해를 서술했다. 재해가 보다 다각도에서 기술된 것이다.

3) 2000~2010년대의 관동대지진 기술

〈표 6-4〉『새로운 사회(新しい社会) 6 上』본문 속 관동대지진 기술

간행연도	본문내용	삽화
2000	관동대지진(關東大地震) 때의 사건 민주주의에의 관심이 높아지는 한편, 관동 대지진 때에 다수의 중국인과 조선인을 살해하는 사건이 일어났다. 조선인이 폭동을 일으킨다는 소문이 돌아, 지진의 공포와 조선 및 중국 사람들에 대한 차별의식에서 일어난 사건이다.	없음
2001	관동대지진: 1923년 9월 1일 관동지방을 큰 지진이 덮쳐, 약 10만 명의 사람이 죽었습니다. 지진 후 혼란 속에 '조선인이 폭동을 일으킨다'는 잘못된 소문이 퍼져, 경찰과 군대, 소문을 믿은 사람들이 수천 명의 조선인을 죽였습니다.	관동대지진의 모습
2005	관동대지진: 1923년 9월 1일 관동지방 남부에서 커다란 지진이 일어나 도쿄, 요코하마 등에서 붕괴된 가옥 12만 호, 화재 가옥이 45만 호, 사자 및 행방불명자 14만 명의 피해를 입었다. 또 지진의 혼란 중에 조선인이 폭동을 일으킨다는 소문이 돌아, 다수의 조선인과 중국인이 죽임을 당하는 사건이 일어났습니다.	없음

2011	1923년 9월 1일 관동지방 남부에서 큰 지진이 일어나 도쿄, 요코하마 등에서 붕괴된 가옥 21만 호, 불탄 가옥 21만 호, 사자 및 행방불명자 11만 명의 피해가 났다. 또 지진의 혼란 속에서 조선인이 폭동을 일으킨다는 소문이 돌아, 다수의 조선인과 중국인이 죽임을 당하는 사건이 일어났습니다.	있음 지진 후의 도쿄(컬러 삽화) 미입수
2014	1923년 9월 1일 오전 11시 58분 거대한 지진이 관동지방을 덮쳤습니다. 점심 준비로 불을 사용하고 있던 가정이 많아 도쿄에서는 100개소 이상 불길이 솟았습니다. 이 대화재는 3일간 계속되었습니다. 도쿄와 요코하마 등에서는 사자와 행방불명자가 10만 명을 넘었습니다. 이 대지진 속에서 '조선인이 폭동을 일으킨다'는 소문이 생겼습니다. 이를 믿은 사람들과 경찰, 군대에 의해 아무 죄도 없는 수천 명의 조선인이 죽임을 당했습니다. 지진 후 도쿄에서는 도심에 차례로 건물을 세우게 되었습니다. 전차와 버스가 보급되고, 교외로 옮겨 사는 사람들도 늘어나 도시화가 진전되어 갔습니다.	**지진으로 피난하는 사람들**

2001년판에서는 본문이 아닌 보조 칸 속에 관동대지진의 조선인 학살 문제를 기술했다. 내용의 위치가 본문 속에 있느냐 보조 칸에

있느냐에 따라 중요도에 차이가 난다고 볼 수도 있지만, 이 판의 특징은 지진의 혼란 속에 벌어진 사건을 피해자(조선인)와 가해자(경찰, 군대, 소문을 믿은 사람)로 나누어 기술하여 사건의 주체를 명확히 했다는 점에 있다. 지진으로 인한 사회 불안에 가해자와 피해자를 구체화함으로써 단순히 하나의 국민으로 뭉뚱그려 표현하던 사회관에서 탈피해 그 속에서 누가 더 피해를 입었는가하는 인권을 중심으로 주체를 분절했고 그럼으로써 재해로 인해 파생된 사회적 불평등을 드러내었다. 사진 삽화는 검은 연기 속에 시가지의 집이 무너져 내리고 그 곁을 필사적으로 도망치는 사람들의 일촉즉발의 위기 상황을 보여 주어 재해의 위급함을 가시화했다. 2005년과 2011년은 재해의 실제적 피해를 보다 정확히 수치화하고자 했다.

　2014년판의 관동 대지진의 기술은 본문에는 들어가지 않았지만 본문 아래에 2/3를 차지하는 서술과 당시의 삽화 및 피해 통계표를 사용했다. 이전의 기술과 다른 점은 재해에 '부흥' 또는 새로운 시작의 가능성이라는 의미를 첨가하고 있다는 점이다. 같은 출판사 『새로운 사회 5년 하(新しい社会 5 下)』에서는 '관동대지진으로부터 부흥과 고토 신페이(後藤新平)'라는 제목의 '더 알고 싶은 란'을 게재했다. 관동 대지진 후 도쿄를 부흥시키기 위해 발족한 정부기관의 책임자 고토 신페이를 크게 다룸으로써 새로운 간선도로와 방재 지점이 된 공원 만들기, 미래를 상정한 도시 계획 모델의 업적을 칭송한 점은 같은 맥락에서 이해할 수 있다.

　동일본 대지진 이후 교과서의 관동 대지진 기술은 기존의 문명 파괴 및 손해나 사회적 불평등의 지적에서 나아가 현재에 이르는 미래 지향적 발전의 수사법으로 서술되었다. 교과서의 관동대지진 서술을 통해 재해를 바라보는 근저의 관점을 파악할 수 있었다.

　종합하면 관동대지진의 교과서 기술은 늘 재해에 대한 사회적 관점을 반영해 왔다. 1923년 9월에 발생한 관동대지진이 1930년대 말에 교과서에 서술되기 시작할 때 재해는 사회의 부패와 타락에 대한 신의 형벌로 해석되었고 1950~1970년대에는 물질문명을 파괴하는 자연의 힘으로 인간 사회에 타격과 불행을 가져다주었다고 표현되었다. 1980~1990년대에는 재해의 불안 속에 사회적 약자가 중점적으로 드러나기 시작했다. 그리고 재해 피해의 실제를 정확히 수치화하려고 했다. 2010년대에는 재해로 인한 손해의 규모뿐만 아니라, 당시 사회가 어떻게 적극적으로 대응했는가를 진술하기 시작했다. 재해라는 주제는 인간의 군집으로서 사회가 어떻게 분절되고 설명되는지를 보여 준다. 또한 피해와 사건·사고의 기술은 시대별로 생략되거나 강조되면서 교육이 지향하는 질서 회복의 방향을 다각도로 조명했다.

　다음 절에서는 재해를 한 번도 경험해 본 적이 없는 아동 독자에게 과거의 재해를 알리고 미래의 재해에 대비하도록 제시한 전달기법을 중심으로 그 특징과 변화를 다루어 보겠다.

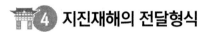

4 지진재해의 전달형식

1) 이야기로서 기억되는 재해: '이나무라의 불'

처음으로 방재교육의 소재로 문부성(1937)의 『심상소학국어5』에 실린 소재는 '이나무라의 불'이다. 이 이야기는 쓰나미 피해와 주인공 고헤이(五兵衛)의 자기희생에 의한 인명구조를 표현한 것이다. 1854년 12월 24일 저녁 무렵에 난카이 지진(南海地震)이 발생하여 서일본의 태평양 연안에 거대한 쓰나미가 덮쳐왔다. 이때 고향인 기슈(紀州)의 히로무라에 체재하던 하마구치 고료(浜口梧陵)라는 간장 장수가 높은 곳으로 피난하면서, 마을 젊은이들과 함께 탈곡을 끝내고 모아놓은 가마니에 불을 붙여 도망갈 길을 밝혀 촌민을 구해냈다는 이야기이다. 이것이 이나무라의 원본이 된 사실인데, 고료는 고헤이(五兵衛)의 모델이 된다. 그 뒤 고료는 타버린 가구들에게 농업·어업 도구를 제공하여 구제를 하고, 사비를 들여 높이 5미터, 길이 600미터에 달하는 제방을 건설한다. 이 제방은 현존하고 있으며 히로무라 제방이라고 불리고 있다. 이 공헌으로 고료는 기슈번의 번주와 대면할 수 있게 되어 정치적으로 활약했다. 그가 서거한 후 1888년 반다이산(磐梯山)의 분화, 1891년 노비(濃尾) 지진 등에 이어 1896년 2만 명의 희생자를 낸 메이지 산리쿠(三陸) 쓰나미가 발생했는데, 몇몇 신문에서는 난카이 지진 당일에 고료의 일화를 소개했다. 이를 읽은 일본 연구자 라프카디오 한(Patrick Lafcadio Hearn, 1850~1904)이 이나무라의 불의 원형이 된 단편소설 『A living GOD(生神)』을 집필했고, 소설 간행 40년 후인

1933년에 문부성이 국어 및 수신교재를 전국에 공모할 때 와카야마현 초등학교 교과인 나카이 쓰네조(中井常藏, 1907-1994)가 한의 소설을 간결하게 정리해 집필 응모하여 국어교과서의 교재로 사용되었다.

　이나무라의 불은 그 후 10여 년간 교과서에 게재되었으나 전후에 사라졌다가 2005년 수마트라만 지진에 동반한 인도양 대 쓰나미를 계기로 다시금 주목을 받기 시작해 2011년 동일본 대지진 이후 현저하게 회자되기 시작했다.

　'이나무라의 불'의 하마구치 이야기는 2011년 일본문교출판의 『소학사회 3, 4하(小学社会 3, 4下)』와 동경서적의 『새로운 사회 5하(新しい社会 5下)』에 수록되었다. 사회교과서 외에도 같은 해 미쓰무라 도서(光村図書)의 『국어 5 은하(銀河)』와 신흥출판사(新興出版社)의 『두근두근 이과 6(わくわく理科六)』에도 역시 수록되었다.

　회자 현상에 주목한 오호리(大堀)는 2011년 이후 주목받기 시작한 '이나무라의 불'을 역사적 사실을 근거로 다음 두 가지 측면으로 분석했다. 첫째, 하마구치의 행위를 단순히 개인의 인덕으로 돌리는 점은 불충분하며 근세 신분사회의 변동기의 현상으로 읽어야 한다고 했다(大堀, 2013). 또한 이 사건이 단지 개인의 영웅적 찬사로 그칠 것이 아니라 그에 대한 수혜자의 반응도 함께 수용해야 한다고 했다. 둘째, 이야기 속 주인공 고헤이(五兵衛)가 실제 태운 것은 짚인데 이야기에서는 재산 가치가 있는 볏단으로 변경되어 있어 자기희생의 주제로 나아간 점은 사실과 다르다고 지적한다. '이나무라의 불'의 작자 나카이와 교과서 편집인 이노우에 다케시(井上赳)는 이러한 사실과의 차이를 알면서도 표현을 중시해 이를 교재로서 응모, 채용했다고 한다. 이를 방재교육의 교재로 다룬 지진학자 이마무라 아키쓰네(今村明恒)는 『'이나무라의 불'의 가르치는 방법에 있어서』(1941)라는 책자를 작성해 하마구치의 사적을 소개하면서 이야기가 사실과 다름을 세심하게 지적하고 있다. 1943년부터 사용된 『초등과국어 6』의 지도서에서는 '이나무라의 불'의 교재 요지를 「천재지변의 속에서 매우 많은 사람의 인명을 구조한 고헤이의 숭고한 행위」(문부과학성, 1943: 43)로 설명했는데, 이에 대해 오호리는 교재 요지 속에 군사적 내용이 전혀 포함되지 않지만 자기희생이라는 측면에서 군국 미담적 문맥으로 회수될 가능성이 있음을 지적했다.

한편 실제로 2011년에 개제된 '이나무라의 불'은 하마구치의 방재 노력이 전후에 발생한 쓰나미 재해를 막았으며 현재에도 유적화되어 있다는 점을 언급했다.

전전(戰前)의 이야기는 역사적 사실을 이야기로 개작하고 재해에 대한 개인의 영웅적 행위를 칭송하는 형식을 통해 재해의 상황과 대비법을 전달했다. 재해는 이야기 속의 개인의 판단과 행위를 따라감 봄으로써 공적 범위의 재해 극복을 추체험하여 인식되었다. 반면 2011년 교과서의 이야기는 하마구치의 이야기를 전후와 현재의 몇 단계 프레임을 거쳐 방재 지식 자체보다는 방재 역사의 인과성을 설명했다고 본다. 과거의 방재의 지혜가 오늘에도 살아 있으며 이것을 지속하면 된다는 논조로 마무리되는 경향이 있다.

2) 표어적 전달: 수신 교과서 '당황하지 마라'(1937)와 3.11의 '쓰나미 덴덴코(津波てんでんこ)'(2015)

[그림 6-7] 심상소학수신서
출처: 文部省(1937).

[그림 6-8] 소학사회 5하
출처: 教育出版(2014).

문부과학성 수신 교과서(1937)에는 '당황하지 마라(ものことにあわてるな)'는 제목의 덕목으로 지진이 일어났을 때의 이야기를 싣고 있다. 시즈코는 할머니와 여동생과 저녁을 먹다가 지진으로 집이 무너져 깔리게 되었으나 빠져나올 틈을 찾아 겨우 나오던 중 화재가 난 것을 보고 침착하게 우물의 물을 길어 불을 껐다는 이야기이다. 지진이 일어났을 때 불이 나기 쉽고 불길이 커지면 주변에 큰 피해를 입힌다는 관련성을 알려 주면서, 할머니와 여동생은 먼저 밖으로 내보낸 후 일을 처리하는 우선순위를 보여 준다. 지진이라는 불안하고 위급한 상황에서 먼저 해야 할 일을 결정하도록 독려하는 이야기이다. 이 이야기는 이나무라의 불처럼 일시는 알 수 없도록 하였고 위급한 때에 침착하게 행동할 것을 교훈하고 있다.

한편 커다란 자연 재해가 발생했을 때에는 막대한 피해에도 불구하

고 반드시 그것을 지혜롭게 극복한 사례가 회자되곤 한다. 동일본 대지진에서 회자되는 이야기는 '쓰나미 덴덴코(津波てんでんこ)'이다. 덴덴은 '각자'라는 의미에 코는 동북방언의 축약어이다. '쓰나미가 오면 가져갈 물건도 생각지 말고 육친도 상관하지 말고 각자가 따로따로 혼자서 높은 곳으로 피해라' '각자의 목숨을 스스로 지켜라'라는 교훈을 의미한다. 이와테현(岩手県)의 가메이시(釜石)시에서는 동일본 대지진으로 1,000명 이상이 사망했다. 하지만 초·중학생은 거의 구조되었는데 교사의 지시로 피난한 아이들뿐만 아니라 하교하고 있던 많은 수의 아이가 스스로의 판단으로 높은 지대로 피난했기 때문이었다. 피난할 때 지역 사람들에게도 알림으로써 많은 생명이 구조되었다. 이는 방재지도 만들기 등 지역과 가족이 함께한 평소의 방재교육의 성과와 '상식을 믿지 마라' '최선을 다하라' '솔선해서 피하라'는 피난 3원칙의 가르침을 지킨 결과라고 보고 있다.

학교를 중심으로 솔선한 행동으로 피해를 줄일 수 있었다는 교훈을 주는 이 이야기는 쓰나미 재해에 대해 표어와 같은 행동 규범을 주고 있다. '각자'라는 행동지침이 공동체나 약자를 고려하지 않는다는 점에서 윤리적 논의를 불러일으키고 있지만 전체적으로 쓰나미를 극복한 미담으로 자리 잡았으며 타 학교의 방재교육의 모델을 보여 주고 있다.

3) 지진재해를 나타내는 이미지

(1) 비교 대조

　지진은 직접적으로 표현되지 않고 그 결과로 세력을 나타낸다. 교과서에서 지진재해는 발생 전후의 변화를 대조하는 방식으로 표현되었다. 다음 그림은 지진에 의해 지면의 높이가 낮아져 바다 속에 잠긴 미야기현 이시노마키(石卷)시의 다리([그림 6-9])를, 그리고 대지진 발생 직후 한신고속 고베선이 엿가락처럼 뉘어져 기능하지 못하는 풍경과 복귀한 한신고속 고베선([그림 6-10])을 대조시키고 있다. 지진발생 전후의 시간적 차이를 대조함으로써 독자는 지진으로 인한 결과를 시각적으로 알 수 있다. 교과서 삽화 사진에서는 지진을 주관적 고통으로서가 아니라 삶의 구조를 송두리째 변화시키는 힘으로 상대화시키고자 한 의도를 읽을 수 있다.

[그림 6-9] 새로운 사회 6

출처: 東京書籍(2014).

[그림 6-10] 새로운 사회 6

출처: 東京書籍(1998).

(2) 극적인 장면

쓰나미는 바다 위에 있어야 할 배를 멀쩡한 건물 꼭대기에 얹어
놓고(이와테현 오쓰치정, [그림 6-12]), 가지런히 정리되어 있는 농토
와 집을 한꺼번에 휩쓸어 간다(미야기현 이와누마시, [그림 6-11]). 다
음의 삽화 사진은 일상에서는 상상할 수 없는 파괴와 소멸을 일으
킨 쓰나미를 한 장의 사진 속에 담고 있다. 구체적으로 누군가의 죽
음이나 물질적 피해를 나열하지 않아도 압도적인 광경으로 독자가
쓰나미의 위력을 예상할 수 있게끔 했다.

[그림 6-11] 소학사회 5하   [그림 6-12] 소학사회 5하
출처: 日本文教出版(2014).   출처: 日本文教出版(2014).

(3) 수치화

1995년 한신 아와지 대지진을 겪은 효고현(兵庫県)에서는 교육
위원회가 『내일을 산다(明日に生きる)』라는 부독본을 저학년과 고
학년용으로 나누어 편찬했다. 지진재해의 전달 방식의 특징을 보

면 다음과 같다. 지진은 그 실질적인 위험성 때문에 단순히 자연현상의 원리로 설명하는데 그칠 수 없는데 [그림 6-13]에서는 특히 지진 발생시의 흔들림을 수치화해서 전함으로써 주변 상황을 예측하게 하는 방법을 도입했다. 진도를 0에서 7로 나누어 사물이 동요하는 정도를 그려서 아동이 그 크기를 짐작하게 했다. 위험의 수치화는 재해를 인지적으로 파악하여 그에 맞는 행동을 할 수 있게 한다.

고학년용 교재에는 [그림 6-14]와 같이 방재교육의 실천적 교재로서 '방재지도를 만들자'가 제시되었다. 재해가 일어났을 때 위험한 곳이 어디인지를 알고 피난 장소까지 가려면 어디를 거쳐야 하는지를 생각하게 한다. 그리고 자신이 사는 지역을 실제로 다니면서 피난 장소를 파악하고 마지막에는 스스로 방재지도를 그리게 해서 실천에 이어지도록 구성했다.

[그림 6-13] 내일을 산다 1, 2, 3

출처: 防災教育副読本編集委員会編(1997).

[그림 6-14] 내일을 산다 4, 5, 6

출처: 防災教育副読本編集委員会編(1997).

　종합하면, 교과서 상의 지진 재해는 이야기, 표어, 이미지 등으로 형식화되었다. 전달 기법이 다양하게 전개된 데에는 지진의 위력을 아동 독자들에게 보다 감각적으로 인지시키게 하려는 의도가 있다. 비록 지진은 각자가 처한 곳에서 다르게 느끼는 경험이지만 교과서에서는 공통되게 표현할 수 있도록 재해를 비교 · 대조하고 수치화, 가시화함으로써 미래의 리스크에 대비하게 한다.

5 교과서로 본 방재교육의 변화와 예방 가능성

　이 장에서는 일본 교과서에서 지진재해에 관한 서술의 변천을 살펴봄으로써 과거의 재해 · 재앙을 알리고 미래의 재해를 예비하게 하는 교과서의 전달 방식에 대해 고찰했다. 이를 통해 다음과 같은 결론에 이른다.

첫째, 일본에서 지진재해는 방재교육의 필요성이 본격적으로 대두된 1930년대 말 식민지 교과서에서부터 기재되기 시작했다. 지진은 발생 당시보다 뒤늦게 교과서에 등장함으로써 사건과 기록 사이의 차이와 그에 따른 사회적 의미를 살펴볼 수 있었다. 1930년대 말의 교과서 본문은 지진재해를 천벌로 위치짓고 정신일도로 불행을 극복하도록 의미부여했는데 이때 피해를 입은 주민에 대해 위로하는 천황과의 관계를 부각시켰다. 1950~1970년대에 재해는 기술문명의 붕괴와 경제적 손실이라는 의미로, 1980~1990년대에는 재해 속 무산계급과 타민족의 재난으로 분절되어갔다. 2010년대에 재해는 부흥의 계기라는 의미로 미래 지향적인 서사를 사용했다. 둘째, 지진재해의 전달 형식으로 초기에 채택된 것은 특정 인물의 이야기였다. 같은 이야기는 시대에 따라 다르게 해석되었는데 1930년대의 '이나무라의 불'은 원작과 다르게 번안되어 개인의 희생정신이 공동체를 살렸다는 교훈을 강하게 나타냈다. 이는 전시기 체제와 공명하며 군국주의를 옹호하는 의미로 사용되었을 것으로 해석될 여지를 가졌다. 한편 동일본 대지진 이후에 재등장한 '이나무라의 불'은 과거 쓰나미를 극복한 재해사이자 현재에도 영향을 끼치는 역사로 자리매김했다. 특히 와카야마의 제방을 유적화함으로써 이나무라의 에피소드는 재해가 단지 특정 지역에 국한된 경험이 아니라 전국민적으로 동일하게 기억될 역사가 되었다. 표어적 표현은 지진발생시 지켜야 할 행동지침을 간결하게 전달한다. 또한 교과서의 이미지는 재해 전후의 비교·대조, 극적인 장면의 제시, 수치화 등 재해를 다양한 기법으로 현실화시키고자 했다.

여기에서는 재해의 사회 문화적 구성을 밝히고자 교과서 상의 지진 재해 기술을 분석했다. 현대인은 자연재해뿐 아니라 교통사고 등 기술 문명의 부주의한 사용으로 인한 인재에 부딪히면서 살아간다. 물론 각각에 대응한 방재교육도 시급하지만 그에 앞서 우리는 아직도 근대적 논리로 이것들을 전부 방지·조정하려는 시도를 해 온 것은 아니었나 생각해 볼 필요가 있을 것이다. 앞으로 교육학이 과제로 삼아야 할 것은 자연의 위력, 위험의 원리 학습 및 그 예측을 포함할 뿐만 아니라 현재 경험할 수 없는 것조차 전달해야 하는 '리스크'의 영역이 아닐까 한다. 그 예로서 원자력 발전소를 둘러싼 방사능 누출 위험과 방재교육을 들 수 있을 것이다. 이 글의 교과서 연구를 토대로 후속 연구에서는 위험을 둘러싼 상반되는 주장을 하는 특정 집단 간의 논리와 전달 형식에 대한 고찰을 과제로 삼고자 한다.

 참고문헌

심민수(2015). 초등학교 사회과에서의 안전 방재교육의 탐색. 사회과교육, 54(3), 53-67.

이정희(2016). 일본의 초등사회과 자연재해 방재교육의 구성원리. 한국일본교육학연구, 20(2), 21-44.

장은숙(2011). 일본 방재교육에 관한 고찰. 한국일본교육학연구, 16(1), 127-136.

정창호(2014). 위험사회에서의 교육의 책임과 역할에 대한 성찰. 교육의 이론과 실천, 19(2), 1-22.

安彦忠彦編(1993). 現代学校教育大事典6. ぎょうせい.

大堀宙(2013). 歴史教育における災害と物語:「稲むらの火」をめぐって. 人民の歴史学, 197, 65-71.

岡本浩一(1992). リスク心理学入門. サイエンス社.

小田原市教育研究所(1987). わたしたちの小田原.

加藤圭木(2013). 歴史教育で災害史をとりあげる視点. 人民の歴史学, 197. 東京歴史科学研究会.

学海指針社 (1893). 小学理科新書.

教育出版(2014). 小学社会 5下.

教育出版(2014). 小学社会 6上.

小林正泰(2012). 関東大震災と復興小学校. 勁草書房.

佐々木毅外編(2005). 災害対策基本法. 戦後史大事典1945-2004. 凸版印刷株式会社.

佐藤卓巳(2005). 8月15日の神話──終戦記念日のメディア学. 筑摩書房.

城下英行・河田恵昭(2007). 学習指導要領の変遷過程に見る防災教育展開の課題. 自然災害科学, 26-2, 163-176.

実業の日本社(1952). 日本の社会 5上.

大日本図書株式会社(1953). 楽しい社会科 4下.

中教出版(1970). 小学社会.

朝鮮総督府(1938). 初等修身書 6.

朝鮮総督府(1944). 初等国史 5.

東京教育委員会(2012). 3.11.を忘れない.

東京書籍(1950, 1954, 1967, 1977, 1989, 1996, 2000, 2010, 2014) 新しい社会 5, 6下.

帝国書院編集部(1954). 日本の産業と生活.

中村紀久二(1997). 教科書の編集・発行等教科書制度の変遷に関する

調査研究. 教科書研究センター.

新潟県教育委員会(1997) 地震にそなえよう(小学校用副読本).

仁木ふみ子(1994). 平和教育を考える一教科書に見る関東大震災人災
　　の記述と中国人虐殺. 学校図書館, 522, 69-73.

日本文教出版(2011). 小学社会 3, 4下.

日本文教出版(2014). 小学社会 6上.

二葉株式会社(1955,1960). 協力する社会 5, 6上.

文学社(1893). 新定理科書 巻一.

防災教育副読本編集委員会編(1997) あすに生きる: 阪神・淡路大震災か
　　ら学ぶ (小学校4・5・6年用), 兵庫県教育委員会.

光村図書(2014). 社会5.

文部省(1910, 1918, 1925, 1938, 1943). 尋常小学地理.

文部省(1937). 尋常小学修身書.

文部省(1937). 国語読本 五.

文部省(1940). 初等国史 下.

文部省(1943). 初等科国語六 教師用.

文部省(1949). 気候と生活. / 私たちの生活を進む.

文部省(1980). 土地と人間一私たちの生活(3).

NHKスペシャル取材班 (2015).釜石の奇跡 どんな防災教育が子どもの
　　"いのち"を救える のか. イースト・プレス.

Beck, U. (2014). 위험사회-새로운 근대성을 향하여. (홍성태 역), 새물결.

제7장

방과 후 어린이 교실과
안전 · 안심 교육

송민영 (경기도평화교육연수원)

제7장
방과 후 어린이 교실과 안전 · 안심 교육

송민영 (경기도평화교육연수원)

1 방과 후 어린이 교실

1) 학교 · 가정 · 지역의 협력

앞으로 미래를 살아갈 아이들의 풍부한 배움을 지지하기 위해서
는 학교 · 가정 · 지역이 각각의 역할을 자각하고 제휴 · 협력하면
서 지역사회 전체가 아이들의 교육을 지원해 갈 필요가 있다. 따라
서 문부과학성은 2007년부터 '방과 후 어린이 교실 추진 사업'을 시
작하여, 후생노동성(厚生労働省)이 실시하는 '방과 후 아동 건전 육
성 사업(放課後児童健全育成事業) 중, 방과 후 아동 클럽(放課後児
童クラブ)'과 연계한 종합적인 방과 후 대책으로 '방과 후 어린이 플
랜(放課後子どもプラン)'을 기획하여, 방과 후나 주말 등에 아이들의
학습과 다양한 체험 · 교류 활동의 기회를 제공함과 동시에 2008년

도부터 '학교 지원 지역 본부 사업(学校支援地域本部事業)'을 창설하여 지역의 협력을 통한 보다 풍부한 학교 교육 활동의 지원을 추진해 왔다(文部科学省b).

또한 2011년도부터 이러한 활동을 종합적으로 지원하기 위하여 '학교·가정·지역의 제휴에 의한 교육활동 촉진사업'을 기획하여 '학교 지원 지역 본부(学校支援地域本部)', '방과 후 어린이 교실(放課後子ども教室)', '가정교육지원(家庭教育支援)' 등 지역의 참가·협력을 통한 다양한 교육 지원을 종합적으로 실시하고 있다.

이러한 노력의 목표로 하는 것은 지역에 있는 다양한 힘을 결집하여 학교 내외를 불문하고 아이들의 배움을 지지하는 구조로 지역에 정착시키자는 것으로, 이 사업 방식은 활발한 활동, 그 지역 사람들과 단체의 이어짐, 지역공동체의 새로운 구축 및 기능 강화에도 이바지할 것이라 본다.

2) '방과 후 어린이 교실' 운영 현황

아이들과 관련된 중대한 사건의 연발 등 청소년 문제 행동의 심화, 지역과 가정의 교육력 저하 등의 긴급 과제에 대응하고, 미래의 일본을 창조하는 마음으로 풍요롭고 씩씩한 아이들을 사회 전체에서 육성하기 위해 문부과학성은 2004년도부터 2006년도까지 긴급 3개년 계획으로 '지역 어린이 교실 추진 사업(地域子ども教室推進事業)'을 실시했다.

구체적으로는 지역 어른들의 도움을 받아 학교 등을 활용하여 긴급하게 계획적으로 아이들의 활동 거점(居場所)을 확보하고 방과 후나 주말 등에 다양한 체험 활동이나 지역 주민과의 교류 활동 등을 지원하는 것이다.

그 후, 2007년부터 '지역 어린이 교실 추진 사업(地域子ども教室推進事業)'을 감안한 대응으로 국가의 지원 방식을 변경한 보조사업 '방과 후 어린이 교실 추진 사업(放課後子ども教室推進事業)'을 신설하여 다음의 〈표 7-1〉과 같이 운영하고 있다.

본 사업은 초등학교의 여유 교실 등을 활용하여 지역의 다양한 분들의 참가에 의해 아이들과 함께할 학습이나 스포츠ㆍ문화 활동 등을 지원하고 있으며, 구체적인 활동내용은 지역에 따라 다양하며 각 지역에서 결정하도록 하고 있다. 사업의 주요 실시주체는 시정촌(市町村)이 되고, 국가는 각 지역에서의 대처에 따른 예산 보조 지원을 하고 있다(文部科学省c).

〈표 7-1〉 방과 후 어린이 교실 실시 상황

구분	2007년	2008년	2009년	2010년	2011년
국고보조액	23억 5,900만 엔	37억 7,400만 엔	43억 4,900만 엔	45억 5,600만 엔	5,157백만 엔 (학교ㆍ가정ㆍ지역의 연대에 의한 교육지원활동촉진사업)
실시 개소수	6,201개소	7,736개소	8,610개소	9,197개소	9,733개소
초등학교실 시수(비율)	4,299개소 (69.3%)	5,592개소 (72.3%)	6,251개소 (72.6%)	6,661개소 (72.4%)	6,993개소 (71.8%)

한 교실당 연간평균개 최일	117.7일/년	117.2일/년	114.8일/년	118.5일/년	118.8일/년
실시시정 촌수	851시정촌	1,011시정촌	1,053시정촌	1,060시정촌	1,075시정촌
'학습' 실시 교실수	–	3,500개소 (44.2%)	4,685개소 (54.4%)	4,938개소 (53.7%)	5,078개소 (52.2%)

출처: 文部科学省a.

3) 관계 법령

'방과 후 어린이 교실(放課後子ども教室)'과 관련된 법률은 다음과 같다(文部科学省e).

(1) 사회교육법(社会教育法)

「사회교육법」

(1949년 6월 10일 법률 제207호, 최종 개정 2017년 법률 제5호)

(시정촌 교육위원회의 사무)

제5조   시(특별구를 포함, 이하 같음)정촌의 교육위원회는 사회교육과 관련하여 당해 지방의 필요에 따라 예산의 범위 안에서 다음의 사무를 행한다.

1~12   (생략)

13   주로 학령 아동 및 학령 학생(각 학교교육법 제18조에 규정된 학령 아동 및 학령 학생을 말함)에 대해 학교 수업 종료 후 또는 공휴일에 학교, 사회 교육 시설, 기타 적절한 시설을 이용하여 하는 학습 기타 활동의 기회를 제공하는 사업의

실시 및 그 장려에 관한 것.

14　청소년에게 자원 봉사 활동 등 사회봉사 체험 활동, 자연 체험 활동, 기타 체험 활동의 기회를 제공하는 사업의 실시 및 그 장려에 관한 일.

15　사회 교육의 학습 기회를 이용하여 행한 학습 성과를 활용하여 학교, 사회 교육 시설, 기타 지역에서 실시하는 교육 활동, 기타 활동의 기회를 제공하는 사업의 실시 및 그 장려에 관한 일.

16~19　(생략)

② 시정촌 교육위원회는, 전항 제13호부터 제15호까지 규정하는 활동으로서 지역 주민 기타 관계자(이하 이항 및 제9조의 7, 제2항에서 '지역 주민 등'이라 한다)가 학교와 협력 해 실시하는 것(이하 '지역 학교 협동 활동'이라 한다)의 기회를 제공하는 사업을 실시함에 있어서 지역 주민 등의 적극적인 참가를 얻어 해당 지역 학교 협동 활동이 학교와의 적절한 제휴 하에 원활하고 효과적으로 실시될 수 있도록 지역 주민 등과 학교와의 연계 협력 체제의 정비, 지역 학교 협동 활동에 관한 보급 계발 기타 필요한 조치를 강구하여야 한다.

제6조　도도부현(都道府県) 교육위원회는, 사회 교육과 관련하여 해당 지역의 필요에 따라 예산의 범위 내에서 전조 제1항 각호의 사무(동항 제3호의 사무를 제외한다)를 행하는 것 이외에 다음의 업무를 수행한다.

1~5　(생략)

② 전조 제2항의 규정은, 도도부현의 교육위원회가 지역 학교 협동 활동의 기회를 제공하는 사업을 실시하는 경우에 준용한다.

제9조의 7　교육위원회는 지역 학교 협동 활동의 원활하고 효과적인 실시를 도모하기 위해, 사회적 신망이 있고 또한 지역 학교 협동 활동의 추진에 열정과 식견을 가진 사람 중에서 지역 학교 협동 활동 추진위원을 위촉할 수 있다.

② 지역 학교 협동 활동 추진위원은, 지역 학교 협동 활동에 관한 사항에 대해 교육위원회의 시책에 협력하고, 지역 주민 등과 학교 간의 정보 공유를 도모하는 것과 동시에, 지역 학교 협동 활동을 실시하는 지역 주민 등에 대한 조언, 기타 원조를 행한다.

(2) 아동복지법(児童福祉法)

「아동복지법」

(1947년 12월 12일 법률 제164호)

제6조의 2   이 법률에서, 방과 후 아동 건전 육성 사업(放課後児童健全育成事業)이란, 초등학교에 취학하고 있는 대개 10세 미만의 아동으로서, 그 보호자가 노동 등에 의해 낮에 가정에 없는 것으로, 정령(政令)으로 정하는 기준에 따라 수업 종료 후에 아동 후생 시설(児童厚生施設) 등의 시설을 이용하여 적절한 놀이 및 생활의 장을 제공하고, 그 건전한 육성을 도모하는 사업을 말한다.

제21조의 8   시정촌(市町村)은, 다음 조(次条)에서 규정하는 육아 지원 사업과 관련되는 복지 서비스, 기타 지역의 실정에 맞는 치밀한 복지 서비스가 적극적으로 제공되어, 보호자가 그 아동 및 보호자의 심신의 상황, 그 사람이 처한 환경 기타 상황에 따라 해당 아동을 양육하는 데 가장 적절한 지원을 종합적으로 받을 수 있도록 복지 서비스를 제공하는 자 또는 이에 참여하는 사람의 활동의 연계 및 조정을 도모하도록 하는 것이나 기타 지역의 실정에 따라 체제의 정비에 노력하여야 한다.

제21조의 9   시정촌은, 아동의 건전한 육성에 이바지하기 위해, 그 지역 내에서 방과 후 아동 건전 육성 사업 및 육아 단기 지원 사업과 다음에 열거하는 사업으로서 주무성령(主務省令)으로 정하는 것(이하 '육아 지원 사업'이라 함)이 착실하게 실시 될 수 있도록 필요한 조치의 실시에 노력하여야 한다.

① 아동 및 그 보호자 또는 다른 사람의 거택에서 보호자의 아동 양육을 지원하는 사업

② 보육소(保育所) 기타 시설에서 보호자의 아동 양육을 지원하는 사업

③ 지역 아동의 양육에 관한 제반 문제에 대해 보호자의 상담에 따라 필요한 정보의 제공 및 조언을 하는 사업

제21조의 10   시정촌은, 아동의 건전한 육성에 기여하기 위해 지역 실정에 맞는 방과 후 아동 건전 육성 사업(放課後児童健全育成事業)을 실시함과 동시에, 당해 시정촌 이외의 방과 후 아동 건전 육성 사업을 하는 자와의 제휴 도모 등에 의해 제6조의 2, 제2항에 규정하는 아동의 방과 후 아동 건전 육성 사업의 이용 촉

진에 노력하여야 한다.

제21조의 11   시정촌은, 육아 지원 사업에 관하여 필요한 정보를 제공함과 동시에, 보호자로부터 요청이 있을 때에는 당해 보호자의 희망, 아동의 양육 상황, 해당 아동에게 필요한 지원 내용, 기타 사정을 감안하여, 당해 보호자가 가장 적절한 육아 지원 사업을 이용할 수 있도록 상담에 응하고 필요한 조언을 한다. 시정촌은, 전항(前項)의 조언을 받은 보호자로부터 요청이 있을 경우에는 필요에 따라 육아 지원 사업의 이용에 대해 알선 또는 조정을 실시하는 것과 동시에, 육아 지원 사업을 하는 자에 대하여 당해 보호자의 이용 요청을 하는 것으로 한다.

제21조의 15   국가, 도도부현(都道府県) 및 시정촌(市町村) 이외의 육아 지원 사업을 하는 자는, 후생노동성령(厚生労働省令)으로 정하는 바에 따라 그 사업에 관한 사항을 시정촌장(市町村長)에게 신고할 수 있다.

제21조의 16   국가 및 지방공공단체(地方公共団体)는, 육아 지원 사업을 하는 자에 대해 정보 제공, 상담 기타 적절한 지원을 하도록 노력하여야 한다.

제21조의 17   국가 및 도도부현은, 육아 지원 사업을 하는 자가 행하는 복지 서비스의 질 향상을 위한 조치를 지원하기 위한 연구 기타 보호자의 아동 양육을 지원하고, 아동의 복지를 증진하기 위해 필요한 조사 연구의 추진에 노력하여야 한다.

제34조의 7   시정촌, 사회복지법인 그 외의 자는, 사회복지법(社会福祉法)이 정하는 바에 따라 방과 후 아동 건전 육성 사업을 할 수 있다.

제49조   이 법률에서 정하는 것 외에, 아동 자립 생활 지원 사업(児童自立生活援助事業) 및 방과 후 아동 건전 육성 사업(放課後児童健全育成事業)과 아동 복지시설의 직원 기타 아동복지시설 등에 관하여 필요한 사항은 지침으로 정한다.

제56조의 6   아동 자립 생활 지원 사업 또는 방과 후 아동 건전 육성 사업을 하는 자 및 아동 복지 시설의 설치자는, 그 사업을 수행하거나 또는 그 시설을 운영함에 있어서 상호 연계를 도모하면서, 아동과 그 가정에서의 상담에 응하고 기타 지역의 실정에 맞는 적극적인 지원을 할 수 있도록 노력하여야 한다.

(3) 아동복지법시행령(児童福祉法施行令)

> **「아동복지법시행령」**
>
> (1948년 3월 31일 정령 제74호)
> **제1조** 아동복지법(이하 '법'이라 함) 제6조의 2, 제2항에 규정하는 방과 후 아동
> 건전 육성 사업은, 이를 이용하는 아동의 건전한 육성을 도모할 수 있도록 위생
> 및 안전이 확보된 설비를 갖추는 것 등(衛生及び安全が確保された設備を備え
> る等)에 의해 적절한 놀이 및 생활의 장을 제공하여 실시되어야 한다.

(4) 발달장애자지원법(発達障害者支援法)

> **「발달장애자지원법」**
>
> (2004년 12월 10일 법률 제167호)
> (방과 후 아동 건전 육성 사업의 이용)
> **제9조** 시정촌은, 방과 후 아동 건전 육성 사업에 대해서, 발달장애아의 이용 기
> 회의 확보를 도모하기 위해 적절한 배려를 하여야 한다.

(5) 사회복지법(社会福祉法)

> **「사회복지법」**
>
> (1951년 3월 29일 법률 제45호)
> (정의)
> **제2조** 이 법률에서 "사회복지사업"이라 함은 제1종 사회복지사업 및 제2종 사
> 회복지사업을 말한다.
> 3 다음에 제시하는 사업을 제2종 사회복지사업이라 한다.
> ② 아동복지법에 규정된 아동 자립 생활 지원 사업, 방과 후 아동 건전 육성 사업
> 또는 육아 단기 지원 사업, 동법에 규정하는 조산 시설, 보육소, 아동 후생 시설
> 또는 아동 가정 지원 센터를 경영하는 사업 및 아동의 복지 증진에 대한 상담에
> 부응하는 사업.

(6) 교육기본법(教育基本法)

「교육기본법」

(2006년 법률 제120호)

제13조   학교, 가정 및 지역 주민 기타 관계자는 교육에 있어서 각각의 역할과 책임을 자각하고, 상호 연계 및 협력에 노력한다.

---

4) '방과 후 어린이 교실' 운영 사례

도쿄도(東京都) 하치오지시(八王子市)에서는 2007년도부터 시내 초등학교 학구를 단위로 지역의 인재와 자원 봉사자의 도움을 받아 방과 후나 주말, 방학 등에 초등학교의 시설을 활용하여 어린이들에게 안전하고 안심할 수 있는 곳을 제공하는 '방과 후 어린이 교실'을 운영하고 있다.

운영은 PTA나 자치회원 등으로 구성된 초등학교 학구별 소속 단체가 실시하고 있으며, 현재 실시 중인 59개 초등학교에서는 아이들이 안전 관리원의 보호하에 방과 후 학교 운동장이나 교실 등을 이용하여 자유롭게 놀거나 학습할 수 있다.

시에서는 더 많은 아이에게 안전하고 안심할 수 있는 장소를 제공하기 위해 학부모 설명회를 개최하는 등 실시 교실의 확대에 노력하고 있다.

• 활동 일시: 활동 날짜는 각 실시 교실에 따라 다르다. 활동 시간은 방과 후부터 저녁노을이 물들기(3월부터 10월까지는 오후

5시, 11월부터 2월까지는 오후 4시)까지이다.

- 참가 대상: 원칙적으로 사업을 실시하는 초등학교에 통학하고 방과 후 어린이 교실에 등록한 1학년에서 6학년까지의 아동이다.
- 안전 관리 등: 아동을 보호하는 안전 관리원을 실버 인재 센터에 있는 사람이나 지역 주민에게 부탁하고 있으며, 지역 주민의 협력을 통해 아이들 지도를 하고 있다.
- 참가 방법 및 비용: 각 초등학교 지역 방과 후 아동 교실에 등록하고 있는 아동의 참여는 자유다. 활동 내용에 따라 교재비 등 실비를 징수하는 경우도 있으며, 보험(임의)은 실비 부담이다.
- 기타: 방과 후 어린이 교실은 지역 주민들의 협력을 바탕으로 아이들에게 안전하고 안심할 수 있는 자리를 마련하는 것을 목적으로 하고 있으나 학동 클럽(学童クラブ) 같은 아동을 보육하는 사업은 없다. 방과 후 어린이 교실 참여에 대해서는 각 가정에서 상의한 후, 각 교실의 규칙을 지키면서 자기 책임으로 참여하도록 부탁하고 있다.

⛩2 방과 후 어린이 종합 계획

1) 개요

일본은 저출산 고령화가 진행되는 가운데 일본 경제의 성장을 지속하기 위해서, 최대의 잠재력이라고 여기는 여성들이 그들의 역

량을 최대한 발휘할 수 있도록 '여성이 빛나는 사회(女性が輝く社会)'를 실현할 필요성을 느끼고, 이를 위해 안전해서 안심하고 자녀들을 맡길 수 있는 환경을 정비하는 것이 필요하다고 인식하였다.

따라서 현재 보육소의 「대기 아동 해소 가속화 플랜(待機児童解消加速化プラン)」만이 아니라, 보육소를 이용하는 맞벌이 가정 등에서의 아동의 초등학교 취학 후에도 안전·안심할 수 있는 방과 후 장소 등의 확보라는 과제에 직면하게 된다. 이른바 '초1의 벽(小1の壁)'을 타파하기 위해서는 보육 서비스의 확충뿐만 아니라, 아동이 방과 후 안전·안심하며 지낼 수 있는 곳도 정비해 나갈 필요가 있다는 것이다. 또한, 차세대를 짊어질 인재 육성의 관점에서, 맞벌이 가정 등의 아동뿐만 아니라 모든 아동이 방과 후 다양한 체험 활동을 할 수 있도록 하는 것이 중요하며, 모든 아동을 대상으로 종합적인 방과 후 대책을 강구해야 한다는 필요성을 인식하게 된다(文部科学省f).

이러한 관점에서 후생노동성 및 문부과학성이 협력하여 검토를 진행, 2014년 5월 산업 경쟁력회의 과제별 회의에서 양성 장관의 이름으로 '방과 후 아동 클럽(放課後児童クラブ)'의 영역을 확대함과 동시에, 일체형(一体型)을 중심으로 한 방과 후 아동 클럽 및 방과 후 어린이 교실의 계획적인 정비를 할 방침을 밝혔다. 또한 2014년 6월 24일에 결정된 '일본재흥전략(日本再興戦略) 개정 2014'에서 "(생략) 이른바 '초1의 벽(小1の壁)'을 타파하고 차세대를 짊어질 인재를 육성하기 위해 후생노동성과 문부과학성이 공동으로 '방과 후 어린이 종합 계획(放課後子ども総合プラン)'을 중반에 책정 (생략)" 하는 것으로 되어 이를 근거로 '방과 후 어린이 종합 계획'을 수립한다.

즉, 문부과학성(文部科学省)에서의 '방과 후 어린이 교실(放課後子供教室)'은 모든 어린이를 대상으로, 지역 주민들의 참여를 얻어 학습과 다양한 체험·교류 활동, 스포츠·문화 활동 등의 기회를 제공하기 위한 노력이고, 후생노동성의 '방과 후 아동 건전 육성 사업(放課後児童健全育成事業)'은 보호자가 노동 등에 의해 낮에 가정에 없는 아동에게 적절한 놀이 및 생활의 장을 제공하고자 하는 것이다.

2) 사업 계획에 따른 역할

일본은 모든 아동이 안전·안심하며 있을 수 있는 장소 등의 확보라는 관점에서 초등학교 여유 교실의 활용이나, 교육과 복지의 제휴 방법에 대한 검토에 따라 '방과 후 아동 클럽' 및 '방과 후 어린이 교실'을 효율적으로 운영할 준비를 추진한다.

이에 시정촌이 계획적으로 양 사업의 정비를 추진하도록 하고, 국가는 '방과 후 어린이 종합 계획(放課後子ども総合プラン)'에 기초한 대처 등에 대해, 「차세대 육성 지원 대책 추진법(2003년 법률 제120호)」에 기초하여 2014년 가을 책정 예정의 새로운 행동 계획 지침에 다음의 내용을 넣도록 하고 있다(文部科学省f).

(1) 시정촌 행동 계획에 포함할 내용

• 방과 후 아동 클럽의 2019년도에 달성해야 할 목표 사업량
• 일체형의 방과 후 아동 클럽 및 방과 후 어린이 교실의 2019년

도에 달성해야 할 목표 사업량

- 방과 후 어린이 교실의 2019년도까지 정비 계획
- 방과 후 아동 클럽 및 방과 후 어린이 교실의 일체적인 또는 제휴에 의한 실시에 관한 구체적인 방책
- 초등학교 여유 교실 등의 방과 후 아동 클럽 및 방과 후 어린이 교실에의 활용에 관한 구체적인 방책
- 방과 후 아동 클럽 및 방과 후 어린이 교실의 실시에 관련된 교육위원회와 복지부국(福祉部局)의 구체적인 제휴에 관한 방책
- 지역의 실정에 따른 방과 후 아동 클럽의 개소(開所) 시간 연장에 관한 대처 등

(2) 도도부현 행동 계획에 포함할 내용

- 지역의 실정에 따른 방과 후 아동 클럽 및 방과 후 어린이 교실의 연수 실시 방법, 실시 횟수 등(연수 계획)
- 방과 후 아동 클럽 및 방과 후 어린이 교실의 실시에 관련된 교육위원회와 복지부국의 구체적인 제휴에 관한 방책 등

3) 사업 추진 상황

2016년 3월 말, 방과 후 어린이 종합 계획(放課後子ども総合プラン)의 추진 상황 조사에서 '방과 후 어린이 교실'과 '방과 후 아동 클럽'의 '일체형(동일한 초등학교 등에서 공통의 프로그램을 실시)'이 3,549개소에서 실시되고, 동일한 초등학교에서 양 사업을 실시하

고 있는 곳은 5,219개소다. 또한 초등학교와 기타의 장소에서 '방과 후 어린이 교실'과 '방과 후 아동 클럽'의 공통 프로그램을 실시하고 있는 곳은 2,044개소다. 이에 문부과학성과 후생노동성은 상호 협력 하에 '일체형'의 추진을 위한 많은 노력을 기울이고 있다.

2014년 7월 '방과 후 어린이 종합 계획(放課後子ども総合プラン)' 에서는 2019년 말까지 모든 초등학교구(약 2만 개소)에서 양 사업을 일체적으로 또는 연대하여 실시하고, 그 중 1만 개소 이상을 일체 형으로 할 것을 목표로 하였다. 그러나 '일본 1억 총활약 대책(2016년 6월 2일 각의 결정)'에서는 모든 초등학교구(약 2만 개소)에서 '방과 후 어린이 교실'과 '방과 후 아동 클럽'을 일체적 또는 연대하여 실 시하고, 그중 1만 개소 이상을 일체형으로 한다는 것과 또한 사업 추진의 가속화를 위해 계속하여 학교시설 활용을 촉진함과 동시에 다음과 같이 제기된 문제에 따른 추가적인 정비를 2018년 말까지 전도(前倒)하여 실현할 방책을 검토하였다. 통계자료는 일체형을 추 진하기 위해 직면한 문제에 관한 시정촌의 복수선택 설문조사 결과 에 의한 것이다(文部科学省d).

(1) 인재 확보 문제

일체형 실시에 따른 인재 확보 곤란을 62.1%가 느끼고 있으며, 국가의 재정 지원이 불충분하다는 응답률이 19.6%였다. 이 문제해 결을 위한 대처로 '방과 후 어린이 교실의 교육활동 추진위원, 교육 활동 서포터 등의 배치 촉진(특히 일체형에 관한 인재 배치를 중점으 로 지원)(2017년 예산안: 문부과학성)'과 '방과 후 아동 지원위원 등의 자질 향상, 인재 확보를 위한 연수의 추진(2017년 예산안: 후생노동성)' 및 '방과 후 아동 지원위원의 처우 개선 등의 사업 실시(2017년 예산안: 후생노동성)'를 지속적으로 추진하고, 신규 사업으로 '지역 전체에서 어린이의 성장을 지지하는 '지역학교협동본부(地域学校協働本部)'의 정비 추진 및 지역과 학교를 잇는 지역 코디네이터의 배치 촉진에 의한 지역 인재의 방과 후 어린이 교실에의 참가 촉진(2017년 예산안: 문부과학성)' '방과 후 아동 클럽의 운영비 보조 기준액의 증액(2017년 예산안: 후생노동성)' '경험 등에 부응한 직원의 처우 개선의 촉진(2017년 예산안: 후생노동성)' 등을 계획하고 있다.

(2) 설비 문제

일체형 실시를 위한 설비 등이 불충분하다고 37.7%가 응답하였다. 이의 문제해결을 위한 계속 사업으로 '방과 후 아동 클럽을 실시하기 위한 기존 시설의 수리, 설비의 정비 등을 추진(2017년 예산안: 후생노동성)' 하고, 신규 사업으로 '일체형의 방과 후 어린이 교실의 설비(파티션, 공간 설비 등)나 공통 프로그램 충실을 위한 비품(ICT기기 등)의 정비를 지원(2016 보정예산: 문부과학성)' 하고, '방과 후 아동 클럽에 있어서 ICT화의 추진(2016 보정예산: 후생노동성)'을 하고 있다.

(3) 장소 문제

초등학교에 여유 교실이 없다는 응답이 47.0%가 나왔다. 이의 문제해결을 위한 계속 사업으로 문부과학성과 후생노동성은 공동으로 '자치체 설명회(自治体 説明会)' 등을 실시하여, '일체형'의 추진이나 학교시설 등을 효율적으로 활용하는 것에 대해 주지시키고, 방과 후 어린이 교실이나 방과 후 아동 클럽, 학교 관계자가 기획하는 시정촌별, 학교구별 '협의회(協議会)'를 활용한 학교시설 등의 활용에 대한 검토를 자치체에 권유하고 있다. 또 신규 사업으로 '방과 후 아동 클럽 창설 정비' 등에 관련된 보조 기준액의 상승에 더해 대기 아동이 있는 경우 보조율을 올려 지원하고 있다(2016년 예산부터 실시: 후생노동성).

(4) 연대 문제

교육위원회와 복지부국 등 자치체 내에 있어서 양 사업의 이해, 실시의 경우 연락 조정이 곤란하다는 응답이 29.3%이고, 초등학교 교장의 이해를 얻는 것이 곤란하다는 응답이 6.8%다. 이의 해결을 위하여 '종합교육회의(総合教育会議)'를 활용하여 추진하고 있고, 신규 사업으로 '동일 초등학교 내에서 양 사업을 추진하고 있는 학교(5,219개소)에 대한 공통 프로그램 실시를 유도'하고, 일체형의 우수 사례(공통 프로그램 충실, 학교시설 등의 효율적 활용, 종합교육회의 활용)를 모아 양 기관의 홈페이지를 활용하여 적극 홍보한다. 또한 일체형 촉진에 관련된 문제해결을 위해 '방과 후 어린이 교실'과 '방

과 후 아동 클럽' 관계자를 대상으로 하는 '일체형 추진 포럼(가칭)'
을 문부과학성과 후생노동성이 공동 주최하고, 후생노동성은 방과
후 아동 클럽 운영지침 해설서를 제작할 계획이다.

3 방과 후 어린이 교실과 어린이의 안전(방범) 대책

1) 어린이의 안전(방범) 대책

어린이를 노린 범죄가 다발하고 있는 가운데 2007년 10월 일본
가코가와(加古川)에서 초등학교 2학년 여자 아이가 집 앞에서 흉기
에 찔려 사망하는 사건이 발생하기까지 하는 등 아이들이 범죄에
연루되는 사건이 여전히 많이 발생하고 있다[子供の安全(防犯)対
策].

2013년의 형법범(刑法犯)에 따른 아동(소년, 20세 미만)의 피해건
수는 20만 921건이고 형법범 피해 건수에서 차지하는 아동의 비율
은 19.1%로 나타나 있다(2012년 19.9%).

취학별 범죄 피해의 인구당(인구 10만 명당 인지건수) 기타 소년(미
취학 아동, 초등학생, 중학생 제외) 2,277.08건, 중학생 1,291.60건, 초
등학생 302.38건, 미취학 아동 7.32건으로 되어 있다.

어린이의 피해 건수를 주요 처벌 종별(罰種別)로 보면 절도가
75.4%로 가장 많았고, 폭행 3.0%, 상해 2.6%, 강제 추행 0.7%, 공
갈 0.3%로 나타나 있다.

또한 아동이 피해자가 되는 비율이 높은 죄종(罪種)에 대해 보면

약취·유괴(略取·誘拐, 84.9%), 강제 추행(强制わいせつ, 51.6%), 과다 노출(公然わいせつ, 46.5%), 강간(39.5%), 공갈(38.6%) 등이 전 형법범(全刑法犯) 피해 건수에서 차지하는 어린이의 비율(19.1%)보다 높게 나와 있다. 범죄를 당하지 않기 위해 어떤 범죄가 많은지 알고 주의하는 것이 필요하다.

- 발생 시간: 오후 2시부터 오후 6시경에 다발하고 있다. 하교 시부터 저녁 시간까지로 요즘은 아침 등교 시의 피해도 증가하고 있다.
- 계절은 7~10월이 많다.
- 발생 장소: 주차장이나 주륜장(駐輪場)에서 50%에 이어 도로상에서 많이 일어나고 있다. 주차(륜)장에서의 주요 피해는 절도이지만 강도나 상해, 강제 추행, 체포·감금 및 약취·유괴는 도로에서 피해당하는 비율이 높다.
- 혼자 행동하는 시간대가 가장 위험하다. 특히 하교 시에는 아무래도 혼자가 될 시간대가 생기기 때문에 주의가 필요하다.
- 공원, 나무나 건물로 잘 보이지 않는 공원, 주변에 노상 주차가 있는 공원, 건물에 낙서가 있는 공원은 피한다. 차 안에서 형세를 살피고 있을 수 있으므로 주의한다.
- 엘리베이터 안은 밀실이 되기 때문에 주의가 필요하며, 모르는 사람과 함께 타지 않는 습관을 갖는 것이 중요하다.
- 뒤에서 공격하지 않도록 엘리베이터 출입구의 조작 버튼 앞에 벽을 등지고 타고, 언제든지 비상벨과 각 층의 버튼을 누를 수 있도록 한다.

- 카메라를 설치하고 녹화 감시하고 있다는 것을 씰 등으로 엘리베이터 주위에 붙여둔다(억제 효과).

2) 집 주변의 방범 대책 포인트

- 집 건물 주변 정리 정돈, 담은 낮게, 식목도 정리하고 도로에서의 전망을 좋게 한다. 사각지대를 만들지 않는다.
- 건물 주변에 가로등을 켜서 밝게 한다.
- 아파트의 경우 통로와 옥상, 엘리베이터 등에 카메라를 설치함과 동시에 외부인을 구내 및 건물에 자유롭게 출입할 수 없도록 한다.
- 창문과 문 자물쇠는 따기나 파괴 행위에 강한 것으로 바꾸고 보조 열쇠를 외부에서 보이지 않는 곳에 보관하는 등 관리를 철저히 한다.
- 창문을 열어 둔 채로 두거나, 자물쇠 잠그는 것을 잊지 않는다.
- 자전거 두는 곳이나 주차장에는 조명을 켜서 밝게 한다. 동작 감지센서 조명도 효과적이다.
- 방범 카메라, 침입 경보 시스템, 슈퍼 방범 등 이상시 통보 비상 버튼 시스템을 설치한다.
- 방범 순찰을 지역에서 실시한다. 노인회, PTA 등 지역에서 할 수 있는 것을 한다.

3) 안전지도를 함께 작성

행동 범위에 있는 '사각 지대'를 파악하는 데 '안전지도(安全マップ)' 제작이 유효하다.

가능하면 아이와 함께 통학로를 걸으며 위험 장소를 알려 준다. 방과 후 어린이 교실이 끝난 후에도 '홀로 있는 시간대나 장소를 파악하고, 어디가 위험한지, 도움을 요청하려면 어디로 가야 하는지(아동 110번의 집, 편의점, 파출소, 병원 등)'도 함께 확인한다.

- 방범 부저, 호각, 휴대 전화는 항상 즉시 꺼낼 수 있는 곳에 둔다. 가방 안에 있으면 만일의 경우에 도움이 되지 않는다. 사용법도 연습한다.
- 방범 부저는 음량이 큰 것을 사용한다. 부저와 음성을 병용한 음성방범 부저도 효과가 크다. 배터리가 소진되어 있지 않은지 항상 확인한다.
- 큰 소리로 도움을 요청하는 연습을 한다(이불을 뒤집어쓰고, 배에 힘을 주어 소리를 내본다). "살려줘요" "경찰을 불러줘요" 등 무엇이라 소리칠까도 가르친다.
- 학원에서 돌아오면서 안전 확인전화를 철저히 한다.
- '아동 110번의 집(子供110番の家)'의 마크를 알려 준다. 근처에 없을 때는 편의점이라도 좋으니 뛰어 들어가라고 가르친다.
- 집단 등 · 하교를 실시한다.
- 경찰은 수상한 사람에 대한 정보를 체크한다.
- 방범 순찰차 등에 의한 '사람의 눈(人の目)'과 방범 카메라, 슈

퍼 방범등과 같은 시스템으로 아이들을 보호한다.

아이가 피해를 당했거나 당할 뻔했을 때 '혼나는 것이 아닐까' 우려해 부모에게 말하지 않는 경우가 많다. '말하면 좋지 않을지도 몰라' '말하면 혼날지 몰라' 등 자신이 비난받는 것에 민감하다. 또한 "집안사람에게는 말하지 말라"라고 협박이나 위협을 받았을 경우도 있다. 피해에 충격을 받아 목소리가 나오지 않는 경우도 있다. 자녀와 의사소통을 충분히 함과 동시에 아이의 모습이 평소와 다를 경우에는 상냥하게 말을 걸어 주는 것이 중요하다.

4) 아동의 안전대책 링크자료와 사례

(1) 안전대책 링크자료

어린이를 범죄로부터 보호하기 위해 경시청(警視庁)과 경찰청(警察庁) 사이트에 게재되어 있는 방범 텍스트와 방범 게임으로 아이들과 함께 안전대책을 세울 수 있다(防犯泥棒大百科a).

- 경시청–소년을 범죄로부터 보호~두근 두근 마아짱 게임(警視庁–少年を犯罪から守る~ドキドキまあちゃんゲーム) / http://www.keishicho.metro.tokyo.jp/seian/dokidoki/index.html
- 경찰청–어린이 방범 텍스트 '모두 조심해요'(警察庁–子ども防犯テキスト 'みんなで気をつけようね') / http://www.npa.go.jp/safetylife/seiankis8/kodomo.html

- 교토부경찰-켄타로군의 외출(京都府警−健太くんのおでかけ)/ http://www.pref.kyoto.jp/fukei/anzen/seiki_t/kenta/index.html
- "주인공 켄타로군이 혼자 외출한다. 친구의 집에 무사히 도착할 수 있을까?" (아이가 혼자 나갈 때의 주의 사항 등을 알기 쉽게 해설한 그림책이다.)

도도부현 경찰 본부에서는 보호자를 위한 안전 대책 페이지나 발생한 사안의 정보를 게재하고 있다.

- 경시청-어린이의 범죄 피해 방지 대책(警視庁−子どもの犯罪被害防止対策)/ http://www.keishicho.metro.tokyo.jp/seian/bouhan/yuukai/uukai.html
- 교토부경-어린이 안전 정보(京都府警−子ども安全情報)/ http://www.pref.kyoto.jp/fukei/anzen/seiki_t/kodomoanzen/index.html
- 치바현 경찰-어린이를 범죄로부터 보호합시다!(千葉県警察−子どもを犯罪から守りましょう！)/ http://www.police.pref.chiba.jp/safe_life/juvenile_delinquency/save_children/html
- 토치기현 경찰-어린이의 안전 확보에 대해(栃木県警察−子どもの安全確保について)/ http://www.pref.tochigi.lg.jp/keisatu/seikatu/anzenkakuho.html
- 시즈오카현 경찰-어린이 안전 정보(静岡県警察−子ども安全情報)/ http://www.police.pref.shizuoka.jp/anzen/top.html
- 아이치현 경찰-어린이가 위험하다! 도움 요청 사안 발생 정보(愛知県警察−子どもが危ない！声かけ事案等発生情報)/ http://www.pref.aichi.jp/police/safety/zyosei_kodomo/koekake.html
- 나라현 경찰-어린이에게 불안을 주는 사안(奈良県警察−子どもに不安を与える事案)/ http://www.police.pref.nara.jp/fusinshamap/kodomo-fuan-jian.html

- 에히메현 경찰−납치되지 않는 모두의 규칙!(愛媛県警察−ゆうかい されない みんなのルール！)/ http://www.police.pref.ehime.jp/syonen/yuukai.html
- 구마모토현 경찰−윳삐 안심 이메일 (도움 요청 사안 발생 등의 정보 전달). [熊本県警察−ゆっぴー安心メール(声かけ事案発生などの情報配信)]/ http://www.police.pref.kumamoto.jp/
- 미야자키현 경찰−어린이 안전(宮崎県警察−こども安全)/ http://www.pref.miyazaki.lg.jp/police/local/hanzai/kodomo/index.html

(2) 안전대책 사례

- 야마구치현 경찰−어린이들을 지키자(山口県警察−子どもたちを守ろう) http://www.police.pref.yamaguchi.jp/0210/yokushi/kodomoF.html 야마구치현 경찰은 지역의 아이들을 범죄 등으로부터 보호하기 위해 다음을 추진하고 있다.
  - 학교 통학로 등의 등·하교 시간대의 경계 강화
  - 학교, 유치원을 대상으로 한 방범 교실·방범 훈련 실시
  - 어린이의 안전 확보를 위해 참고가 되는 정보 제공
  - 방범 부저 등 방범 기기의 보급 촉진 등
- 야마구치현 경찰은 지역의 아이들이 안전하고 안심하고 살 수 있는 환경을 제공하기 위해 경찰 등의 활동뿐만 아니라 지역 주민의 따뜻한 주시의 눈과 배려가 중요하다고 호소한다. 또한 다음과 같이 안심지도(安心マップ)를 작성하여 활용하고 있다(http://www.police.pref.yamaguchi.jp/0210/map/map.html).
  - 안심지도의 목적: 안심지도는 경찰에서 인지한 범죄 정보를 지도상에 표시하여, 눈으로 보아 알기 쉬운 형태로 자신이 살고 있는 지역, 자신이 근무하는 지역의 범죄 발생 상황을 알 수 있도록 하는 등 일상생활의 방범을 목적으로 작성되어 있다.

- 안심지도의 견해: 야마구치현(山口県) 경찰에서 공개하고 있는 안심지도는 '핀 지도(ピンマップ)'와 '밀도 분석지도(密度分析マップ)' 2종류가 있다. 핀 지도는 범죄 발생 지점을 직접 포인트로 표시하고 있고, 밀도 분석지도는 지역의 범죄 발생 밀도를 색으로 구분 된 형태로 표현하여 색칠되지 않은 장소는 발생이 없는 것을 보여 준다. 안심지도는 범죄 밀도가 높은 지역을 주로 게재하고 있기 때문에 범죄 밀도가 낮은 지역에서는 상세하게 확인할 수 없는 경우가 있다.
- 안심지도의 구조: 안심지도의 구조는 야마구치현 경찰에서 도입한 지리 정보 시스템을 통해 범죄 정보 중 발생지 데이터를 읽어 들여 표시하도록 되어 있다. 밀도 분석지도의 색상은 경찰청 과학 경찰 연구소에서도 범죄 지리 분석에 사용하고 있는 '커널 밀도 분석법(カーネル密度分析法)'이라는 기술로 분석하고 있다.
- 주의 사항: 지도 정보의 작성은 시스템에서 자동 처리를 하고 있는데, 시스템에서 판별할 수 없는 발생지 데이터는 시청, 동사무소의 위치에 표시하도록 되어 있다. 이 때문에 시청, 동사무소 위치에서 발생 밀도가 높게 나타날 수 있다. 밀도 분석지도는 모두 같은 색 구분을 하고 있지만, 죄종(罪種)별로 발생건수가 다르기 때문에 죄종간(罪種間)에 지도상의 색을 구분하여 발생건수를 비교할 수는 없다. 안심지도에서는 시스템 관계상, 시정촌 합병 등에 의한 행정구역계 및 도시 이름의 변경이 지연될 수 있다.

4 시사점

2014년 우리나라의 돌봄사업(돌봄교실, 방과 후 학교) 운영 현황은 다음의 〈표 7-2〉와 같다(이한복, 2015). 교육부, 보건복지부, 여성가족부 등 주관 부서를 달리하여 운영되고 있는 상황이고, 운영방법이나 운영형태도 각양각색이다.

〈표 7-2〉 돌봄사업 현황

주관부서	운영기관	장소	대상	내용	참여시설·인원
교육부	방과 후 지원 센터	방과 후 교실 초등돌봄교실	저소득층 및 맞벌이 가정 초등학교 저학년	[무료 지원] 기초생활수급 대상자, 차상위계층 등 [수익자 부담] 일반 맞벌이 가정 자녀	7,086교실 15.9만 명 (무상 참여율 66.4%)
보건 복지부	지역아동 센터	지자체 등록시설 (개인, 단체)	18세 미만 취약계층	보호, 학습지도, 급식, 상담서비스	4,036개소 108,357명
여성 가족부	청소년 방과 후 아카데미 중앙지원단	지자체 청소년수련 시설	저소득층 청소년 (초4~중2)	체험활동, 특기적성 프로그램	200개소 8,000명

출처: 김광혁(2014).

　우리나라는 1970년에 저소득층 대상의 '공부방'을 운영하던 것이 방과 후 아동지도의 시초다. 1992년에는 '초등학교 방과 후 특별교육 금지'가 내려지기도 하였으나, 2006년 교육인적자원부는 자율성, 다양성, 개방성이 확대된 혁신적인 교육체제로의 '방과 후 학교'를 도입하여 운영하게 된다. 즉, 아이들이 학교가 끝난 후 학교 시설을 활용한 특기적성교육의 일종인 '방과 후 교육'이 있었고, 2004년 교육인적자원부에 의한 '초등돌봄교실' 운영이 권장되었으나, 2006년 초등학교의 특기적성교육과 돌봄교실을 '방과 후 학교'로 통

합한 것이다.

그러나 운영되고 있는 상황이 수요에 못 미쳐 많은 학생이 혜택을 입지 못하고 있는 실정이다. 또한 시청 등 지방자치단체에서 운영하고 있는 지역 돌봄교실이나 방과 후 교실 등이 있으나 학교를 마치고 그 '장소로 이동할 때까지 누가 돌볼 것'이며 만일의 경우 '누가 책임질 것인가?'에 대한 안전·안심에 대한 문제로 제대로 협력이 되고 있지 않은 실정이다. 이에 일본에서 실행되고 있는 '방과 후 어린이 교실(放課後子ども敎室)'이 안전·안심 교육으로서의 역할을 어떻게 하고 있는가에 대한 구체적인 사례에서 우리 교육에 주는 시사점을 찾을 수 있다.

경기도교육청에서는 교육과정의 정상화를 지원하자는 것과 함께 『4·16교육체제 비전과 전략 연구』(이한복, 2015)에서 '미래형 학습환경 조성'의 일환으로 '돌봄사업(방과 후 학교 및 돌봄교실)을 마을사업으로의 전환'을 제안하고 있다.

즉, '중앙 사업부서에서 각자 운영하는 돌봄사업을 통합지원하고, 마을 주민(학부모, 시민단체, 전문가 등)이 학교와 협력하여 돌봄사업을 직접 운영(비정규직이나 계약직 형태가 아닌 정규직 형태의 일자리 창출로 장기적인 운영체제 확립)하며, 학교협동조합 설립을 통해 돌봄사업(돌봄교실, 방과 후 학교, 주말학교 등)을 운영 및 지원하여, 지역사회 교육역량 증진 및 돌봄과 놀이, 일이 어우러지는 미래형 마을을 구축'한다는 것이다.

또한 서울시 금천혁신교육지구에서는 금천구와 서울특별시남부교육지원청이 협력하여 '학교를 품은 마을'이라는 슬로건 하에 방과 후 학교를 마을 중심의 방과 후 활동으로 전환하고, 마을 방과 후 학교의 활성화, 자치구 단위 마을 방과 후 추진단을 구성 운영 (경기도교육청, 2016)하여 2017년 3월부터 방과 후 학교를 지역사회와 함께 운영하고 있다.

이러한 시점에 일본에서 후생노동성과 문부과학성이 공동으로 '방과 후 어린이 종합 계획(放課後子ども総合プラン)'의 일환으로 '방과 후 어린이 교실(放課後子供教室)'을 운영하고 있는 것은 그 운영방식에 있어서나 교육지원체계, 관계 법령 제정, 안전(방범)대책 등에서 우리에게 주는 시사점이 많다고 본다.

☑ 참고문헌

경기도교육청(2016). 2016 혁신교육교사대회Ⅳ/ 혁신교육지구 나눔마당. 45-51, 66-68.

김광혁(2014). 학교사회복지실현 프로그램의 연구동향. 학교사회복지, 28, 55-80.

이한복(2015). 4 · 16교육체제 비전과 전략 연구. 경기도교육연구원. 178-179.

八王子市(八王子市放課後子ども教室). http://www.city.hachioji.tokyo. jp/kyoiku/gakushu/018775.html (2016. 5. 9.인출).

防犯泥棒大百科a(子供の安全対策リンク集). http://www.hanzai.net/ child/link.html (2017. 5. 9. 인출).

防犯泥棒大百科b(子供の安全(防犯)対策). http://www.hanzai.net/child/ index.html (2017. 5. 6. 인출).

文部科学省a(「放課後子供教室」実施状況). http://manabi-mirai.mext.go.
jp/assets/files/shared/pdf_old/houkago_sohyo.pdf (2017. 5. 6. 인출).

文部科学省b(学校・家庭・地域の連携について地域の方々への御協力
のお願い). http://manabi-mirai.mext.go.jp/cooperation/about.html
(2017. 5. 6. 인출).

文部科学省c(放課後子ども教室). http://manabi-mirai.mext.go.jp/
houkago/about.html (2017. 5. 6. 인출).

文部科学省d(放課後子供教室と放課後児童クラブの一体型の推進に
向けた取組). http://manabi-mirai.mext.go.jp/houkago/enforcement.
html (2017. 5. 6. 인출).

文部科学省e(関係法令). http://manabi-mirai.mext.go.jp/houkago/law.
html (2017. 5. 6. 인출).

文部科学省f(放課後子ども総合プランについて). http://manabi-mirai.
mext.go.jp/houkago/propulsion.html (2017. 5. 6. 인출).

山口県警察(安心マップ). http://www.police.pref.yamaguchi.jp/0210/
map/map.html (2017. 5. 6. 인출).

山口県警察(山口県警察−子どもたちを守ろう). http://www.police.
pref.yamaguchi.jp/0210/yokushi/kodomoF.html (2017. 5. 6. 인출).

제8장

학교체육활동 중 안전교육

미즈노 지즈루 (水野千鶴, 장안대학교)

제8장
학교체육활동 중 안전교육[1)]

미즈노 지즈루 (水野千鶴, 장안대학교)

1 들어가면서

2011년 6월 24일에 제정된 「스포츠기본법」에 따르면 "안전하고 공정한 환경에서 일상적으로 스포츠에 친숙하고, 스포츠를 즐기고, 또는 스포츠를 지지하는 활동에 참여할 수 있는 기회를 확보받지 않으면 안 된다."라고 제시되어 있으며 안전한 환경에서 스포츠를 할 필요성이 정해져 있다. 학교관리에서의 사고 건수는 독립행정 법인 일본스포츠진흥센터의 재해공제급부금에 따르면 급부건수가 증가 경향이 있기는 하였지만 사망사고 및 중증장애사고에서는 감소 경향이 있으며 지금까지 학교의 안전대책이 착실하게 효과를 거두고 있다고 할 수 있다. 그러나 학교안전을 확보하기 위해서는 사

---

1) 이 글은 『한국일본교육학연구』 제22권 제1호(2017)에 실린 「日本の学校安全教育とその対策」을 수정 · 보완한 것임.

망사고 및 중증장애사고는 한없이 제로로 해야 한다. 학교에서의 사고 원인을 파악한 결과 다양한 상황에서 발생하고 있다. 특히 체육활동은 사고건수가 가장 많다. 체육활동의 주요한 것은 체육수업과 운동부활동이며, 그 안전지도는 체육수업의 영역과 운동부활동의 종목에 따라 사고 상황이 다르다(文部科学省, 2012: 1).

🏛️2 학교체육활동 중 사고현상

스포츠진흥센터가 1998~2009년도에 재해공제급부금을 급부한 590사례(사망 470사례, 장애 120사례)를 기초로 분석한 결과, 체육활동 중 사망사고는 돌연사가 전체의 70% 이상을 차지하고 그 다음에 머리 외상, 익수 및 열사병의 순서로 많이 발생하고 있다. 돌연사의 80%는 심장질환계이며, 육상경기, 농구, 축구 등의 활동 중에 발생하고 있다. 또한, 중증장애에서는 척추 손상이 거의 절반을 차지하고 그 다음에 머리 외상, 심장질환이다. 척추손상에서는 럭비, 수영, 체조가, 머리 외상에서는 유도가, 심장질환에서는 육상경기가 많이 차지하고 있다. 그러나 사고건수는 매년 감소 경향에 있으며, 1998~2009년도에 걸쳐서 약 1/3로 감소했다. 감소 원인의 하나는 1995년도부터 의무화된 심전도 검사가 요인이다(文部科学省, 2012: 3).

초·중·고 학년별로 보면 초·중·고로 올라갈수록 사고가 증가하고 초등학교에서는 학년이 올라갈수록 사고가 증가했다. 중·고등학교에서는 1, 2학년에 사고가 많고 특히 고등학교에서는 1학

년 때 많이 발생하였다. 이것은 운동경험이 적은 초보자를 중심으로 일어나기 쉽다는 것을 나타내고 있다. 남녀별로 보면 5대1로 남자가 많다. 이것은 신체 접촉이 있는 운동 종목이 남자에게 많은 것과 신체가 커질수록 더 강한 충격이 가해지기 쉽다는 것을 나타내고 있다. 교육활동별로 보면 초등학교에서는 체육수업 중 사고가 60%이며 운동부활동 중 사고는 3%에 불과했다. 반면 중학교에서는 체육수업 중 사고는 28%, 운동부활동 중 사고는 58%이고, 고등학교에서는 체육활동 중 사고는 26%, 운동부활동 중 사고는 61%로 운동부활동 중 사고가 높은 비율을 차지하고 있다. 이러한 사고의 발생 상황을 토대로 안전한 교육환경을 정비해서 사고를 방지하기 위해 개인이나 운동부활동의 고문, 체육수업 담당교사만으로 대응하는 것이 아니라 학교가 조직적으로 인적요인, 환경요인, 스포츠 종목 고유의 활동요인을 분석하여 위험한 요인을 배제하기 위한 대책을 마련할 필요가 있다(文部科学省, 2012: 13).

3 체육활동의 안전한 실시

1) 사고방지에 대한 대처

학교 내에서 사고가 발생했을 경우, 그 자리에 있는 교직원은 즉시 다른 교직원의 도움을 요청하는 동시에 신속하게 응급조치를 하는 것이 원칙이고 상황에 따라서는 구급차를 요청할 필요가 있다. 이와 같이 응급조치를 적절히 실시하기 위해서는 학교의 연락통보

체제가 확립되어 있는 것이 중요하고 평소에 모든 직원에게 주지시켜 공통 이해를 도모해야 한다. 또한, 학교의 시설·설비·비품·용구 등에 있어서 지속적·계획적으로 안전점검을 실시할 필요가 있다. 시설·용구 등은 계절에 따라서도 상태가 변하기 때문에 안전점검은 정기적·임시적·일상적으로 확실하게 실시해야 한다(文部科学省, 2012: 23).

체육수업에서는 교사가 체력이나 기능에 따른 지도계획을 수립하고 명확한 목표를 설정함으로써 단계를 거듭함에 따라 무리가 없는 지도를 해 가는 것이 안전으로 이어진다. 운동부활동에서는 단기·장기를 모두 합쳐서 연습계획을 세워 나가는 것이 중요하다. 발육발달 중인 초·중·고 학생에 있어서 시합에 이기기 위한 단기간의 무리한 연습은 위험을 수반할 뿐만 아니라 장래의 경기생활에 악영향을 미칠 우려가 있다. 그러나 체육수업의 지도계획과 운동부활동의 연습계획을 세워도 실제로 계획대로 진행되지 않은 경우가 많이 있기 때문에 계절, 기온, 습도 및 활동 장소의 환경을 고려하여 열사병이나 사고를 예방할 수 있는 지도계획을 항상 재검토할 필요가 있다(文部科学省, 2012: 25-26).

2) 활동 중의 방지책

체육활동을 하기 전에 교사에 의한 건강관찰은 물론이고 학생 스스로가 본인의 컨디션을 관리하고 파악하는 것이 중요하다. 과도한 운동이나 무리한 환경에서의 활동은 다양한 사고를 유발하는 요인이 된다. 그래서 교사는 학생의 컨디션을 정확하게 판단함과

아울러 학생 스스로가 사고를 회피할 수 있는 능력을 육성하는 것이 중요하다. 또한 장시간 집중해서 계속 활동하면 판단 능력이 떨어지기 때문에 주변에 있는 학생끼리 서로 상황을 판단하여 상호 관리할 수 있는 지도도 중요하다. 체육활동 중 사망·중증장애 사고의 건수가 가장 많은 것은 돌연사이고 그 다음에 머리외상, 익수 및 열사병이다. 여기서는 돌연사, 머리 외상, 열사병, 익수 사고를 중심으로 방지책과 사고 발생 시 응급조치를 기술한다.

(1) 돌연사 대책

돌연사는 심장질환으로 인한 가능성이 높기 때문에 사전에 심전도의 이상을 확인하여 이상이 있을 경우, 2차 검진의 필요성과 그 결과를 파악해 둔다. 또한, 의사의 진단이 확인되어 있을 경우, 운동은 어느 정도까지 허가되어 있는지도 함께 확인할 필요가 있다. 이것을 확인한 후에 질주 종목에서 달리기 운동에 익숙하지 않은 단계에서는 자율신경계에 변화를 초래하는 라스트 스퍼트를 피하도록 지도해야 한다. 또한, 자동 심장충격기(AED)의 설치 장소를 파악해 두는 것도 중요하다(文部科学省, 2012: 27). 돌연사를 방지하기 위한 10가지 조건을 〈표 8-1〉에 정리했다.

〈표 8-1〉 **돌연사를 방지하기 위한 10가지 조건**

기본적인 주의사항
1. 학교 심장검진(건강진단)과 사후조치를 확실하게 실시한다.

2. 건강관찰, 건강진단을 충분하게 실시한다.
3. 건강교육에 충실하고 몸 상태가 나쁠 때에는 무리하지 않고 무리하게 하지 않는다.
4. 운동 시에는 준비 운동, 정리 운동을 충분하게 한다.
질환이 있는(의심되는) 학생에 대한 주의사항
5. 필요에 따른 검진, 올바른 치료법, 생활관리, 경과관찰을 실시한다.
6. 학교생활관리지도표의 지도 구분을 준수하고 이를 지킨다.
7. 사고의 병 상태를 올바르게 이해하고 이해시킨다.
8. 학교, 가정, 주치의 사이에서 건강상태의 정보를 교환한다.
기타, 평소의 마음가짐
9. 구급에 대한 체제를 정비하여 충실히 한다.
10. AED 사용법을 포함한 심폐소생법을 교직원과 학생 모두가 습득한다.

출처: 日本スポーツ振興センター(2013c)를 토대로 작성.

(2) 머리 외상 대책

체육활동 중에는 야구, 소프트볼, 골프 등 날아오는 볼이 직접 머리에 맞았을 때 두개골의 골절이나 두개골의 변형 등으로 뇌 좌상을 일으키거나, 럭비, 축구, 유도, 미식축구 등의 콘택트 스포츠에서 넘어져 머리를 부딪침으로써 뇌진탕이나 급성경막하혈종을 일으키는 다양한 머리 외상 사고가 발생할 수 있다. 급성경막하혈종의 경우에는 직접 머리를 세게 부딪치지 않아도 두개골과 뇌 사이에서 출혈이 하여 혈종이 발생한다. 또한, 머리 외상은 스키, 스케이트, 스노보드 등 넘어지기 쉬운 종목에서도 딱딱한 설면이나 스케이트 링크 등에 머리를 부딪칠 때에도 발생한다(文部科学省, 2012:

14-15).

〈표 8-2〉와 [그림 8-1]은 스포츠 현장에서의 뇌진탕 판단기준이다. 지도자뿐만 아니라 선수끼리 체크할 수 있게 해야 한다.

〈표 8-2〉 스포츠 현장에서의 뇌진탕 진단기준

1. 자각 증상(이하의 징후나 증상은 뇌진탕을 의심)		
① 의식소실	② 경련	③ 건망
④ 두통	⑤ 머리 압박감	⑥ 경부통
⑦ 구역질 · 구토	⑧ 현기증	⑨ 희미하게 보인다
⑩ 휘청거린다	⑪ 빛에 민감하다	⑫ 소리에 민감하다
⑬ 흐리마리하다	⑭ 안개 속에 있는 듯하다	
⑮ 뭔가 이상하다	⑯ 집중을 못 한다	⑰ 기억을 못 한다
⑱ 피로	⑲ 혼란	⑳ 졸리다
㉑ 감정적이다	㉒ 짜증이 난다	㉓ 슬프다
㉔ 불안 · 걱정		
2. 기억(이하의 질문에 모두 정확하게 대답을 못 하는 경우에는 뇌진탕 의심)		
① "오늘 시합 장소는 어디입니까?"		
② "지금은 전반전입니까? 후반전입니까?"		
③ "마지막으로 득점을 낸 사람은 누구입니까(어느 팀입니까)?"		
④ "지난 주(최근) 시합의 상대는?"		
⑤ "지난 주(최근) 시합은 이겼습니까?"		

출처: 日本スポーツ振興センター(2013b)를 토대로 작성.

> 잘 쓰는 발을 앞에 두고 그 발 뒤꿈치에 반대편의 발끝을 붙이고 선다. 체중은 양발에 균등하게 둔다.
> 양손은 허리에 두고 눈을 감고 20초간 그 자세를 유지한다. 휘청거려서 자세가 흐트러지면 눈을 뜨고 처음의 자세로 되돌아 가서 계속 테스트를 한다.
> 눈을 뜨거나 손이 허리에서 떨어지거나 넘어지는 등 실수가 20초간 6번 이상 있는 경우나 처음 자세를 5초 이상 유지 못한 경우에는 뇌진탕을 의심해야 한다.

[그림 8-1] 스포츠 현장에서의 뇌진탕 진단 균형테스트

출처: 日本スポーツ振興センター(2013b)를 토대로 작성.

이하의 증상이나 신체소견을 1가지라도 보이는 경우에는 뇌진탕을 의심해야 한다. 뇌진탕 의심이 있는 경우에는 즉시 경기를 중단하고 전문가의 진단을 받는다. 혼자서 지내는 것을 피하고 운전은 하지 말아야 한다.

(3) 열사병 대책

체육활동 중 수분 및 염분 보급은 열사병을 예방하는 동시에 연습효과를 충분히 거두기 위해서도 중요한 것이다. 고온 시에서는 체육활동을 하기 전에 적절한 수분 보급을 하고 활동 중 및 활동 후에도 적절한 수분 및 염분을 보급해야 한다. 필요에 따라 학생이 수분과 염분을 보급할 수 있는 환경을 정비해 나갈 필요가 있다(文部

科学省, 2012: 28). 지도자나 학생이 열사병 예방책을 충분히 이해하고 운동하기 위해서 열사병 예방을 위한 운동지침을 〈표 8-3〉에 정리했다.

〈표 8-3〉 열사병 예방을 위한 운동 지침

원칙상 운동 중단	WBGT 31℃ 이상에서는 실온보다 기온이 높다. 특별한 경우 외에는 운동을 중단한다.
엄중 경계 (심한 운동 중단)	WBGT 28℃ 이상에서는 열사병 위험이 높아서 심한 운동이나 오래달리기 등 열부하가 큰 운동은 피한다. 운동할 경우에는 적극적으로 휴식을 취하고 수분 보급을 한다. 체력이 약한 사람, 더위에 익숙하지 않은 사람은 운동을 중단한다.
경계 (적극적으로 휴식)	WBGT 25℃ 이상에서는 열사병의 위험이나 증가하기 때문에 적극적으로 휴식을 취하여 수분 보급을 한다. 심한 운동을 할 때는 30분마다 휴식을 취한다.
주의 (적극적으로 수분 보급)	WBGT 21℃ 이상에서는 열사병으로 인한 사망사고가 발생할 가능성이 있다. 열사병 징후에 주의하는 동시에 운동을 하면서 적극적으로 물을 마시게 한다.
거의 안전 (적절히 수분 보급)	WBGT 21℃ 이하에서는 통상 열사병 위험이 적지만 적절한 수분 보급은 필요하다. 시민마라톤 등에서는 이런 조건에서도 열사병이 발생하기 때문에 주의한다.

출처: 日本スポーツ振興センター(2014)를 토대로 작성.

※ WBGT(습구흑구온도)는 인체의 열수지에 영향이 큰 습도, 방사, 기온의 3가지를 고려하여 각각 습구온도, 흑구온도, 건구온도의 값을 이용하여 계산한 지수이며, 이것을 더위지수라고 함.

(3) 익수 대책

수영 지도 중 사고를 사전에 방지하고 조기 발견하기 위해서는 인원수 확인이 중요한 방법이다. 인원수 확인은 단순히 인원수 확인뿐만 아니라 안색, 동작으로부터 건강상태를 관찰한다는 중요한 목적이 있다. 두 사람이 한 조가 되는 버디시스템(buddy system)은 일반적인 인원수 확인법이고, 서로 상대방의 안전을 확인하는 방법이며, 사고방지뿐만 아니라 학습효과를 높일 수 있는 방법이기도 하다. 버디의 조합은 서로 돕고 인간관계를 돈독하게 하는 목적도 있기 때문에 수영실력이 비슷한 조합, 숙련자와 초보자의 조합 등 지도목적에 따라 조합을 배려할 필요가 있다(文部科学省, 2014: 129-130). 또한, 사고방지에 불가결한 준비운동은 기상 조건에 따라 운동량을 조절하여 각 관절의 가동성을 증가시키는 운동, 근육을 이완시키는 운동뿐만 아니라 자유형이나 평영의 동작을 흉내 내는 운동을 고려하여 신체 모든 부분의 굴신, 회선, 염전 등을 포함한 운동을 실시한다. 입수 시에는 체력이나 수영 실력이 부족한 사람을 중심으로 항상 안색이나 동작을 관찰하고 휴식 시에는 자외선을 받지 않도록 수건을 걸치거나 텐트 안에서 휴식을 취하거나 수분 보급을 하게 하는 등의 배려를 한다(文部科学省, 2014: 131).

(4) 사고발생 시 응급조치

체육활동 중에 학생이 부상을 입은 경우 적절한 응급조치를 취함으로써 학생의 생명을 지키고 부상이나 병의 악화를 방지할 수

있다. 가장 긴급을 필요로 하는 심장이나 호흡정지의 경우 곧바로 구급차를 요청하는 동시에 구급차가 도착할 때까지 응급조치, 즉 심폐소생술을 실시하는 것이 중요하다. 각 학교에 설치되어 있는 AED를 적절히 사용하기 위해 평소에 심폐소생술 실습을 실시하여 교직원 전원이 정확한 판단 하에 응급조치를 할 수 있는 체제를 확립하는 것이 중요하다. 응급조치의 실시에 대해서는 의식이 있는지, 호흡이 있는지, 맥이 있는지, 출혈이 있는지 등 부상자 상태를 확인하는 것이 가장 중요하다. 만약에 심폐정지, 호흡정지로 갑자기 사람이 쓰러졌을 경우에는 인공호흡, 심장마사지, AED의 구명조치를 구급대가 도착할 때까지 반복·실시한다(文部科学省, 2012: 30-31).

4 안전을 고려한 체육활동 사례

1) 돌연사 사고방지 대책 사례

돌연사 예방에 배려해야 할 학교행사로서 운동회나 마라톤이 있다. 돌연사 예방의 지도로서 학생의 건강상태를 파악하여 교내뿐만 아니라 가정, 의료기관 등의 제휴가 평소에 이루어져 있어야 한다. 마라톤 대회를 실시함에 있어서 다음의 사항에 유의할 필요가 있다.

- 안전제일을 모토로 하여 학생의 체력에 맞는 기획을 세운다.

- 건강상태를 파악하기 위해 임시 건강진단을 실시한다.
- 일주일 전부터 조사표를 준비하고 건강관리의 항목을 체크하여 학생의 상황을 파악한다.
- 학교의사와 양호교사가 자동차로 최후미를 이동하여 긴급 사태에 대응할 수 있도록 한다.
- 300~400m 간격으로 코스담당자를 배치하여 교직원뿐 아니라 학부모의 협력을 요청한다.

출처: 日本スポーツ振興センター(2013a: 40).

이외에도 [그림 8-2]와 같이 교직원뿐 아니라 학생들도 AED 사용법을 배우는 강습회를 추진하고 있다.

[그림 8-2] 중학생 · 고등학생을 대상으로 한 일반구명강습

출처: 広島市中学生 · 高等学生を対象とした普通求命講習(2016. 6. 14.).

2) 머리 외상 사고방지 대책 사례

럭비 경기에서는 태클, 스크럼 등에서 머리 외상 사고가 많이 발생한다. 즉, 태클을 받고 두경부가 땅에 부딪히거나, 태클할 때 상

대선수의 장골이나 무릎관절 등에 머리가 부딪치거나, 스크램이 흐
트러질 때 머리가 부딪친다. 이러한 사고를 방지하기 위해서 럭비
에 필요한 근력을 강화하고 정확한 태클의 방법([그림 8-3])을 이해
하고 반복 훈련함으로써 올바른 훈련법을 습관화시켜야 한다(日本
スポーツ振興センター, 2013a: 71-72).

[그림 8-3] 올바른 태클의 방법

출처: 日本スポーツ振興センター(2013a).

　유도는 상대방을 던지거나 눌러 꼼짝 못하게 해서 상대방을 직
접 제압하는 스포츠이며 낙법이나 기술의 부족으로 인해 스스로 부
상을 당하거나 상대방에게 부상을 입히거나 하는 경우가 있다. 낙
법 등 기본동작부터 단계를 거쳐서 훈련하는 것이 중요하고 그 습
득을 위해서 쉽고 간단한 것부터 어렵고 복잡한 것으로 체계적이고
발전적인 지도계획을 세워가는 것이 중요하다.
　기본동작의 일부인 낙법의 자세는 올바르게 몸에 익힘으로써 머
리 타박상을 예방할 수 있다([그림 8-4]). 바닥 매트를 치는 타이밍

은 등이 닿기 직전에 하며 몸 측면에서 30도 정도 팔을 벌려서 치고, 그 다음에는 다리를 뻗으면 뒤로 구르는 힘을 막으면서 머리가 부딪치는 것을 방지한다. 이때 턱을 당기고 띠의 매듭을 봐야 한다. 반복훈련을 함으로써 경부의 강화를 시킨다. 다리를 뻗지 않고 턱을 당기는 기술을 습득하지 않거나 경부의 근력이 부족하거나 하면 [그림 8-5]와 같은 머리가 부딪치는 낙법 자세가 되기 때문에 위험하다. 혹시 머리가 부딪친 경우에는 즉시 운동을 중지시키고 몸 상태나 증상을 체크하여 작은 이변도 놓치지 않도록 해야 한다. 또한, 학생들 스스로가 자타의 이변을 눈치챌 수 있게 평소부터 지도해야 한다(日本スポーツ振興センター, 2013a: 77, 78, 81).

[그림 8-4]	[그림 8-5]
올바른 낙법	뒤통수가 부딪칠 위험이 있는 낙법

출처: 日本スポーツ振興センター(2013a).

3) 열사병 사고방지 대책 사례

열사병 사고는 여름철의 매우 일반적인 환경에서 발생하기 때문에 미리 운동하기 전에 예방해 둘 필요가 있다. 운동부활동에서는 야구, 축구, 럭비, 육상경기 등 야외종목뿐만 아니라 유도나 검도 등 실외종목에서도 발생한다. 또한, 더위 내성은 개인차가 있으며 특히 비만경향의 사람은 열사병 사고의 70%를 차지하고 있다. [그림 8-6~10]은 학교의 열사병 대책 사례다. 여름의 더운 날뿐만 아니라 장시간 운동을 하는 학교행사 등에서는 아래와 같은 대책을 항상 해둘 필요가 있다. 이외에도 텐트를 설치하거나 체크 표를 이용하여 운동하기 전에 건강관리를 하는 등의 대책이 있다(日本スポーツ振興センター, 2014: 3, 5).

[그림 8-6]
차광망

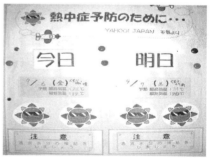

[그림 8-7]
열사병 정보를 게시하여 주의 환기

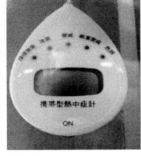

[그림 8-8]
WBGT계 설치, 준비

[그림 8-9]
휴대형 열사병계

[그림 8-10]
양호실에 냉장고 설치

출처: 日本スポーツ振興センター(2014).

4) 익수 사고방지 대책 사례

수영 지도에서 가장 중요한 것은 물에서 자신의 생명을 지키는 것이다. 학교 수영장뿐만 아니라 일반생활에서는 바다나 강 등 자연환경에서 옷을 입은 상태로 사고를 당하는 경우가 대부분이다. 착의(着衣) 수영 지도의 목적은 수영장 등에서 수영복을 입은 채 수영하는 수영법과는 다른 수영의 어려움을 직접 체험시키는 것이다. 그리고 만약 옷을 입은 상태에서 사고를 당했을 경우 침착한 대응 방법을 익혀서 사전에 사고를 방지하는 것이다. 수영법 등은 자유롭지만 거리 및 시간에서 길게 계속 떠 있을 수 있는 합리적인 수영법을 직접 체험시킨다. 또한 착의 수영의 수영 능력은 개인차가 있어서 다른 사람과 비교하는 것은 무의미한 것이라고 학생들에게 이해시켜서 자신의 수영 능력을 객관적으로 다른 학생들에게 알려 주는 것이 중요하다(文部科学省, 2014: 133).

다음의 [그림 8-11]은 착의 수영법의 예이다. 또한 구조법에는 물에 빠져 있는 사람을 구조하는 방법과 심폐소생법 두 가지가 있지만 학생의 경우 착의 상태로 헤엄쳐서 구조하는 것은 위험하기 때문에 헤엄치지 않고 큰 소리로 다른 사람의 협력을 구하거나 주변의 구명구(장대, 로프, 목재, 페트병 등)를 사용하여 구조하는 것이 바람직하다(文部科学省, 2014: 136).

[그림 8-11] 학교에서의 착의 수영 지도

출처: 鳥取県伯耆町立二部小学校着衣泳.

🏯5 향후의 과제

학교체육활동은 체육수업과 운동부활동이 주된 것이지만 스포츠진흥센터의 재해공제급부금 건수에 따르면 사망·중증 장애 사고는 수업보다 운동부활동에서 많이 발생하고 있다(日本スポーツ振興センター, 2013a: 6). 운동부활동이 승리하는 것을 중요시하기 때문에 학생의 체력이나 기능의 정도를 초과한 연습을 하거나 지도

자의 경험에만 의존한 합리성이 결여된 지도를 하거나 하여 부상이
나 사고가 발생하는 경우가 있다. 운동부활동은 체육수업과 달리
거의 매일 활동하는 경우가 많으며, 방과 후뿐만 아니라 수업하기 전
의 아침 연습이나 토, 일요일과 같은 휴일에도 연습을 하는 경우가
많다. 그래서 일상적인 활동으로 인해 시설이나 설비의 점검이나
학생의 몸 상태의 확인이 소홀해지기도 한다. 또한, 승리만을 의식
하여 충분한 휴식을 취하지 않고 시합이나 연습을 계속함으로써 피
로가 누적되고 이것이 큰 사고나 부상으로도 이어질 가능성도 있다.

  운동부활동 중에는 지도교사가 학생의 몸 상태를 확인하는 것은
당연한 일이지만 어쩔 수 없이 지도교사가 직접 지도할 수 없는 경
우도 있기 때문에 지도교사와 학생 간의 약속된 내용과 방법으로
학생에게 활동을 시키고 부활동 일지 등을 기재시켜 지도교사가 매
일 활동내용을 체크할 필요가 있다. 지도교사가 경험이 없는 경우
외부지도자의 협조로 전문적인 지식과 기능의 지원을 받아 지도 향
상에 도움이 될 필요가 있다(文部科学省, 2012: 69, 71).

  체육활동은 활발하면 활발할수록 위험이 높아지기 때문에 활발
한 종목이나 접촉이 많은 스포츠는 회피하려고 한다. 그러나 위험
하다는 이유로 활발한 체육활동을 실시하지 않아도 된다는 것이 아
니라 단계적인 지도를 통해 위험을 회피하고 사고가 일어나지 않도
록 하는 노력을 해야 한다. 사고가 일어났을 때의 대응이나 대책을
강구하는 것도 중요하지만 사전에 안전교육과 훈련을 실시하는 것
이 무엇보다 중요하다. 또한, 체육활동은 가정과 지역 주민들의 지
원도 큰 역할을 하므로 가정과 지역 주민들이 안심할 수 있는 준비,
계획, 안전대책 등의 매뉴얼을 제공할 필요가 있다.

앞으로는 체육교사뿐만 아니라 운동부 지도자나 외부 지도자에게도 안전관리와 안전교육에 관한 연수와 강습의 기회를 제공하여 학교체육활동은 승리하는 것보다 교육의 일환이라는 것을 공통 이해 하에서 평소 의사소통을 도모하는 것이 중요하다. 또한, 안전교육이나 안전관리를 효과적으로 추진하기 위해서는 학교직원의 연수 실시뿐만 아니라 학생을 포함한 교내 협력체제의 구축, 또한 가정 및 지역사회와의 밀접한 제휴를 돈독히 하면서 조직 활동을 원활하게 진행하는 것이 중요하다.

참고문헌

鳥取県伯耆町立二部小学校 着衣泳. http://cmsweb2.torikyo.ed.jp/nibu-e/index.php?key=jo5ydbdvl-24 (2016. 6. 14. 인출).

日本スポーツ振興センター(2013a). 「学校の管理下における体育活動中の事故の傾向と事故防止に関する調査研究」−体育活動における頭頸部外傷の傾向と事故防止の留意点−調査研究報告書. http://www.jpnsport.go.jp/anzen/Tabid/1651/Default.aspx (2016. 6. 8. 인출).

日本スポーツ振興センター(2013b). 資料編 各競技団体の事故防止の取組. http://www.jpnsport.go.jp/anzen/Portals/0/anzen/……/toukeibu_5.pdf (2016. 6. 8. 인출).

日本スポーツ振興センター(2013c). 学校における突然死予防必携. http://www.jpnsport.go.jp/anzen/anzen_school/taisaku/sudden/tabid/228/Default.aspx (2016. 6. 8. 인출).

日本スポーツ振興センター(2014). 熱中症予防のための啓発資料「熱中

症を予防しよう−知って防ごう熱中症−」. http://www.jpnsport. go.jp/anzen/default.aspx?tabid=114#a (2016. 6. 8. 인출).

日本蘇生協議会(2015). JRC蘇生ガイドライン2015. http://www. japanresuscitationcouncil.org/wp-content/uploads/2016/04/1327fc7 d4e9a5dcd73732eb04c159a7b.pdf (2016. 12. 27. 인출).

広島市中学生, 高校生を対象とした普通救命講習. http://www.city. hiroshima.lg.jp/www/contents/1440492991593/index.html (2016. 6. 14. 인출).

文部科学省(2012). 学校における体育活動中の事故防止について(報告書). 体育活動中の事故防止に関する調査研究協力者会議. http:// www.mext.go.jp/a_menu/sports/jyujitsu/1323968.htm (2016. 5. 23. 인출).

文部科学省(2014). 水泳指導の手引き 第4章 水泳指導と安全. http:// www.mext.go.jp (2016. 12. 28. 인출).

제9장

학교안전과
ESD 시점에서의 방재학습

남경희 (서울교육대학교)

제9장
학교안전과 ESD 시점에서의 방재학습[1]

남경희 (서울교육대학교)

 ## 1 학교 안전교육의 중요성 인식

　근년 일본, 대만, 에콰도르 등 이른바, 불의 고리 지역에서 대규모 자연재해가 발생하여 지구촌을 긴장시키고 있다. 일본은 2011년 동일본 대지진과 이에 따른 원전 사고로 많은 인명과 재산 피해를 당했다. 우리나라도 2014년 세월호 사건과 2016년 9월 규모 5.8의 경주 지진으로 안전에 대한 인식이 달라지고 있다. 이에 따라 사건·사고와 재해의 위험을 이해하고, 재해 발생 시 정보를 근거로 정확하게 판단하고 위험에서 회피하는 행동을 할 수 있도록 하는 안전교육이 한층 중시되고 있다. 여기서는 정보를 이해하고 전달하는 의사전달 능력 제고와 더불어 사회 구성원으로서 주체적인 삶

---

[1] 이 글은 『한국일본교육학연구』 제22권 제1호(2017)에 실린 필자의 논문 「일본의 학교안전추진과 ESD 시점의 방재학습」을 수정·보완한 것임.

의 방식과 지속가능한 사회의 구축이라는 관점이 중시되고 있다.

일본에서는 학교안전에 관하여 각 학교에서 공통으로 취급될 사항이 규정된 「학교보건안전법」이 2009년에 시행되었고, 이러한 취지에 따라 각 학교에서는 방재의 관점에서 시설 · 설비의 안전 점검, 통학을 포함한 학교생활, 기타 일상생활에 있어서 안전에 관한 지도 등 학교안전계획을 세워 실시할 것이 의무화되었다. 그리고 2011년의 동일본 대지진을 계기로 2012년에 문부과학성에서는 학교안전의 참고자료로 『'살아가는 힘'을 길러주는 학교에서의 안전교육』을 비롯하여 초 · 중 · 고등학교의 방재교육을 위한 『재해로부터 생명을 지키기 위하여(災害から命をまもるために)』등의 교재를 작성 · 배포하는 등 학교 방재교육의 충실을 위해 다각적인 노력을 기울이고 있다.

그런데 ESD(Education for Sustainable Development, 지속가능발전교육) 관점에서 보면 안전교육은 위기관리로서 단지 생명을 지키는 것만이 아니라 개개인이 현재 및 장래 세대와 그리고 환경과의 관계 속에서 삶을 인식하고 행동의 변화를 지향하는 교육이라고 할 수 있다. 일본은 동일본 대지진 및 이에 기인하는 원자력발전소의 사고로 지속가능성에 관하여 재고함과 동시에 ESD의 필요성과 가치를 재인식하는 계기로 삼고 있다.

우리나라는 2014년 세월호 사건을 계기로 교육부에서는 2015년 2월 26일 학교안전사고 개선을 위한 '안전교육 7대 표준안 주요 내용'을 발표하고, 2016년 3월 1일 이를 보완한 수정본을 발표하였다. 여기서는 안전교육의 영역을 생활안전, 교통안전, 폭력 · 신변안전, 약물 · 사이버안전, 재난안전, 직업안전, 응급처치의 7가지 영역으

로 나누어 내용을 규정하고 있다.[2] 또한, 2017년부터 초등학교 1,
2학년에서 안전 생활 교과가 신설되어 생활안전, 교통안전, 신변안
전, 재난안전 분야의 교육을 실시하고 있다. 이러한 점에서 일본에
서의 지속가능발전교육 및 방재교육의 진전과 더불어 학교 안전교
육의 추진에 대해 살펴본 다음, ESD 시점과 이에 기반을 둔 방재학
습지도의 틀과 이의 방향을 탐색하고자 한다.

2 지속가능발전교육과 방재교육의 진전

1) 지속가능발전교육의 진전

지속가능한 발전은 미래 세대의 필요를 충족시키기 위한 잠재
능력을 침해하지 않는 범위 내에서 현 세대의 필요를 충족시키는
발전을 의미한다. 이는 1987년 '환경과 개발에 관한 세계위원회'의

---

2) 안전교육 7대 표준안 수정본 내용

영역	세부 내용
생활안전	시설 및 제품 이용 안전, 신체활동 안전, 유괴 · 미아사고 예방
교통안전	보행자 안전, 자전거 안전, 오토바이 안전, 자동차 안전, 대중교통 안전
폭력 · 신변보호	학교폭력, 성폭력, 아동학대, 자살, 가정폭력
약물 · 사이버안전	약물중독, 사이버중독
재난안전	화재, 사회재난, 자연재난
직업안전	직업안전의식, 산업재해의 이해와 예방, 직업병, 직업안전의 예방 및 관리
응급처치	응급처치의 이해와 필요성, 심폐소생술, 상황별 응급처치

출처: 학교안전정보센터(2016. 10. 5.).

브룬트란트(Brundtland) 보고서 '우리 공통의 미래(Our Common Future)'에서 핵심 개념으로 등장하였다.

　미국, 영국, 독일, 일본 등 선진 각국들은 1992년 브라질 리우데 자네이루에서 개최된 유엔환경개발회의(UNCED) 이후 환경교육 수준을 넘어서 인류사회의 발전에 기여하는 지속가능한 개발 교육에 노력하고 있다. 일본의 경우, 2005년에는 UN지속가능한 개발을 위한 교육의 10년 관계성청(省庁)연락회의를 설치하고, 2006년에는 지속가능한 발전을 위한 교육의 10년 실시계획(United Nations Decade of Education for Sustainable Development, UNDESD)을 세웠다. UNDESD의 최종 연도인 2014년 11월에는 'ESD에 관한 유네스코 세계회의'를 일본 정부와 유네스코가 공동으로 개최하였다. 여기에서는 UNDESD의 후계 프로그램인 'ESD에 관한 글로벌 액션 프로그램(Global Action Programme on ESD, GAP)'에 따라 지속가능 발전에 필요한 지식·기술·가치·태도를 배울 수 있도록 하였다.

　또한, 모든 의제·프로그램·활동에서 지속가능발전을 촉진하는 교육과 학습을 강화하여 가는 것을 목표로 이의 실현을 위한 행동을 선언한 '아이치, 나고야 선언(愛知, 名古屋宣言)'을 채택하였다(日本ユネスコ国内委員会教育小委員会ESD特別分科会, 2015: 1-2).

　그리고 2008년에는 교육진흥기본계획을 책정하고 ESD를 일본 교육의 중요한 이념의 하나로 설정하였고(2008: 3), 2013년에 책정된 제2차 교육진흥기본계획에서도 ESD 추진을 명시하였다(2013: 3). 그리고 2008년 1월의 중앙교육심의회 답신에서는 지속가능한 발전을 지향하는 사회에서는 자기와의 대화를 거듭하면서 타자 및 사

회, 자연 및 환경과 더불어 살아가는 것이 요구된다는 점을 강조하였다(2008: 16–17; 南景熙, 2010: 222–223).

2014년 11월 20일 중앙교육심의회의 '초등중등교육에 있어서 교육과정의 기준 등의 이상에 관하여(初等中等教育における教育課程の基準等の在り方について)'라는 자문을 통하여 유네스코가 제창하는 ESD, 동일본 대지진의 피해 극복과 관련하여 피재지의 부흥과 안전한 지역 만들기를 강조하고 있다. 여기에 공통된 것은 사회와의 연계를 의식한 교육을 행하고, 이러한 교육의 프로세스를 통하여 학생들이 기초적인 지식·기능을 습득함과 동시에 실생활 가운데에서 이들을 활용하면서 스스로 과제를 발견하고, 그 해결에 있어서 주체적·협동적으로 탐구하고 실천하는 것을 강조하고 있다는 점이다.

나아가서 2015년 5월 14일 교육재생실행회의 제7차 제언에서도 ESD 추진의 중요성을 강조하고 있다. 지속가능한 사회의 실현이 과제가 되는 것을 기반으로 국가, 지방자치단체, 학교가 체험형과 과제해결형 등의 액티브 러닝(active learning)을 통하여 환경, 빈곤 등 세계 규모의 과제 해결을 도모할 것을 강조하고 있다. 또한, 2016년 5월 15일 'G7구라시키(倉敷)교육장관모임(G7 Kurashiki Education Ministers' Meeting in Okayama)'에서는 구라시키 선언(倉敷宣言)을 통해 교육을 받는 것은 인간의 기본적인 인권이고, 세계의 평화와 번영, 지속가능한 사회의 구축을 위하여 불가결한 요소라는 인식 아래 보다 강력한 국제협력을 강조하고 있다.

2) UN방재세계회의와 방재교육의 진전

지속적인 사회 발전을 위해 세계 여러 나라가 방재대책에 부심하고 있는 상황을 배경으로 UN방재세계회의(国聯防災世界会議)가 일본에서 개최되기에 이르렀다(藤岡達也, 2015: 63-68). 1회는 1994년 요코하마시(橫浜市)에서, 2회는 2005년 고베시(神戸市)에서, 3회는 2015년 3월 센다이시(仙台市)에서 개최되었다. 또한 이에 앞서 2014년 11월에는 UN 지속가능한 개발을 위한 교육의 10년(UNDESD)의 최종 연도로서 오카야마(岡山), 나고야(名古屋)에서 유네스코 국제회의가 개최되었다.

UN은 1990년부터 10년간을 'UN 방재의 10년'으로 하였다. 이와 같은 배경 아래 1994년 제1회 UN방재세계회의가 개최되었고, 최종 연도에는 재해감소를 위한 국제전략(International Strategy for Disaster Reduction: ISDR)이라는 문서를 채택하였다. 2005년 제 2회 UN방재세계회의에서는 2005년부터 '지속가능한 개발을 위한 교육 ESD의 10년'에 연동하여 2005년부터 10년간 방재교육의 행동목표로서 효고 행동강령(Hyogo Framework for Action: HFA)을 채택하였다. 여기서는 재해 리스크의 경감, 평가 및 감시, 안전과 재해의 대응 문화 조성, 잠재적 리스크의 삭감, 재해 준비 강화 등의 5가지 주제가 다루어졌다.

2015년 제3회 UN방재세계회의에서는 "방재교육은 모든 방재대책의 기초이다. 자연재해를 극복하는 힘은 과거의 경험, 선인의 지혜를 배우고, 가정·학교·사회에서 협동으로 날마다 실천하여 가는 우리들 개개인의 능력에 관련되어 있다."라고 하는 센다이 선언

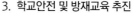

을 통하여 다음과 같은 4개 항목을 채택하고 있다.

첫째, 국내외의 피재지 및 피재 우려 지역과 연계하고, 각 학교나 지역 등에서의 실천을 지원하고 경험을 공유한다. 둘째, 학교방재, 지역방재에 관한 일본의 대규모 재해로부터의 교훈을 국제적으로 적극 발신한다. 셋째, UN 등이 추진하는 것과 연계하고, 국제적으로 가능한 학교방재와 지역방재에 관한 연구, 실천, 보급에 공헌한다. 넷째, 지속가능한 발전을 위한 교육과의 연계를 도모하면서 진재 기록의 활용을 포함, 모든 시민을 대상으로 하는 방재교육 모델의 개발, 실천, 보급을 지향한다.

이 선언에서는 피재지의 교훈을 국가를 넘어 발생 가능성이 높은 지역에 전달하고 이를 위한 교육과 계발을 도모한다는 것이다. 오늘날 방재 등 학교안전은 국제적인 공통 과제로 센다이 선언에서는 학교안전과 연계한 학교방재에 주목한 것이다.

3 학교안전 및 방재교육 추진

2012년 4월에 일본의 각의(閣議)에서 결정한 '학교안전의 추진에 관한 계획(学校安全の推進に関する計劃)'에서는 안전교육에서 육성할 능력으로 다음과 같은 관점을 제시하고 있다(2012: 6).

첫째, 일상생활에서 사건 · 사고, 자연재해 등의 현상, 원인 및 방지 방법에 관하여 이해를 깊게 하고, 현재 및 장래에 직면하는 안전 과제에 대하여 정확한 사고와 판단에 입각하여 적절한 의사결정과 행동을 할 수 있게 한다. 둘째, 일상생활에 잠재하는 다양한 위험을 예측하고, 자타의 안전에 배려하고 안전한 행동을 함과 동시에 스스로 위험한 환경을 개선할 수 있게 한다. 셋째, 자타의 생명을 존중하고 안전하고 안심한 사회를 만들어 가는 것의 중요성을 인식하고, 학교, 가정 및 지역사회의 안전 관련 활동에 참가하고 공헌할 수 있게 한다.

여기서는 종합적이고 효과적인 학교안전을 추진하기 위해 학교안전교육과 학교안전관리로 구분하고 있다(文部科学省, 2012). 또한, 학교안전의 추진 방안으로 안전교육 충실, 학교시설 및 설비 정비, 학교안전에 관한 조직적 대처, 지역사회 · 가정과의 연계 도모를 들고 있다. 이러한 계획과 방안에 의거하여 학교안전을 실제적으로 추진하고 있는 문부과학성의 2013년도 방재교육 추진 사례(文部科学省, 2013a)를 살펴보면 다음과 같다.

1) 문부과학성의 방재교육 추진

(1) 방재교육의 목표

학교의 방재교육은 안전교육의 일환으로서 행해진다. 문부과학성은 방재교육의 목표로 살아가는 힘을 길러 주는 학교에서의 안전교육(文部科学省, 2010)에 제시된 안전교육의 목표에 준하여 다음과 같이 3가지 영역으로 제시하면서 지식, 사고 · 판단을 넘어 학생 개개인의 주체적인 행동과 지속가능성 측면에서 가정, 학교, 지역사회와의 유대 · 참가 · 협력을 강조하고 있다.

① 지식, 사고 · 판단

자연재해 등의 현상, 원인 및 감재 등에 관하여 이해를 깊이하고, 현재 및 장래에 직면하는 재해에 대하여 정확한 사고 · 판단 아래 적절한 의사결정과 행동을 선택할 수 있다.

② 위험 예측 · 주체적인 행동

지진, 태풍의 발생 등에 수반하는 위험을 이해 · 예측하고, 스스로의 안전을 확보하기 위해 행동할 수 있도록 함과 동시에 일상적인 준비를 할 수 있다.

③ 사회 공헌, 지원자의 기반

자타의 생명을 존중하고, 안전하고 안심한 사회 만들기의 중요성을 인식하고, 학교, 가정 및 지역사회의 안전 활동에 참가 · 협력하고 공헌할 수 있다.

(2) 학교 종별 및 학년별 목표

상기와 같은 종합 목표를 달성하기 위해 문부과학성에서는 학교 종별 목표(2012: 10)와 학년별 목표를 제시하고 있다(2012: 80-82). 학교 종별 목표와 초등학교를 사례로 상기의 3가지 영역별 목표에 대응하는 학년별 목표를 살펴보면 다음과 같다.

① 학교 종별 방재교육 목표

유치원에서는 자신의 안전 도모, 초등학교에서는 자신의 안전

도모와 타인의 안전 배려, 중학교에서는 지역의 방재 활동과 상호 부조, 고등학교에서는 지역과 연계하여 안전한 사회 만들기의 주체적 역할을 강조하고 있다.

〈표 9-1〉 학교 종별 방재교육 목표

학교 종별	방재교육 목표
유치원	안전하게 생활하고, 긴급 시에 교직원과 보호자의 지시에 따라 침착하고 빠르게 행동할 수 있다.
초등학교	일상생활의 여러 장면에서 발생하는 재해의 위험을 이해하고, 안전한 행동을 할 수 있도록 함과 동시에 타인의 안전도 배려할 수 있다.
중학교	일상의 준비나 정확한 판단 아래 주체적으로 행동함과 동시에 지역의 방재활동과 재해 시 상호 부조의 중요성을 이해하고 나아가 활동할 수 있다.
고등학교	안전하고 안심한 사회 만들기에의 참가를 의식하고, 지역의 방재활동과 재해 시 지원활동에 있어서 적절한 역할을 스스로 판단하고 행동할 수 있다.

② 초등학교 학년별 방재교육 목표

초등학교 1, 2학년에서는 재해에 대한 관심과 안전한 행동, 3, 4학년에서는 재해의 이해와 방지 궁리 및 상호 협력, 5, 6학년에서는 지역의 재해와 방재 체제 이해 및 상호 부조를 강조하고 있다.

〈표 9-2〉 초등학교 학년별 방재교육 목표

학년	방재교육 목표
1, 2	• 재해에 관심을 가질 수 있도록 하고, 재해 시 안전한 행동에 관하여 생각할 수 있게 한다. • 재해 시 일어날 수 있는 위험을 감지하고, 어른들의 지시에 따르는 등 적절한 행동을 취할 수 있다. • 재해 시에 스스로 위험을 회피하고, 어른과 연락할 수 있다.
3, 4	• 재해에 관하여 기본적인 이해가 가능하고, 재해를 방지하기 위한 궁리에 관하여 생각할 수 있다. • 재해 시 일어날 수 있는 위험에 관하여 관심을 가지고, 스스로 위험을 회피하는 방법을 생각할 수 있다. • 재해 시에 가족이나 친구, 주변 사람들과 협력하여 위험을 회피할 수 있다.
5, 6	• 지역의 재해의 특성과 방재체제에 관하여 이해할 수 있다. • 재해에 보다 일어날 수 있는 위험을 예측하고, 재해 시 스스로 위험을 회피하도록 행동할 수 있다. • 재해 시에 가족과 친구, 주변 사람들의 안전도 배려하고, 타인의 역할에 입각한 행동을 할 수 있다.

　이상에서 알 수 있듯이, 자연재해에서는 상정한 피해를 넘어 재해가 일어날 수 있는 가능성이 매우 높게 상존한다. 그러하기 때문에 스스로 위험을 예측하고 회피하기 위하여 습득한 지식에 기초하여 정확하게 판단하고, 신속하게 행동할 수 있는 힘과 일상생활에서 상황을 판단하고, 주체적으로 행동할 수 있는 힘과 태도를 중시하고 있는 것이다. 또한, 종합 목표의 구성 요소를 지식, 사고·판단, 위험 예측·주체적인 행동, 사회 공헌, 지원자의 기반에 두고

있는 데서 학생 개개인의 주체적인 의사결정력과 나아가 타인과의
협력 및 지역사회와의 연계를 통한 지속가능성에 중점을 두고 있음
을 알 수 있다.

ESD 시점과 학습지도

1) ESD 시점과 학습지도의 준거

국립교육정책연구소 교육과정연구센터에서는 2012년 3월 '학교
에 있어서 지속가능 발전을 위한 교육(ESD)에 관한 연구[学校におけ
る持続可能な発展のための教育(ESD)に関する研究]'라는 보고서를 발
표하였다. 여기에서는 ESD 시점에 입각한 학습지도의 준거로서 다
음과 같은 6개의 구성 개념과 7개의 능력·태도가 제시되어 있다.
이는 ESD 시점에 입각한 학습지도의 준거로서 일선 학교의 교수·
학습에 많은 영향을 줄 수 있을 것으로 생각된다.

(1) 6개의 구성 개념

국립교육정책연구소의 교육과정연구센터에서는 지속가능한 사
회 만들기의 과제를 탐색하기 위한 개념을 구축하고 있다. 다양한
가치관이나 개념을 지속가능한 사회 만들기의 구성 요소로 정리·
분류하고, '인간을 둘러싼 환경에 관한 개념'과 '인간의 의사나 행동
에 관한 개념'으로 대별하고 있다.

　다음에 제시한 〈표 9-3〉 '지속가능한 사회 만들기의 구성 개념' 과 같이 인간을 둘러싼 환경에 관한 개념에서는 자연·문화·사회·경제가 상호작용하는 시스템을 상호성, 다양성, 유한성의 3개 요소로 구성하고 있다. 또한 인간의 의사나 행동에 관한 개념에서는 지속가능한 사회에 필요한 시스템을 공평성, 연계성, 책임성의 3개 요소로 구성하고 있다(国立教育政策研究所, 2012: 6). ESD시점에 입각한 학습지도에서는 이들 요소에 입각하여 교과·분야·단원 등의 목표나 내용(교재)을 구성하고, 수업을 설계하고 실행하도록 하고 있다. 그리고 수업 과제의 발견·탐구·해결 과정에서 학생 스스로가 지속가능한 사회 만들기와 관련한 가치관을 체득하도록 하고 있다.

　예를 들면, 중학교 과학에서 새로운 에너지 자원의 아이디어를 생각하는 수업을 구상할 경우, 구성 개념으로 에너지의 '다양성', 지구환경계의 물질 양과 탄소에너지의 '유한성', 주변 현상을 다각적인 시점에서 분석하고 해결 전략을 구체화하는 '창조성'을 들고 있다(国立教育政策研究所, 2012: 14).

〈표 9-3〉 지속가능한 사회 만들기의 구성 개념

구성 요소			사례
인간을 둘러싼 환경 (자연·문화· 사회·경제 등)에 관한 개념	다 양 성	자연·문화·사회·경제는 기원·성질·상태 등이 다른 다종 다양한 사물로 성립되고, 이들 가운데에서는 다종다양한 현상이 발생한다.	• 생물은 색, 형, 크기 등에 차이가 있음 • 각각의 지역에는 지형과 기상 등에 특색이 있음
	상 호 성	자연·문화·사회·경제는 각각이 상호 작동하는 시스템이고, 이들 중에는 물질과 에너지가 이동·순환하거나 정보가 전달·유통한다.	• 생물은 주변 환경과 관련하여 살아감 • 전기는 빛·음·열 등으로 변화할 수 있음
	유 한 성	자연·문화·사회·경제는 유한의 환경 요인과 자원(물질이나 에너지)에 뒷받침되면서 불가역적으로 변화한다.	• 사물이 물에 녹는 양에는 한도가 있음 • 토지는 화산의 분화와 지진으로 변화함
인간 (집단·지역· 사회·국가 등)의 의사나 행동에 관한 개념	공 평 성	지속가능한 사회는 기본적인 권리의 보장과 자연 등으로부터의 은혜의 향수가 지역과 세대를 넘어 공평·공정·평등하다는 것을 기반으로 한다.	• 자타의 권리를 중요시 함 • 차별을 하지 말고 공정·공평하게 노력함
	연 계 성	지속가능한 사회는 다양한 주체가 상황과 상호관계 등에 따라 순응·조화하고, 서로 연계·협력하는 것에 의해 구축된다.	• 지역 주민들이 협력하여 재해 방지에 노력함 • 겸허한 마음으로 자신과 다른 의견과 입장을 중요시 함
	책 임 성	지속가능한 사회는 다양한 주체가 미래상에 책임 있는 비전을 가지고, 그것을 향해 변용·변혁하는 것에 의해 구축된다.	• 일본은 국제사회에서 중요한 역할을 해 옴 • 일의 소중함을 알고, 모두를 위해 일함

출처: 国立教育政策研究所(2012: 6), 필자가 내용의 일부를 조정하였음.

(2) 7개의 능력 · 태도

ESD에서 중시하는 힘(능력 · 태도)에 관해서는 여러 가지 시각이 있으나, ESD 시점에 입각한 학습지도에서 중시하는 능력 · 태도로서 다음 〈표 9-4〉 'ESD 시점에 입각한 학습지도에서 중시하는 능력 · 태도'와 같이 '비판적으로 생각하는 힘' '미래상을 예측하고 계획을 세우는 힘' 등 7개의 능력 · 태도를 추출하여 설정하고 있다. 교과 · 분야 · 단원 등의 목표, 내용 및 평가기준은 이러한 것에 입각한 학습지도를 중시하고 있다(国立教育政策研究所, 2012: 9).

예를 들면, 상기의 '중학교 과학에서 새로운 에너지 자원의 아이디어를 생각하는 수업'을 구상하는 경우, 중시하는 능력 · 태도로 '미래상을 예측하고 계획을 세우는 힘', 자원의 유한성을 인식하고 생활 속에서 효율적으로 사용하는 '자기제어능력'을 들고 있다(国立教育政策研究所, 2012: 14).

〈표 9-4〉 ESD 시점에 입각한 학습지도에서 중시하는 능력 · 태도

ESD에서 중시하는 능력·태도		핵심역량
비판적으로 생각하는 힘	합리적 · 객관적인 정보 및 공평한 판단에 기초하여 본질을 간파하고, 사물을 사려 깊고, 건설적 · 협조적 · 대체적으로 사고 · 판단하는 힘	상호작용적으로 도구를 이용함
미래상을 예측하고 계획을 세우는 힘	과거나 현재에 기초해 미래상을 예측 · 예상 · 기대하고, 그것을 타자와 공유하면서 일을 계획하는 힘	
다면적 · 종합적으로 생각하는 힘	사람, 사물, 일, 사회, 자연 등의 연계 · 관련 · 시스템을 이해하고, 이들을 다면적 · 종합적으로 생각하는 힘	

커뮤니케이션을 행하는 힘	자신의 기분이나 생각을 전달함과 동시에 타자의 기분이나 생각을 존중하고, 적극적으로 커뮤니케이션을 하는 힘	다른 집단에서 교류함
타자와 협력하는 태도	타자의 입장에서 타자의 생각이나 행동에 공감함과 동시에 타자와 협력·협동하려는 태도	
연계를 존중하는 태도	사람, 사물, 일, 사회, 자연 등과 자신과의 연계·관련에 관심을 가지고, 이들을 존중하고 중시하려는 태도	자율적으로 활동함
나아가 참가하는 태도	집단이나 사회에서 자신의 발언이나 행동에 책임을 지고, 자신의 역할에 기초하여 자주적·주체적으로 참가하려는 태도	

*출처: 国立教育政策研究所, 2012: 9, 필자가 내용의 일부를 조정하였음.
**실제 수업 사례에서는 상기의 7가지 능력 외에 '자기제어능력'을 추가하여 8가지 능력으로 파악하기도 함.

2) ESD 시점과 방재학습 지도 사례

(1) 단원의 개요

초등학교 5학년의 '방재 리플릿을 만들자' 단원은 학생들이 자연재해의 위협에 위기감을 가지면서 지진에 대한 대응력을 체득하는 것을 목표로 하고 있다(国立教育政策研究所, 2012: 43-48). 이는 게센누마(気仙沼) 시립 오타니초등학교(大谷小学校)의 스가하라 히로미치(管原弘倫) 교사가 실천한 방재학습 지도 사례이다.

여기서는 동일본 대지진에서와 같이 자연재해를 예측하고 대응하는 인간의 능력과 과학의 힘에는 한계가 있다는 것을 지각하고,

자타의 생명을 지키는 것에 관하여 사고하고 판단하는 힘을 체득하게 하고 있다. 아울러 지역과 지역재생을 위한 협력에 관하여 생각해 보게 하고 있다.

이러한 활동을 통하여 아동의 방재의식을 높이고 아동들이 할 수 있는 것, 지역 주민들에게 할 수 있는 것이 무엇인지에 대해 탐구 의욕을 높이고, 지역의 미래상을 생각하면서 스스로 행동할 수 있는 능력을 육성하게 하고 있다.

(2) 수업에서 ESD 시점의 명확화

이 수업에서는 ESD 시점에 입각한 방재학습을 추진하면서 단원의 도입 및 본시 학습에서 다음과 같은 시점에 입각하여 실천하고 있다.

① 단원의 도입

단원의 도입에서는 자연재해에 대하여 인간의 지식·능력에는 한계가 있다는 것(유한성)을 자각하게 하고, 자연재해에 대하여 신속하게 대응·행동하기 위해서는 지역의 자연 특징에 관하여 조사하고, 지역 주민들과 협력 체제를 구축하는 등의 연계가 중요하다는 것(연계성)을 이해하게 하고 있다. 또한, 진재 시의 피난 방식 등의 과제 해결을 위하여 지역 주민에게 청문조사를 하고, 커뮤니케이션을 하면서 재해 방지에 관하여 생각하게 하는 것(연계성)의 중요성을 깨닫게 하고, 방재 리플릿 만들기를 통해 지진을 극복하고 지역의 미래상을 전망하면서 이의 실현을 위하여 스스로 행동하는

것의 중요성(책임성)을 깨닫게 하고 있다.

　② 전개 학습

　전개 학습에서는 지속가능한 사회 만들기의 구성 개념으로 유한성, 연계성, 책임성을 들고 있다. '유한성'에서는 자연재해에 대한 인간의 지식·능력에는 한계가 있다는 것, '연계성'에서는 방재에 관하여 계획·실천하기 위해서는 자신과 자신을 둘러싼 사람, 자연, 지역과 연계를 하는 것, '책임성'에서는 지진을 극복하고, 새로운 지역을 만들어 가기 위해서는 개개인이 그 책임과 의무를 자각하고 스스로 행동하는 것을 중시한다.

　또한, 전개 학습에서 중시하는 능력·태도로는 비판적으로 생각하는 힘, 미래상을 예측하고 계획을 세우는 힘, 다면적·종합적으로 생각하는 힘, 연계를 존중하는 태도를 들고 있다. '비판적으로 생각하는 힘'에서는 방재에 관한 다양한 정보 중에서 필요한 정보를 수집·정리하고, 생각을 심화하면서 과제를 해결하는 것을 중시한다. '미래상을 예측하고 계획을 세우는 힘'에서는 과거의 재해를 교훈으로 삼아 미래를 위해 지역에서 활동하는 것이 무엇인지를 생각하는 것을 중시한다. '다면적·종합적으로 생각하는 힘'에서는 방재에 관하여 자신, 지역, 사회 등 여러 시점에서 생각하는 것을 중시한다. '연계를 존중하는 태도'에서는 방재학습을 통하여 사람과 사람, 자신과 지역과의 연계를 중시하고 있다.

〈표 9-5〉전개 수업안

과정	학습활동 및 학습 내용	교사의 지도
도입 10분	1. 전시 학습내용을 복습한다. • 과제별 모둠마다 수집한 정보와 조사한 내용에 관하여 자료(사진)와 기록을 기초로 하여 발표한다. [유한(有限)] 　ㅇ 안전하다고 생각하던 피난소까지 진파가 올 줄은 생각지도 못했다. 　ㅇ 진파에 대한 의식이 허술했다. 2. 본시의 학습과제를 설정한다. 　미래에 연계되는 오타니(大谷) 초등학교 방재 리플릿을 만들자.	• 지금까지의 지역에 대한 청문조사나 지진과 진파에 관한 학습에서 얻은 정보를 돌아보고, 지진과 진파를 방지하는 것은 불가능하다는 것을 생각하게 하고, 자연재해에 대한 인간의 지식·능력에는 한계가 있음을 생각하게 한다.
전개 30분	3. 과제별 모둠에서 방재 리플릿 원안을 만든다. 　'진파 도달 예상 지도, 위험 개소, 방재 용구, 피난 경로, 지진 대응, 피난 약속의 6가지 과제별 모둠으로 나누어 작성한다. 4. 각 과제별 모둠에서 원안을 발표한다. 　ㅇ 피난소에 속히 갈 수 있는 길을 그리자. 　ㅇ 진파의 높이를 나타내는 것을 만들자. 　ㅇ 개인의 준비와 피난소의 준비로 나누어 방재를 생각하자. 　ㅇ 파난 시에 절대로 해서는 안 되는 것을 전달하자. 5. 방재 리플릿의 원안에 관하여 조언을 받는다.	• 등고선을 활용한 지도에 진파 시뮬레이션 소프트로부터의 데이터를 활용하는 등 기왕의 학습에서 얻은 것을 기초로 표현하게 한다. ◆ 방재에 관한 다종다양한 정보 가운데에서 필요한 정보를 수집·정리하고, 생각을 심화하면서 과제를 해결하여 간다. • 게센누마시(気仙沼市) 위기관리 담당자로부터 조언을 듣는다.

정리 5분	6. 방재 리플릿 만들기를 통하여, 미래의 오타니마을을 어떻게 만들어 갈 것인지에 대하여 발표한다. [연계(連繫)] ○ 지역 주민들과 언제나 접촉할 수 있는 마을을 만들고 싶다. ○ 어린이, 원아, 장애인이 안심하고 생활할 수 있는 마을을 만들고 싶다.	• 방재지도는 지역 주민들 모두의 의식을 변화하여 가는 데 필요하다는 것을 생각하게 한다.

※ ○는 아동의 반응, ◆는 평가
출처: 国立教育政策研究所(2012: 46).

5 안전의식 제고와 안전문화 구축 방향

학교는 인격형성의 장으로서 학생들이 학습활동과 신체활동을 할 때에 무엇보다 안전을 확보하는 것이 매우 중요하다.

안전교육은 ESD 관점에서 보면 위기관리로서 단지 생명을 지키는 것만이 아니라 개개인이 현재 및 장래 세대와 환경과의 관계 속에서 삶을 인식하고 행동의 변화를 지향하는 교육이라고 할 수 있다. 이러한 점에서 2011년의 동일본 대지진 및 원자력발전소의 사고는 지속가능성에 관하여 재고함과 동시에 ESD의 필요성과 가치를 재인식하는 계기가 되었다. 그리고 2014년의 중앙교육심의회의 자문, 2015년 교육재생실행회의 제언, 2016년의 쿠라시키 선언을 통해 ESD의 추진과 국제협력을 강조하고 있다.

이와 더불어 지속적인 사회 발전을 위해 UN방재세계회의가 1994년

에 요코하마시, 2005년에 고베시, 2015년에 센다이시에서 개최되었다. 이는 피재지의 교훈을 국가를 넘어 발생할 가능성이 높은 지역에 전달하고, 이를 위한 교육과 계발을 도모하기 위한 것이다. 오늘날 방재 등 학교안전은 국제적인 공통 과제로 센다이 선언에서는 학교안전의 틀과 연계한 학교방재에 주목을 하고 있다.

이러한 일련의 흐름 속에서 내각과 문부과학성에서는 방재를 포함한 학교안전에 관한 활동을 종합적이고 효과적으로 추진하기 위한 제반의 조치를 강구해 오고 있다. 또한, 국립교육정책연구소 교육과정연구센터에서는 지속가능한 사회 만들기의 과제를 탐색하기 위하여 ESD 시점에 입각한 학습지도의 틀로서 상호성, 다양성, 유한성 등의 6개 구성 개념과 비판적으로 생각하는 힘, 미래상을 예측하고 계획을 세우는 힘, 다면적·종합적으로 생각하는 힘 등의 7개 능력·태도를 제시하고 있다. 그리고 이들 요소에 입각하여 교과·분야·단원 등의 목표나 내용을 구성하고, 수업을 설계·실행함으로써 수업 과제의 발견·탐구·해결 과정에서 학생 스스로가 지속가능한 사회 만들기와 관련한 능력과 태도 및 가치관을 체득하도록 하고 있다.

우리나라의 대통령 자문 지속가능발전위원회에서도 2005년에 지속가능발전교육을 범 교과학습 주제를 아우르는 포괄적 개념으로 활용하도록 하였고, 이후 2007개정 및 2009개정 초·중등국가 교육과정 총론에서는 지속가능발전교육을 범 교과학습 주제 중의 하나로 포함시키기에 이르렀다. 그리고 2014년 세월호 사건을 계기로 안전에 대한 국가 사회적 관심이 고조됨에 따라 교육부에서는 학교안전 사고 개선을 위한 생활안전, 교통안전, 재난안전 등 7개

의 안전교육 표준안을 마련하여 추진하고 있다. 또한 2017년부터 초등학교에서는 저학년에 안전생활 교과가 신설되는 등 안전에 관한 의식 교육이 강화되고 있다.

문부과학성의 방재교육의 전개 자료 및 국립교육정책연구소의 ESD시점에 입각한 학습지도 사례에서는 학생들이 방재학습에서 방재의 중요성과 지역 주민과의 연계 및 협력의 필요성을 자각하고, 현재의 자기 생활을 반성해 보면서 미래의 안전과 번영을 궁리하는 모습을 살펴볼 수 있다. 이처럼 학생의 안전교육은 장래에 연계되는 안전의식과 능력의 기반을 육성하는 것으로 미래 세대의 안전의식과 안전문화를 구축할 수 있는 것이다. 그리고 ESD 시점에서 단지 생명만이 아니라 생태, 환경 및 현재와 미래 등의 변인을 생각하면서 학생의 의사결정 능력과 미래지향적 사고 능력을 함양할 수 있는 것이다.

참고문헌

남경희(2017). 일본의 학교 안전 추진과 ESD 시점의 방재학습. 한국일본교육학연구, 22(1). 65-85.

工藤文三(2008). 中央教育審議會答申 全文と読み書き解説. 明治図書.
国立教育政策研究所教育課程研究センター(2012). 學校における持續可能な發展のための敎育(ESD)に關する研究.
坂井俊樹編(2016). 社會の危機から地域再生へ-アクティブ・ラーニングを深める社會科敎育. 東京学芸大学出版會.

南景熙(2010). 21世紀市民社会の理念としての持続可能性. **市民教育への改革**. 東京書籍.

西井麻美外編著(2012). **持続可能な開發のための教育(ESD)の理論と實踐**. ミネルヴァ書房.

藤岡達也(2015). ESD(Education for Sustainable Development)を踏まえたDRR(Disaster Risk Reduction)の現状と課題-グローバル人材育成を視野に入れたこれからの環境教育と防災教育への期待-. 滋賀**大學環境總合研究センター研究年報**, 12(1), 63-71.

中央教育審議会(2014). 初等中等教育における教育課程の基準等の在り方について(2014. 11. 20.).

日本ユネスコ国内委員会教育小委員会ESD特別分科会(2015). 持続可能な開発のための教育(ESD) の更なる推進に向けて(2015. 8.4.).

文部科学省(2008). 教育振興基本計劃(2008. 7. 1.).

文部科学省(2010). 『生きる力』をはぐくむ学校での安全教育.

文部科学省(2012). 学校安全の推進に関する計劃(2012. 4. 27).

文部科学省(2013a). 学校防災のための参考資料「生きる力」を育む防災教育の展開.

文部科学省(2013b). 教育振興基本計劃(2013. 6. 14.).

文部科学省(2016). G7倉敷教育大臣会合 倉敷宣言(2016. 5. 15.).

학교안전정보센터. 안전교육 7대 표준안 수정본. http://www.schoolsafe. kr (2016. 10. 5. 인출).

内閣府(2015). 第3回国連防災世界会議について(2015.3.14.-18.). www.bousai.go.jp (2016. 8. 20. 인출).

진로 및 교양 교육 관점에서 본 대학방재교육

신현정 (중부대학교)

제10장
진로 및 교양 교육 관점에서 본 대학방재교육[1)

신현정 (중부대학교)

 ## 1 대학방재교육 연구의 필요성

쓰나미(津波)의 발생요인은 화산 분화나 운석의 낙하 등 다양하지만 약 90%는 지진에 의해 발생한다. 일본은 지형적으로 태평양 플레이트, 필리핀해 플레이트, 유라시아 플레이트 등이 서로 겹치는 경계지역에 위치해 있고 환태평양 지진대라고 부르는 지진 활동성이 매우 높은 지대에 속해 있다. 때문에 일본은 세계에서 가장 대표적인 지진 발생국이며 지진의 여파에 따른 쓰나미의 피해 역시 매년 발생하고 있다. 이와 같은 환경적 요인으로 인해 일본의 재해 연구 및 방재 능력은 이미 세계 최고 수준이다. 그런데 동일본 대지진과 같은 초대형 지진의 피해가 아직 완전히 복구되지 않은 일본

---

1) 이 글은 『한국일본교육학연구』 제21권 제2호(2017)에 게재된 필자의 논문 「진로 및 교양교육의 관점에서 본 일본의 대학방재교육」을 수정·보완한 것임.

에서 최근 또 다시 난카이(南海) 해구 거대지진 발생에 대한 우려가 지진 전문가들 사이에서 제기되고 있다. 이에 일본 정부는 최대 사망자 32만 명에 경제피해 220조 엔(한화 2천 501조 원)이 예상되는 난카이(南海) 해구 거대지진에 대비하는 법률 정비를 검토하기로 했다(연합뉴스, 6. 29). 이와 같은 일본의 현 상황을 고려해 볼 때, 방재교육은 국가의 존립 자체를 좌우하는 중대한 과제가 아닐 수 없다.

일본에서 방재교육에 대한 연구가 본격적으로 시작된 것은 1995년 한신·아와지 대지진(阪神淡路大震災) 이후이다. 1996년 이후, 방재교육에 관한 논문의 수가 급증한 것과 1999년 방재교육에 관한 본격적인 연구를 위해 '일본안전교육학회'가 출범한 것이 이를 뒷받침한다. 이처럼 일본에서 적극적 의미의 방재교육이 실시된 것은 불과 20년 정도로 생각보다 그리 길지 않다. 물론 한신·아와지 대지진 이전에도 학교 안전교육의 일환으로 소극적 의미의 방재교육이 실시되기는 했지만 학습지도요령에서 정한 교과목을 바탕으로 지식습득이 주된 활동이었다. 그러나 한신·아와지 대지진과 동일본 대지진을 계기로 일본 사회는 지식전달 중심의 방재교육에 대한 문제점을 명확히 인식하게 되었다. 이에 필자는 일본의 고등교육기관 특히 대학을 중심으로 한 방재 실천 현황을 분석함과 동시에 방재교육의 의미를 진로 및 교양 교육의 관점에서 재검토함으로써 향후 우리나라의 대학방재교육에 유의미한 시사점을 도출하고자 한다.

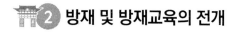

방재 및 방재교육의 전개

1) 방재대책의 역사적 변천 과정

일본의 방재교육을 고찰하기에 앞서 방재교육의 근간을 이루는 방재대책의 전개과정을 개괄해 보기로 한다. 전후 일본의 방재대책은 크게 3시기로 구분된다. 제1시기는 1961년 이전, 제2시기는 1961~1995년, 그리고 제3시기는 1995년 이후이다(城下英行, 2013: 98). 시로시타 히데유키(城下英行)는 이 세 시기의 특징에 대해 제1기는 '전문가 부재형', 제2기는 '전문가 주도형', 제3기는 '방재활동의 종합화'로 규정하고 있다(2013: 101). 이러한 시기 구분이 가능한 것은 1961년이 일본에서는 처음으로 「재해대책기본법」을 제정한 해이고, 1995년은 한신·아와지 대지진이 발생한 해이기 때문이다. 「재해방지기본법」은 1959년 약 5천 명의 인명 피해가 발생한 이세만 태풍(伊勢湾台風)을 계기로 제정된 법률이다. 제정 목적은 다음과 같다..

국토 및 국민의 생명, 신체 및 재산을 재해로부터 보호하기 위한 방재에 관하여, 국가와 지방 공공 단체 및 기타 공공기관이 필요한 체제를 확립하고, 책무의 소재를 명확히 함과 동시에 방재계획의 작성, 재해 예방, 재해 응급 대책, 재해 복구 및 방재 행정 정비 및 추진을 도모하고 사회의 질서 유지와 공공복지 확보에 이바지하는 것을 목적으로 한다(재해대책기본법 제1조).

　　이 법에 의거하여 일본 정부는 중앙방재회의를 설치하였다. 중앙방재회의 조직은 내각총리대신을 의장으로 방재담당대신과 국무대신, 그리고 내각총리대신이 임명하는 각계의 전문가집단으로 구성된다. 이 법률 제정을 계기로 일본의 방재대책은 국가주도형으로 전환된다. 2012년 일본 내각부의 '방재백서(防災白書)'에 의하면 1961년 「재해대책기본법」 제정 이후 자연재해에 의한 사망자·행방불명자의 수가 「재해대책기본법」 제정 이전에 비해 현저히 감소했음을 알 수 있다. 일본의 방재시책은 법령정비, 과학기술연구, 재해 예방, 국토안전, 재해복구 등 5가지 시책으로 대별된다. 특히 다양한 자연재해에 대한 통계와 상황별 대처에 관한 과학기술연구는 재해로 인한 피해를 감소시키는데 큰 몫을 담당했다. 따라서 제2시기 방재대책의 특징은 과학기술을 기반으로 한 '전문가 주도형'으로 규정할 수 있다.

　　그러나 1995년 한신·아와지 대지진의 발생으로 이러한 정부 주도의 '전문가 의존형' 방재시스템을 근본적으로 재고해야 할 필요성이 대두되었다. 한신·아와지 대지진은 한신 고속도로 교각을 붕괴시켰고, 약 300여 곳에 이르는 곳에 화재를 동시다발적으로 발생시켜 6,400명 이상의 희생자를 낸 거대재난이었다. 방재선진국을 자부하던 일본도 상정(想定)을 넘어서는 대재앙에는 속수무책이었다. 그런데 한신·아와지 대지진 당시, 파괴된 가옥으로부터 구출된 사람의 약 80%는 소방대원이나 자위대원과 같은 전문가집단이 아닌 가족이나 이웃 주민에 의해 구조되었다(河田惠昭, 1997: 5-6). 이러한 사실은 그간 방재대책을 주도해 온 전문가 집단은 물론 그들의 과학적 데이터에 의거한 구조 활동에 강한 신뢰를 갖고 있던 일반인들에게 큰 충격을 주었다. 결국 한신·아와지 대지진과 같은 상정 이상의 대재난은 일본의 '전문가 의존형' 방재시스템의 한계성을 노출시킴으로써 진일보한 방재시스템의 필요성이 제기되는 계기가 되었다.

2) 방재교육의 역사적 변천 과정

일반적인 방재의 개념은 재해의 발생을 미연에 방지하고 재해 발생 시 피해의 확대를 최소화하며 재해의 복구를 도모하는 것을 의미한다. 방재는 흔히 재해대책·재해방지·재해예방과 같은 뜻으로 사용되기도 한다. 일본 정부는 1995년 1월 17일 발생한 한신·아와지 대지진으로 부각된 국가주도형 방재시스템의 문제점을 극복하기 위한 방재교육의 중요성을 재인식하게 되어 방재교육과 관련된 교육지침을 발표하게 된다. 한신·아와지 대지진 이후, 방재교육의 내실화를 도모하기 위해 정부가 수립한 방재교육은 크게 3가지 방향으로 전개되었다. 첫째는 자연재해에 관한 지식과 사전대비, 둘째는 자연재해 발생 시 대처방법, 그리고 셋째는 재해 발생 후 복구대책이다. 방재교육의 목표가 1996년에는 재난방지와 복구에 초점이 맞추어져 있었지만 2007년부터는 재난 피해를 줄이기 위한 교육으로 그 영역이 확대되었고, 2012년 이후에는 자신의 생명을 지키기 위한 주체적 행동을 강조하는 교육으로 변화되었다. 그리고 2013년에 문부과학성이 발표한 『'살아가는 힘'을 키우기 위한 방재교육의 전개』에서는 가정과 지역사회가 연계된 종합적인 방재교육의 중요성이 새롭게 강조되었다. 또한, 지역의 특성

을 이해하고 지역사회에 참여와 공헌을 독려하는 교육은 1996년 이후 변함없이 이어지고 있다. 현재 일본의 방재교육은 중앙방재회의에서 결정된 "재해피해를 경감하는 국민운동추진에 관한 기본방침"과 문부과학성의 "'살아가는 힘'을 육성하는 방재교육 전개" 등의 방침에 의거하여 강의, 실습, e-러닝, 도상(途上)훈련 등 다양한 방식으로 추진되고 있다. 이로 인해 학교교육에 요구되고 있는 방재교육의 내용이 갈수록 심화되고 그 범위 역시 확대되고 있다.

3 방재를 위한 대학의 노력

1) 지역기반 민 · 관 · 학 방재시스템 구축

동일본 대지진을 계기로 일본 지방자치의 기능 가운데 방재시스템이 매우 중요한 쟁점으로 부각되었다. 미증유의 재난을 경험한 일본 국민들에게 철저한 방재시스템의 구축은 더 이상 지방자치단체의 선택이 아니라 필수라는 인식이 확산되었기 때문이다. 이제 지방자치단체는 유사시 지역특성을 고려한 독자적 생존방식을 결정해야 하는 것을 비롯해 지방자치단체의 행정영역이 기존의 주민복지 증진을 넘어서 대형 재난 시 중앙 정부, 인근 지방자치단체 간 연계활동까지 포함하는 적극적인 대응체제를 마련해야 한다(양기호, 2012: 92). 특히 1995년 대지진을 겪은 고베시(神戸市)는 피해복구에 관한 많은 노하우를 센다이시(仙台市)에 제공하였고, 지방자치단체 공무원을 피해지역에 급파하여 응급 구호 및 복구 작업에

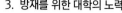

큰 도움을 주었다. 이러한 고베시의 재난 시 방재파트너십 지원방
식이나 이재민을 고베시로 이주시킨 피난자 등록제도 등은 지방자
치단체 간 연계활동의 우수사례로 보도되기도 하였다(松山雅洋,
2011: 14).

　최근 일본의 지방자치단체에서는 재해의 피해 상정이나 지역 방
재대책에 대한 검토가 새롭게 이루어지고 있다. 그 이유는 동일본
대지진을 계기로 갈수록 재해 상정에 의한 피해를 추산하기 어려워
져 기존의 연구 결과로는 효과적인 방재 대책의 검토가 불가능한
상황이 되었기 때문이다. 그러므로 대학에서 행해지고 있는 이
학・공학・사회과학 분야의 다양한 방재연구 성과가 지방자치단
체의 방재과제 해결에 실질적인 도움을 줄 수 있어야 한다는 사회
적 요구가 높아지게 되었다. 대학 방재연구 성과의 사회적 환원은
대학 스스로 사회적 위치에 대한 올바른 인식을 정립하고 사회봉사
의 책임을 완수한다는 측면에서도 매우 가치 있는 일이다. 대학이
추진하는 방재연구는 광의적 의미에서 고등교육기관이 수행할 수
있는 매우 고차원적인 방재교육의 일환이기 때문이다.

　이러한 사회적 요구를 수용한 문부과학성은 2013년 '지역방재대
책지원연구 프로젝트'를 실시하게 되었다. 이 프로젝트는 전국 대
학의 물리・공학・사회과학 분야의 방재연구 성과를 일원적으로
제공하는 데이터베이스를 구축하여, 대학의 방재연구 성과가 사회
에 신속히 환원되도록 함으로써, 지역의 재난방지 및 경감대책에
대한 연구 성과의 활용을 촉진하기 위해서 추진되었다(文部科学省,
2016). '지역방재대책지원연구 프로젝트'는 2016년 3월 15일 최종
적으로 프로젝트의 성과발표회를 마쳤다. 이 성과발표회를 통해

각 지역의 대학이 개발한 방재기술은 신속히 기업으로 이전되거나 지역사회의 방재 및 재난 경감 대책의 최신자료로 활용될 수 있게 되었다. 이러한 '지역방재대책지원연구 프로젝트'는 대학의 연구역량과 연구성과를 민·관에 환원하는 형태로, 방재학 분야의 연구풍토 조성과 실용성 확보에 매우 긍정적인 역할을 했다는 점에서 평가할 만하다.

2) 재해 전문가 육성

(1) 재해예방 전문가 육성

일본 고등교육기관들의 방재 노력은 재해예방 노력과 재해경감 노력으로 대별된다. 일본 전국의 대학은 각자의 대학이 위치한 지역의 요구를 파악하여 방재를 위한 다양한 시도를 기울이고 있다. 간사이대학(関西大学)은 안전·안심이라는 렌즈를 통해 우리가 사는 사회와 인간·자연을 통찰하고 거기에서 발생하는 문제를 해결함으로써, 자연재해·사회재해의 최소화를 목표로 2010년 사회안전학부를 개설하였다.

간사이대학 사회안전학부 교육의 핵심은 자연재해 및 사회재해(사고)에 대한 대처이지만 최근 급속하게 사회적 관심이 고조되고 있는 식생활 안전이나 환경위험 문제, 그리고 건강위험 요인 등으로까지 그 교육영역을 확대해 가고 있다. 이 학부가 표방하는 교육목표는 방재를 위한 세 가지 핵심역량의 육성에 있다. 첫째는 지역과 사회의 안전 문제를 읽어 내는 능력을 익히고, 문제해결을 위한 방안을 수립하고 실천할 수 있는 능력, 둘째는 안전의 유지·계승 구조와 안전 확보 방안을 이해하고 다른 분야의 전문가와 기술자를 코디할 수 있는 능력(타 분야의 전문가와 의사소통할 수 있는 테크노 리터러시), 셋째는 안전 문제의 해결을 위해 영어로 외국인들과 의사소통을 할 수 있는 능력이다. 다시 말해 사회안전학부의 인재상은 '지역적·전국적·국제적 안전 문제를 종합적으로 기획·입안하고 관리하여 안전·안심 사회를 실현할 수 있는 인재'라고 할 수 있다(関西大学, 2017).

최근 일본의 방재교육은 국가 주도의 표준교육과정을 넘어 각 대학을 중심으로 전문화되고 특성화되는 추세에 있다. 이러한 사회적 변화에 따라 고베학원대학(神戸学院大学)은 2014년 4월에 현대사회학부 내에 사회방재학과를, 도쿄공업대학(東京工業大学) 역시 라이프디자인학부 내에 안전·안심 생활디자인학과 등을 개설하는 등 지방대학을 중심으로 방재관련 학과를 속속 신설하고 있다. 이는 적극적인 재난예방을 위한 인력양성을 통해 보다 안전하고 재해에 강한 사회 만들기에 대학이 적극적으로 동참하려는 의지를 표명한 것으로 해석할 수 있다.

(2) 재해경감 전문가 육성

동일본 대지진 당시 전국의 수많은 자원봉사자는 물론이고 각계각층의 전문가가 지진구호와 복구를 위해 투입되었다. 그러나 이러한 피해 현장에서 대학병원의 치대교수(치과의사)들이 어떠한 공헌을 했는지 아는 이는 극소수이다. 치대교수들은 우선 치아를 통

한 신원확인 작업을 통해 시신을 신속히 희생자 유족에게 인도하는
데 크게 기여했다. 또한, 피해 지역은 노령인구가 많은 지역으로 지
진 피해가 발생했을 당시, 의치를 분실한 노인이 상당수였다. 지진
으로 인한 정신적 쇼크 상태에 빠진 고령자들이 의치까지 분실하여
영양섭취가 제대로 이루어지지 못할 경우, 피난소 생활이 불가능해
지는 것은 물론이고, 심각한 건강상의 위험을 초래할 가능성이 있
다. 이러한 재난 상황의 개선에 치과의사나 치과의대생들의 봉사
는 매우 효과적이었다.

　그러나 이러한 치대교수들의 의료봉사활동은 대부분 사전 계획
이나 준비 없이 이루어진 것으로 체계적이지 못한 부분이 많았다.
이를 계기로 일본의 의료전문가들은 지역사회에 꼭 필요한 의료서
비스의 방향성과 내용에 대한 연구를 새로운 학문적 과제로 인식하
게 되었다. 그 일례로 일본 대지진 당시 필자가 근무했던 가나가와
치과대학(神奈川歯科大学)은 일본 남동부 미우라반도(三浦半島)의
최남단에 있는 가나가와현(神奈川県) 요코스카시(横須賀市)에 위치
하고 있는데 이곳은 활단층(活断層)이 집중해 있는 지역으로 지진
발생 확률이 매우 높은 지역이었다. 게다가 미군의 해군기지가 주
둔하고 있어 원자력 항공모함을 포함한 원자력 관련 시설도 다수
존재했기 때문에 지진이 발생할 경우, 어느 지역보다 큰 피해가 우
려되는 상황이었다. 이러한 지역적 상황을 고려한 가나가와 치과
대학은 재해치과의료연구와 이를 수행할 인재 육성 및 재해의료치
과학이라고 하는 새로운 학문 영역의 개척을 시도하였다. 그 일환
으로 2013년 7월, 지자체 및 지역치과의사협회와 연계하여 '요코스
카·쇼난(湘南)지역 재해의료치과학연구센터'를 설립하고 관련 강

좌를 일본 최초로 대학원에 개설하였다. 이 강좌는 피해자의 구강케어와 치형에 의한 시신의 신원 감식 등 재난 발생 시 활약할 수 있는 치과의료 종사자를 육성하는 것을 주요 골자로 한다(読売新聞, 2012. 5. 16). 이처럼 일본의 대학들은 '요코스카 · 쇼난지역 재해의료치과학연구센터'와 같은 전문기관의 운영을 통해 재해경감을 위한 전문인을 양성함으로써 궁극적으로 재해에 강한 지역 만들기에 앞장서고 있다.

3) 방재교육의 실천

(1) 사회공헌적 방재교육

타자와의 무한경쟁을 통한 과학의 발전이나 세계화가 반드시 인류 공영에 긍정적 영향을 미치지 않는다는 것은 주지의 사실이다. 왜냐하면 21세기 사회는 '제로섬(zero-sum)의 시대'가 아니라 '윈윈(win-win)의 시대'이기 때문이다. 기업경영의 주제도 경쟁에서 협력으로 빠르게 전환되고 있다. 이는 미래사회의 기업경영은 나눔과 상생에 달려 있다는 인식에서 비롯된 것이다. 이 같은 인식의 확대는 기업뿐만 아니라 대학교육에도 영향을 미치고 있다. 과거 대학교육이 전 세대에서 다음 세대로의 지식전달이 중심이었다면 오늘날의 대학교육은 다음 세대를 대상으로 한 역량개발이 중심이 되었다. 여기서 대학교육을 통해 개발된 역량은 기본적으로 미래사회에 대응할 수 있는 시민 육성을 위한 것임은 두말할 필요가 없다.

이미 대학교육의 목표가 지식전달에서 역량개발로 변화하게 된

이상, 대학교육의 목표에는 인간이 나아가야 할 올바른 방향성이
내재되어 있어야 한다. 그 방향성은 곧 상생의 사회구현일 것이다.
상생하는 사회는 공동체 의식과 사회공헌 의식으로 실현될 수 있
다. 따라서 '어떻게 하면 학생들에게 자신의 행복과 이익을 확보하
게 하고 타인의 행복과 이익에도 기여할 수 있는 Win-Win의 관계
를 구축하게 할 것인가, 그리고 어떻게 하면 대학이 지속발전 가능
한 사회를 구현하는 데 기여할 수 있는가'에 대한 연구와 교육은 이
제 대학의 선택이 아니라 의무가 되었다.

　일본에서는 국가의 위기관리시스템 차원에서도 대학교육의 사
회공헌 커리큘럼 구축이 절실히 요구되고 있다. 이에 문부과학성
에서는 2009년 '대학교육 내실화를 위한 전략적 대학연계지원 프
로그램'을 공표하였다. 그중 하나가 'TKK 3개 대학 연대 프로젝트'
이다. 이 프로젝트는 '방재 · 재난 경감을 위한 봉사활동 중심의 사
회공헌교육 전개'를 추진하기 위해 실시되었으며 미야기현(宮城県)
의 도호쿠후쿠시대학(東北福祉大学)과 도쿄도(東京都)의 고가쿠인
대학(工学院大学), 효고현(兵庫県)의 고베가쿠인대학(神戸学院大学)
등이 참여하였다. 3개 대학이 가진 각각의 특장점을 활용함과 동시
에 인문계와 이공계의 융합을 통한 고도의 연구와 전문화된 교육을
실시함으로써 사회공헌에 이바지하는 것이 목표이다. 프로젝트의
목표를 좀더 구체적으로 설명하면 다음과 같다.

　　방재 · 재난 경감, 환경 및 자원봉사에 관한 고도의 실용적인
　　교육을 위해 3개 대학 공동의 전문교육과정 '상호학습(学び合
　　い)', 3개 대학 연계 과외활동 '나눔학습(分かち合い)', 재해 시

에 원활한 대학 운영을 위한 3개 대학 간 백업 시스템과 학생 주
체의 실천훈련 '상부상조(助け合い)' 운동을 전개함으로써 궁극
적으로는 학생의 학사력(学士力) 향상 및 각 대학의 활성화, 위
기관리 능력 향상을 지향한다(神戸学院大学, 2009).

고베가쿠인대학은 방재·재난 경감·봉사활동 등에 관한 전문
인력 양성을 위한 상호학습 프로그램 구축을 통해, 고가쿠인대학은
재난 시 원활한 대학운영을 위한 대학 간 종합 연계시스템 구축을
통해, 그리고 도호쿠후쿠시대학은 봉사활동을 중심으로 한 과외활
동을 통해 사회공헌에 이바지하고 있다. 이들 방재활동을 대학의
학사운영측면에서 분석해 보면 고베가쿠인대학은 정규 교과교육
과정으로, 고가쿠인대학은 학사운영을 위한 기반시스템으로, 도호
쿠후쿠시대학은 비교과 교양교육과정으로 이 프로젝트를 수행하
였다. 방재를 위한 이들 대학의 연대는 학사력의 증진이라는 대학
본연의 기능적 목표 달성으로 종합화된다는 점에서 사회와 대학 양
측 모두를 위한 상생 프로젝트라고 할 수 있다.

또한, 'TKK 3개 대학 연대 프로젝트'는 방재·재난 경감, 환경,
자원 봉사에 관한 전문적인 지식과 능력의 바탕 위에 '사회공헌의
마음가짐', '사회공헌에 필요한 전문지식', '고도의 사회 즉전력', '스
스로 주제를 설정하고 프로젝트를 입안·실행하는 인간력'을 가진
인재를 육성하고자 하였다(神戸学院大学, 2009). 이러한 능력을 갖
춘 학생들은 중앙 정부나 지자체, 소방·경찰과 같은 방재기관, 위
기관리 관련 기업, 복지 관련의 국제협력기구 등 다양한 직업 영역
에서 활동하고 있을 뿐만 아니라, 지역이나 직장을 비롯한 다양한

곳에서 자원봉사의 리더 역할을 수행하고 있다.

이처럼 'TKK 3개 대학 연대 프로젝트'는 사회공헌이라는 목표를 위해 각각의 대학이 가진 장점을 최대한 살리면서도 나아가 '사회공헌학'이라고 하는 새로운 학문영역을 개척했다. 또한 이 프로젝트는 '사회공헌학'의 전국적인 확산을 위한 광역 지역 간 네트워크의 핵으로 대학이 기능하게 되었다는 점에서도 높이 평가할 수 있다. 결과적으로 이러한 대학 간 연대 프로젝트의 수행은 원거리 지역의 재해 발생 시, 상호 간의 백업이 가능한 위기대응체제를 구축함으로써 재난 극복을 위한 대학의 좋은 사회공헌 사례가 될 수 있을 것이다.

(2) 지역특성기반 방재교육

현재 일본에서는 대학 주도로 방재 관련 교육프로그램 및 교재 개발이 활발히 이루어지고 있다. 여기에서는 지역 특성을 고려한 다양한 교육프로그램 및 교재 개발에 적극적인 노력을 기울이고 있는 여러 대학 중 와카야마대학(和歌山大学)의 실천사례를 살펴보고자 한다. 와카야마현(和歌山県)에서는 2014년 3월에 지진피해 상정조사를 실시하였다. 이는 실제로 발생 가능성이 높은 거대 지진과 쓰나미를 예측하고, 이를 바탕으로 각계각층과의 공조시스템을 구축하여 방재 및 재난경감 대책을 강구함으로써 재난 피해를 최소화하고자 하는 노력의 일환이다. 이 조사에 앞서 2013년에 실시한 지역 주민(県民) 대상의 사전 설문조사에 따르면, 동해·동남해·남해 3연동 지진 및 남해 트로프 거대 지진에 대한 관심도를 묻는 문

항에서 '매우 관심이 있다' '관심이 있다'라고 답한 응답자 수의 합계가 전체 응답자의 80%를 상회하고 있다(和哥山県, 2014).

이처럼 주민 대다수가 지진과 쓰나미 등의 재난에 깊은 관심을 나타내고 있는 와카야마현의 유일한 국립대학인 와카야마대학이 방재연구와 방재교육에 관심을 기울이는 것은 대학의 사회적 책임이라는 측면에서도 당연한 일일 것이다. 와카야마대학은 광역 재해의 발생 시, 피해를 최소화하는 데 대학의 지적 자원을 최대한 유효하게 활용하기 위해 각 지자체 조직과 기관, 교육현장, 지역사회와의 협력을 기반으로 '대학방재연구교육센터'를 대학 내에 설치하였다. 이 센터는 지역의 방재과제를 검토함과 동시에 방재리더의 육성을 통해 방재력을 갖춘 지역 만들기에 적극적으로 앞장서고 있다. 특히 지역방재교육의 키워드를 '자연에 대한 이해', '상상력', '대응능력'으로 설정하고(此松昌彦, 2015: 85), 방재에 대한 개념이 희박한 상태의 주민들에게 능동적인 방재활동을 유발할 수 있도록 하는 체계적인 방재교육 프로그램을 개발하여 전파하고 있다.

또한 '대학방재연구교육센터'는 실제 초·중·고의 학교현장에서 요구하는 실용적 교육프로그램과 교재 개발을 위해 센터의 전문연구진은 물론이고 일선 교사, 그리고 지자체 담당자들과도 긴밀한 협업시스템을 가동하고 있다. 또한 센터장인 고노마쓰 마사히로(此松昌彦, 2015: 87)에 의하면 이 센터에서는 기존의 방재교육 프로그램과는 차별화된 접근을 시도하고 있다고 한다. 마케팅 전략 수립에 소비자의 수요분석이 가장 중요한 요소이듯, 방재교육 프로그램 역시 학습자의 행동력을 유발하는 설득력이 가장 중요한 요소라는 점에 착안하여 방재교육 프로그램 개발에 공공 마케팅의 개념을

도입한 것이다. 교재 역시 단순한 텍스트를 넘어 동영상, 이미지, 스토리텔링, 보드게임 등을 활용한 새로운 개념의 교재를 개발하는 등 와카야마대학의 방재교육에 대한 다양한 시도는 교육계의 주목을 받고 있다. 또한 와카야마대학에서는 지구학을 비롯한 다양한 방재관련 강의를 교양교육과목으로 개설·운영하고 있다. 이는 방재·재난 경감에 대한 풍부한 지식을 습득하고 재해 대처에 능숙한 학생, 즉 자신의 생명은 물론 타인의 생명까지 지킬 수 있는 사회인을 배출하는 것 역시 사회공헌에 이바지해야 하는 대학의 중요한 역할 중 하나로 인식하고 있기 때문이다.

4 결론 및 시사점

이 절에서는 일본 방재정책의 역사적 변천과 한신·아와지 대지진 이후의 일본 방재교육을 개괄함과 동시에 오늘날 일본의 대학들이 사회기여의 관점에서 실천하고 있는 다양한 방재활동 현황을 고찰하였다. 우선 전후 일본의 방재대책의 변천 과정은 크게 세 시기로 구분된다. 제1시기는 1961년 이전의 전문가 부재 시기, 제2시기는 1961부터 1995년까지의 전문가 주도 시기, 그리고 제3시기는 1995년 이후의 방재활동의 종합화 시기이다. 일본의 본격적인 방재교육의 시작은 제3시기부터라고 할 수 있고, 그 계기가 된 사건은 1995년에 발생한 한신·아와지 대지진이다. 이 지진 이후 일본의 방재교육은 세 가지 측면에 역점을 두고 실시되었다. 첫째는 자연재해에 관한 지식과 사전대비에 관한 것, 둘째는 자연재해 발생

시 대처방법에 관한 것, 셋째는 재해 발생 후 복구대책에 관한 것
이다.

　1995년 이후 방재활동의 종합화 시기에는 방재를 위한 사회 각
계각층의 노력이 고조되었고 특히 그중에서도 대학의 역할이 두드
러지게 된다. 방재에 관련한 대학의 노력을 특징면에서 살펴보면
크게 세 가지로 대별된다. 첫째는 민·관·학 연대에 기반한 연구
성과 환원형, 둘째는 방재·재난 경감 전문가 육성형, 셋째는 방재
교육 프로젝트 주도형이다. 연구성과 환원형의 대학으로는 '지역방
재대책지원연구 프로젝트'에 참여한 도쿄대학, 교토대학, 나고야대
학 등을 들 수 있다. 또한 방재·재난 경감 전문가 육성형 대학으로
는 가나가와치과대학이나 간사이대학, 고베학원대학이 있다. 끝으
로 방재교육 주도형 대학으로는 'TKK 3개 대학 연대 프로젝트'를
수행한 도호쿠후쿠시대학, 고가쿠인대학, 고베가쿠인대학 등이 있
고 특히 지역 방재교육에 앞장서고 있는 대학으로는 와카야마대학
이 대표적이다.

　이러한 대학의 방재 노력을 대학의 교육과정 측면에서 구분해
보면 전공 중심의 진로교육과 시민교육 중심의 교양교육으로 구분
할 수 있다. 즉 대학의 방재교육을 통해 지구학, 사회공헌학, 방재
학, 재해의료치과학 등 새로운 학문영역을 개척함으로써 학생들에
게 새로운 진로 선택지를 확대시킬 수 있고, 다양한 공동체 중심의
봉사활동을 통해 능동적인 시민 교육이라는 교양교육의 가치를 극
대화시킬 수도 있다. 이처럼 방재교육에 있어서 진로교육과 교양
교육이라는 두 개의 중심축은 개방형 협업을 중시하는 4차 산업혁
명시대의 핵심역량 교육으로서도 큰 의의가 있다.

지금까지 고찰한 바와 같이 일본 대학의 방재교육은 이제 더 이상 정부 주도형이나 전문가 주도형 교육이 아니며 지식이나 기술 전달형의 매뉴얼 교육도 아니다. 일본 대학의 방재교육은 각자가 위험으로부터 자기 스스로를 방어하는 능력을 획득하게 하는 것은 물론 재난 경감이나 재난 복구를 위해 적극적으로 사회에 참여하는 능동성을 기반으로 한 '방재학습'의 시대를 열어 가고 있다. 즉, 정보나 지식 면에서 우월한 어느 한쪽이 그것이 부족한 다른 한쪽에게 일방적으로 '지(知)'를 전수하기 보다는 일반인과 전문가가 대등한 입장에서 방재활동에 참여하는 과정을 통해 서로 가르치며 성장하는 21세기형 '방재의 교학상장' 시대를 맞이하고 있는 것이다.

끝으로 이 논문의 연구 결과를 토대로 한국 대학의 방재교육을 위한 시사점을 도출해 보면 다음과 같다. 첫째, 대학은 안전·안심이 가능한 사회구현에 공헌하기 위한 방재 전문성을 확보해야 한다. 둘째, 대학의 방재교육은 학문 연구라고 하는 대학의 본래 기능적 측면의 전문교육과정과 공동체 사회의 시민역량을 고양할 수 있는 교양교육과정이 유기적으로 결합되어 있어야 한다. 셋째, 대학은 학생들과 시민들에게 서로 다른 환경에 처한 여러 그룹과의 접촉 경험을 독려함으로써 어려움에 처한 이들을 위한 봉사가 상생을 위한 민주시민의 자연스러운 권리이자 책무임을 인식하게 해야 한다. 지금까지 고찰한 방재를 위한 일본 대학 차원의 다양한 노력은 현재 매뉴얼식 방재교육에 머물러 있는 한국의 대학방재교육에 시사하는 바가 크다.

참고문헌

서정표·조원철(2012). 방재역량 강화를 위한 방재교육훈련 활성화방안 연구. 한국방재학회논문집, 12(2), 95-105.

양기호(2012). 동일본 대지진과 일본지방자치의 대안 모색. in 서승원 외 편. 3.11 동일본 대지진과 일본. 저팬리뷰 2012.

연합뉴스(2016. 6. 29). 일본 '난카이 해구 거대지진' 대비법 정비 검토.

河田惠昭(1997). 大規模地震災害による人的被害の予測(阪神·淡路大震災〈特集〉). 自然災害科学, 16(1), 京都大学防災研究所巨大災害研究センター, 3-13.

此松昌彦(2015). これからの防災教育に果たす大学の役割. 地質技術, 5 (蒜山地質年代学研究所創立20周年記念特集), 85-88.

城下英行(2013). 防災·減災のための社会安全学: 防災教育の実現に向けて. 東京: ミネルヴァ書房.

松山雅洋(2011). 神戸市の支援の特徴. 都市政策, 神戸市問題研究所, 14-27.

関西大学(2017). 社会安全学部, http://www.kansai-u.ac.jp/Fc_ss/ (2017. 1. 15. 인출).

神戸学院大学(2009). TKK3大学連携プロジェクト「防災·減災·ボランティアを中心とした社会貢献教育の展開」, http://www.kobegakuin. ac.jp/~tkk/project/ (2017. 1. 15. 인출).

地域防災対策支援研究プロジェクト(2016. 12. 28). 概要·目的, http://all-bosai.jp/chiiki_ pj. (2017. 1. 15. 인출).

文部科学省(2016). 平成27年度「地域防災対策支援研究プロジェクト」成果発表会の開催について「知の力による地域の防災力アップをめ

ざして」, http://www.mext.go.jp/b_menu/houdou/28/02/1367158. html (2017. 1. 15. 인출).

和歌山県(2014. 7). 地震・津波に関する県民意識調査(2013), http://www.pref.wakayama.lg.jp (2017. 1. 15. 인출).

和歌山大学(2017). 災害科学教育研究センター, http://www. wakayama-u.ac.jp/bousai/ (2017. 1. 15. 인출).

読売新聞(2012. 5. 16). 国内初の「災害医療歯科学」, http://www. graduate. kdu.ac.jp/saigai/news/20120516.html (2017. 1. 15. 인출).

제11장

재해문화와 안전교육: 한국에 주는 교훈과 대학의 역할

김영근 (고려대학교)

제11장
재해문화와 안전교육:
한국에 주는 교훈과 대학의 역할

김영근 (고려대학교)

1 서론: 재난사를 통해 얻은 교훈을 누구에게 어떻게 가르칠 것인가

동일본 대지진 이후 미증유의 복합적 재해 문제('대지진', '쓰나미', '원전사고')가 비단 일본만의 문제가 아니라 동아시아의 지역적 문제, 나아가 전 세계적인 이슈로 대두되고 있는 상황이다. 한국 또한 '4·16 세월호 침몰사고(2014년)'라는 대형재난(대재해)을 경험하고 북핵문제, 테러, MERS(중동호흡기증후군) 의료재해 등 다양한 '위험'에 노출되어 있어 이에 대한 관심이 높아지고 있으며, 한국이 처한 위기관리 및 재난(재해)학 구축을 위한 토대를 시급하게 마련해야 한다. 이에 일본의 재해 및 안전 이슈를 점검하고, 나아가 재해문화와 안전에 관한 대학 혹은 교육의 역할을 제고하고자 한다(김영근, 2015a: 1039−1060).

우리 사회는 3년 전 결코 잊어서는 안 될 4·16 세월호 재해를 경험했다. 모두가 잊지 않겠다고 바꾸겠다고 외치고 다짐했지만 과연 제대로 대응책을 마련하여 위기관리 선진국이 되었다고 자신할 수는 없는 노릇이다. 과연 우리 사회의 안전피라미드 구조를 제대로 이해하고 있는가가 관건이라 할 수 있다. 안전피라미드의 넓은 최하층은 물, 불, 전기, 공기 등의 기저문화를 다루는 정부와 공공기관, 그 위에 기업, 대학과 연구소, 법과 언론, 그리고 최상층에는 국민들의 안전생활화가 순서대로 배치되어 유기적으로 작동해야만 비로소 제대로 기능을 발휘한다.

이 글의 분석대상은 안전피라미드에서 지금까지 가장 역할이 미비했다고 여겨지는 교육 부문, 특히 대학의 역할에 주목하고자 한다. '4·16 세월호 재해'에 관해 어떻게 가르치고 배울 것인가에 관한 물음에 "교육을 통해 '사회적 기억'으로 승화시켜야 한다(전치형, 2016. 4. 15.)."는 주장에 귀 기울일 필요가 있다. 또한 "세월호의 모든 것을 이해하고 가르칠 수 있는 사람은 없지만, 각자가 아는 만큼을 정리하고, 공유하고, 결합해서 서로 합의할 수 있는 '세월호 지식'을 만드는 일은 할 수 있다."라는 주장처럼, 단일 학문영역(discipline)을 넘어 학제적 접근 방식이 요구된다. 그렇다면 세월호(재난과 안전이슈)를 누구에게 가르쳐야 할까? 한국과 일본의 재해 거버넌스를 비교하여 얻어 낸 가장 큰 교훈은 안전교육의 내용과 대상에 관한 것이다. 결론적으로 '가장 안전한 사회를 구축하기 위한 교육의 대상자는 가장 먼저 책임을 짊어지는 자리'이다. 바꾸어 말하자면, 일본재건이니셔티브의 후나바시 요이치(船橋洋一) 이사장이 지적하는 바와 같이 "최고의 리더, 신뢰받는 리더십을 발휘하기를 희망하

는 사람은 우선 스스로의 안전윤리 및 위기관리 능력을 확보해야 할 것이다."

　이상에서 언급한 문제의식과 분석방법을 바탕으로 다음과 같은 구성으로 논하고자 한다. 제2절에서는 동일본 대지진 및 후쿠시마 재해현장의 대응사례를 중심으로 일본의 안전문화에 관해서 고찰하고, 현장(체험) 중심의 재난안전 교육체계가 구축되어야 하는 현 상황을 해부한다. 제3절에서는 한국의 안전문화는 어떻게 인식되고 있으며, 과연 중요한 요소인가, 또한 재해 발생 시 이와 관련해서는 무엇이 문제인가에 관해 분석한다. '한국의 잃어버린 재해 거버넌스 20년'이 초래한 한일 간의 위기관리를 둘러싼 재해문화에 관한 격차를 규명하고자 한다. 나아가 안전사회 구축을 위한 대학의 역할에 주목하여, 새로운 대안을 제시한다. 마지막으로 제4절에서는 미래 교육이라는 관점 하에 글로벌 시대의 재난과 안전 거버넌스 구축을 위한 세 가지 제언으로 결론을 대신하고자 한다. 첫째, 한국의 고등학교 및 대학(교)에 재난 및 안전을 다루는 학과의 개설이 시급하다. 둘째, 미래형 기초 교양과정으로 '미래사회의 안전' 어젠다(agenda)가 매우 중요하며, 이를 위한 대학의 교육 플랫폼을 마련해야 한다. 셋째, 포스트 '5·31 교육개혁'으로 관심이 높아지고 있는 새로운 '4·16 교육체제' 구축을 서둘러야 한다.

 일본 3·11 후쿠시마의 교훈

1) 일본의 안전문화, 재해부흥문화

한국이 사회안전문화를 구축하는 데 있어 교육과 연계시키기 위한 체계적인 노력 및 제도적 뒷받침이 필요하다. 그렇다면 일본 3·11 후쿠시마의 재해현장에서 얻은 안전문화와 관련된 교훈(田中真理·川住隆一·菅井裕行, 2016)은 무엇인가?

첫째, 동일본 대지진의 복구·부흥·재생 과정에서 일본의 재해문화는 직업윤리 등 심리 교육적 측면이 중요하다. 둘째, 재해가 문화에 영향을 미친다는 점에 착안한다면, '재해문화' 혹은 '재해와 문화'라는 어젠다는 '재해인류학' '재해예방사회학' '재해경제학' '재해인지심리학' '재해사상학' '재해역사학' '의료재해학' '예방재해의학' 등 다양한 학문영역(discipline)과 연계하여 논의되고 재해부흥 과정에 도입되어야 한다. 셋째, 국가 혹은 기업, 지역커뮤니티 등 다양한 행위자의 사회적 책임(CSR)은 안전문화의 창출 및 실천(안전사회 구축)을 위해서 매우 중요한 요소이다.

한편 재해복구, 부흥, 재생 과정에서 재해(재난)학의 유형과 재해거버넌스의 변화요인은 다양하다. 예를 들어, 재해로부터의 복구·부흥·재생 과정에서 일본의 재해문화는 도시부흥, 사회부흥, 산업부흥, 가족부흥이라는 융복합적 재해복구와 밀접하게 관련되어 있다. 또한 재해의 공간(피난소, 가설주택 등) 및 재해 관련 행위자(지방 자치체, 시민·기업, 국가 등), 재해 이후 물적·심리적 지원 체제와 연계되어 재해문화는 변화하기도 한다.

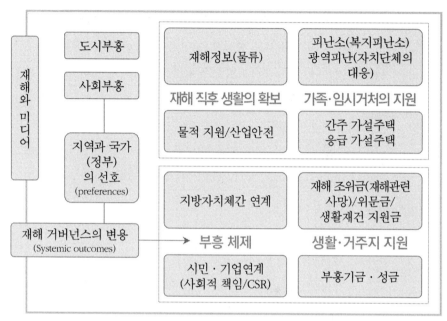

[그림 11-1] 재해복구, 부흥, 재생 과제와 문화적 요소의 상관관계

　일본의 안전문화 및 재해부흥문화를 이해하는 데 있어서 그 단서를 제공하고 있는 '일본 정권교체의 재해사회학·재해문화학'은 매우 흥미로운 주제이다. 특히, 재해다발국가인 일본으로서는 대재난에 제대로 대응하지 못한 정부로 평가될 경우 '정권교체'로 이어질 정도로 그 영향력은 적지 않다. "일본의 민주당 정권은 굉장히 약한 정부이다. 2011년 당시 동일본 대지진 이후 재해복구 및 부흥 과정에서 강한 리더십을 요청하는 상황이었으며, 이는 민주당 정권 자체가 만들어 냈다. 말하자면 불안감과 우경화를 일본 내에서 양산하는 체제였다라고 볼 수 있다(김영근, 2012b)." 결과적으로는 3·11 대재해가 '잃어버린 20년'이라는 침체된 일본경제를 가속화

시킴으로써, '경제 불황(위기)'으로부터 탈피하고자 하는 사회문화적 정책선호(지지기반)를 바탕으로 한 자민당 정권이 재탄생하게 되었던 것이다. 당시 3 · 11 발생 직후 초기대응은 신속하게 전면전에 직접 나섰으나, 민주당 실무진의 행정절차(매뉴얼)에 대한 미숙함으로 구호품이 제대로 전달되지 않아 재해지역에서의 정부불신이 고조되었다. 또한 예상치 못했던 후쿠시마 원전사고까지 발생하면서 대처가 부진하고 미숙했다고 평가됨으로써, 결국 다음해 총선에 자민당으로 정권 교체되는 것에 영향이 있었다고 평가된다.

　주지하다시피 일본의 재난대응시스템 잘 되어 있긴 하지만 2011년 동일본 대지진과 구마모토 지진(2016년 4월)을 경험하는 과정에서 많은 취약성과 한계를 드러내고 있는 상태이다. 더불어 규슈지역이 비교적 지진발생 확률이 적었던 지역이라는 의외성이 불안을 야기하고 있다. 그러한 이유로 아베정부의 발 빠른 대처능력이 주목을 받았다. 4월 14일 1차 구마모토 지진 발생 이후, 26분 만에 언론 인터뷰를 진행하며 국민 안심시키기에 나섰고, 이후 위기관리센터로 이동 후, 피해 상황 파악에 진력하여 재난대응 전면에 직접 나서 발 빠르게 행동하는 모습이 돋보인 바 있다. 향후 아베 정권의 진로는 "초기대응에 긍정적인 평가를 이끌어 낸 아베총리가 재해 이후 마무리까지 현재의 평가와 지지를 이끌고 갈 수 있다면, (이는 일본의 사회문화적 요인을 제대로 정책에 반영한 형태로써) 앞으로 남은 임기 동안 더 단단한 지지와 탄력이 될 수도 있을 것이다(김영근, 2016)."

2) 일본의 재해 및 안전 교육: 활용 및 현황

일본 정부사고조사위(政府事故調査委)의 최종 조사보고서에는 도쿄전력(東京電力)의 위기관리(대응)와 관련하여, 교육과 훈련의 문제점을 지적하고 있다. "스스로 생각해서 사고에 임하는 자세가 충분치 않고 위기대처에 필요한 유연하고 적극적인 사고가 결여되었다. 도쿄전력이 그와 같은 자질 능력의 향상에 주안점을 둔 교육 및 훈련을 해 오지 않았다는 것에 문제가 있었다. 도쿄전력을 포함한 현장의 산업계(事業者)는 물론이거니와 국가도 일본에서 노심용융(熔融)과 같은 사고는 절대 발생하지 않는다는 안전신화(安全神話)의 허상에 사로잡혀 있었다."

『재해에 강한 사회를 만들기 위하여: 과학자의 역할과 대학의 사명』(가마타, 2013)은 '미래'를 위한 연구자와 대학의 역할에 관해 문제제기하고 있다. 특히 재해에 강한 사회를 구축해 나가는 데 있어서, 과학과 대학의 역할은 무엇인가? 이때 과학자는 과연 믿을 수 없는가, 그리고 대학은 무엇이 가능한가 묻고 답하고 있다. 대형지진, 쓰나미와 원전사고에 직면하여 공학자(원자력공학자, 방재공학자)와 사회학자(재해사회학, 공공철학·사회적 선택이론) 4명이 각자 재해에 강한 사회의 구성이라는 관점에서 동일본 대지진을 융복합적으로 검토하고 있다. 재난대비와 위기회복력을 위한 대학의 역할은 무엇인가를 제시하고 있다는 점에서 유용하다. 한편 울리히 벡(Ulrich Beck, 2014)이 말하는 '위험사회' 혹은 '위기의 시대'에 학문과 대학의 사명을 재조명하고자 하는 노력이 한국에서도 조속하게 이뤄져야 할 소명으로 여겨야 한다. 과학과 기술의 발달이 가져

온 현대사회의 위험(성) 및 사회 정치적인 가능성(대응)에 대한 비
판적 견해는 포스트 4·16을 살고 있는 한국에 주는 시사점은 매우
크다고 할 수 있다.

　1995년 한신·아와지 대지진 발생 이후 재해와 교육에 관해서는
일본의 재해전문서적에서 확인할 수 있다. 대표적인 저서로 『검증
3·11 동일본 대지진(検証: 東日本大震災)』은 일본 대학의 재해대
응 현황과 역할을 제시하고 있다. 간사이(関西)대학의 전문가들 특
히 사회과학 및 자연공학 전문가들이 모여 동일본 대지진에 대한
철저한 검증을 시도하고 있다. 저자들인 간사이대학의 사회안전연
구과 소속 연구진들은 동일본 대지진의 검증을 통해 원자력사고의
대응과 부흥사업의 난관은 물론이거니와 앞으로 일본을 덮칠 다양
한 국가적 재난의 유형들을 분석함으로써 선행적·사전적 재해대
책을 통한 재해감소, 즉 감재(減災)의 중요성을 강조한다. 자연계
(자연재해)의 극히 일부로 해석하는 물리적 이해와 재해와 사회안
전에 관한 선행연구(사회재해)의 성과를 정리하고 관련 현상을 검
증하는 사회적 이해가 필요함을 역설한다. 재해연구가 실제로 재
해감소에 공헌할 수 있는 실천과학(実践科学)으로서 빛나게 하게
위해서는, 사회적·물리적 연구 성과의 중개역할을 수행하는 『검
증 3·11 동일본 대지진(検証: 東日本大震災)』이 뒷받침되어야 한
다는 것이다.

　특히 한국이 일본의 대재해와 위기관리 시스템에 관해 지대한
관심을 갖게 된 동일본 대지진 이후 일본은 후쿠시마의 교훈을 교
육현장에서 어떻게 활용하고 있는가?

　최근 일본에서는 효고현립대학의 방재대학원 개설(2017년 4월),

니혼(日本)대학과 치바(千葉)과학대학의 위기관리학부 설립(2016년 4월) 등 재해 및 안전 관련 교육과정이 인기를 얻고 있다. 물론 이는 재해연구 선진국으로서 지금까지 일본이 축적해 온 현장경험과 부흥이론이 낳은 결실이라 할 수 있다.

한국의 재해문화와 안전교육에 관한 대학의 역할

1) 한국의 안전문화, 무엇이 문제인가

한국에 안전문화란 존재하며, 과연 중요한 요소인가, 또한 재해 발생 시 이와 관련해서는 무엇이 문제인가? 그 답은 아무도 모른다. 다만 의식적으로든 무의식적으로든 거의 방치되어 왔다.

일본이 재해문화와 안전교육에 지대한 관심을 갖지 시작한 한신·아와지 대지진(1995년)과 맞물리는 시기와 비교해 보자. 1993년 '서해페리호 침몰사고', 1994년 '성수대교 붕괴사고', 1995년 '삼풍백화점 붕괴사고'와 1995년 '대구지하철 가스폭발사고', 2003년 '대구지하철 화재사고', 2011년 (서울)우면산 산사태, 2012년 '구미 불산가스 누출사고', 2014년 '4·16 세월호 재해', 2015년 'MERS(중동호흡기증후군)의료재해' 등 수많은 재해를 경험해 온 한국은 간과하거나 방치하는 프로세스를 반복해 왔다. 주로 정부 및 유사 관련 기관(단체)의 긴급재난구조 활동에 대한 시스템과 구조 매뉴얼 문제에 대한 지적과 비판이 반복되었을 뿐이다. 한국의 미천한 안전문화 및 재해부흥문화의 현상(현재)과 무관하지 않다. 이는 1993년 서

해페리호 참사 이후, 지난 20여 년간 취약성이 매우 높은 '재난 자본주의' 시스템을 그대로 답사했기 때문이라고 할 수 있다. 게다가 사회적으로 창출된 약자들이 재해와 맞닥뜨릴 경우 그 피해는 가중화되었고 재해로부터의 심리적 부흥과정에 있어서도 용이하지 않은 장애물 속에 던져져 있다.

안전확보를 위한 과정에서 괜한 자존심은 버려야 한다. 또한 한국의 안전사회 구현을 위해 토대라 할 수 있는 세월호 진상규명이 단순이 '범인찾기'에 집중하는 경향에서 벗어나야 한다. 그러나 이는 일본이 1995년 한신·아와지 대지진을 경험하고, 한국이 1993년부터 1995년까지 비슷한 시기에 재해의 원인은 근본적으로 다르지만 '4대 대재해'를 교훈으로 살리지 못하고 그냥 지나친 대가는 한국과 일본의 위기관리에 관한 격차가 너무도 크게 벌어진 결과로 이어진 것으로 보인다. 즉 "한국의 잃어버린 재해 거버넌스 20년(김영근, 2014a: 163-187)"이 초래되었다. 물론 한국의 재난사를 모두 정부와 관련부처·기관의 관리 문제만으로 치부하기에는 이르다. 한국의 재해(재난)의 역사를 제대로 파악하고 학제적으로 방지(예방)하고 피해를 최소화하는 감재(減災) 시스템 구축의 주역이 될 수 있는 인재(人材)를 배출할 수 있는 학계의 역할이 중요하다.

'4·16 세월호 재해' 이후 여러 사회 갈등 요인 중에서, 정부의 미숙한 대응은 물론이거니와 갈등상황을 부각시킨 정치권·언론의 역할도 개선되어야 할 것이다. 특히 위험사회에 내던져질 사회에서 안전생태계를 설계하고 가꾸어나가야 할 인재육성의 지대한 역할을 담당하는 대학이 한국의 안전을 위해 고민해야 할 것이다. 현재 한국은 초중고 교육기관 및 학생들이 재해현장에서 스스로의 안

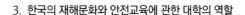

전을 확보하는 교육에 중점을 두고 있다. 이 또한 사회안전망 구축 및 재해 거버넌스의 효율적 운영에 밑거름이 된다는 점에서 매우 중요하며, 향후 초등, 중등, 고등, 대학의 교육이 유기적으로 안전과 연계되어야 할 것이다. 이와 관련하여 대학은 안전 관련 시스템과 프로세스를 점검하고 개혁하는 일에 발 벗고 나서서 실천하는 학문의 장으로 거듭나야 한다. 나아가 만약 졸업 후 선택한 기업이 '재해자본주의'에 몰입되어 이윤을 추구하고자 편법을 행할 위험성을 내포하고 있다는 점을 감지할(될) 경우 이를 저지(예를 들어, 화물적재 배치표 준수 등)하거나 혹은 제도적으로 제한되는 시스템이 구축되어 있어야 한다. 이때 안전문화, 직업윤리 등이 확립되고 제대로 작동되는지가 위기관리의 성패와 맞물리는 중요한 요소이다.

2) 안전사회 구축을 위한 대학의 역할

아직까지 안전사회 구축을 위한 대학의 역할은 매우 미흡한 실정이다. 오히려 초·중·고등교육기관에서의 대응은 그나마 선도적이다. 이재정 경기도교육감은 20년이 지난 '5·31 교육체제(1995. 5. 31.)'를 새로운 4·16 교육체제로 혁신하겠다고 밝힌 바 있다(경기도교육청 홈페이지). '5·31 교육개혁'은 학습자 중심, 자율성과 책무성 확대 등 예측 가능한 교육 정책 수립의 출발점이 되었다. 한편으로는 여러한 긍정적 평가와는 달리, 경쟁교육의 심화, 교육 빈부격차 확대 등 부작용이 거론되어 새로운 교육체제의 필요성이 제기되고 있다.

4·16 세월호 재해 이후 한국의 교육 관련 현장(일선교사) 및 기

관들은 다양한 안전사회 구축을 위한 교육의 역할에 주목하고 있다. '4 · 16 교육체제'라는 정책방향이 발표되었으며, 학생들의 안전교육 문화 조성을 위한 다양한 논의가 진행되고 있다(〈표 11-1〉 참조).

〈표 11-1〉 안전교육의 분야 및 실천사항

분야	실천사항
	엄마, 아빠와 함께하는 가정연계 안전교육
보건안전	감염병예방의 작은 실천-손 씻기!
약물안전	아는 게 약이다-올바른 약 사용!
교통안전	신호등이 있어도 없어도-횡단보도 안전!
생활안전	충분한 준비운동으로-체육시간 안전!
재난안전	눈에 보이지 않는 위험-미세먼지, 황사!
사이버안전	스스로 이겨내요-인터넷 중독!
신변안전	학교폭력예방을 위한 첫 걸음-부모님의 역할!

출처: 경기도교육청(2016) 「안전교육 자료집」.

　조희연 서울시교육감은 교육청의 '4 · 16 세월호 2주기 추모기간'(2016. 4. 11.~16.)에 관해, "우리 모두는 세월호에 대하여 '잊혀지지 않을 권리'를 지켜 줄 책임이 있는 것이 아닌가 생각한다."라고 하면서, "단순히 기억으로만 남겨 놓는 것이 아니라 세월호가 우리 사회와 교육에 던진 화두를 고민하는 교육감으로서 교육정책을 펼쳐 나가겠다(서울특별시교육청 정책 · 안전기획관 안전관리팀 보도자료)"라고 소감을 밝혔다. 특히 세월호 재해를 계기로 교육적인 측면

에서도 변화가 필요하다고 주장한다. 조희연 교육감은 "1960, 1970년
대에는 서양을 따라잡고 후진국을 탈피하기 위한 국가주도의 교육
시스템이 있었고, 1990년대에 들어와서는 경쟁이 심화된 시장주의
적 교육이 이뤄졌다"며, "세월호 사고를 계기로 '4·16 교육체제'라
는 새로운 교육을 통해 자기주도적인 사람으로 성장할 수 있도록
돕고, 학생 개개인을 존중하는 교육이 필요할 것"이라고 주장한다.
이러한 4·16 세월호 2주기의 국가·사회적 의미와 교훈에 대해
성찰을 바탕으로 한 '4·16 세월호 이후 교육 안전의 새로운 지평
모색'은 대한민국 안전 교육 원년(元年)이라고도 할 수 있다. 우리
사회의 구성원들이 4·16 세월호 재해(참사)를 제대로 규명하지 못
할 경우, 앞으로 우리 시대가 짊어지고 나아가야 하기에는 너무 무
거운 위험 요소이다.

　다만 그 내용은 안전교육이 결과적으로 사회의 안전 시스템을
구축하는 데 도움이 되기보다는 신변의 안전을 확보하기 위한 대처
방안(예방)에 그치고 있다. 재해 거버넌스 및 제도화를 위해서는 대
학의 역할이 절실한 상황이다. 특히 미래인재 육성을 위한 제도혁
신과 맞물리는 교육을 담당할 가장 중요한 행위자로 대학이 나서야
할 것이다. 그렇지만 아쉽게도 안전사회를 향한 대학의 노력은 아
직까지는 거의 눈에 띄지 않고 있다.

　그렇다면 미래의 대학 교육은 어떻게 변해야 하는가? 안전 이슈
는 기업의 사회적 책임(Corporate Social Responsibility: CSR)의 개념
을 원용한 '대학의 사회적 책임(University Social Responsibility: USR)'
이 중요하다. 다행히도 최근 대학들의 관련된 움직임도 눈에 띈다.
'한·중·일 연구중심대학 국제협의체(East Asia-Nordic/Benelux

University Consortium: ENUC)' 창설기념 컨퍼런스(2016. 5. 4.)에서 고려대 김선혁 국제처장은 "아직까지도 아시아 부모들은 교육에 헌신적이다. 교육이 자녀들의 밝은 미래를 보장해 준다고 믿어 왔기 때문이다. 그러나 최근 대학의 역할에 대한 의문이 제기되고 있다. 과연 고등교육기관으로서 대학이 학생들의 밝은 미래를 보장할 수 있는지에 대한 의문이 증폭되기 시작한 것이다. 한국 사회는 다양화가 필요하다. 지금 한국의 교육방식은 산업혁명 당시의 것을 답습하고 있는데, 그것으로부터 벗어나야 한다(이원지, 2016)."라고 주장한 바 있으며 안전에 한정된 비전은 아니지만 미래교육 개혁에 관한 개척정신(견해)을 선보였다.

구체적인 새로운 교육 시스템에 관한 실행 계획은 제시되고 있지 않지만, 재해관리 선진국이라 할 수 있는 일본, 미국, 프랑스 등에서 얻은 교훈을 바탕으로 한 안전관련 학과별 방향성은 다음과 같다. 교육과제 혹은 학과(학문 분야)를 예시하고자 한다(〈표 11-2〉 참조).

〈표 11-2〉 위험사회에서 살아남기 위한 국가정책 및 교육 과제

	위험사회와 국가정책	교육과제(영역)
자연공학	지식정보사회의 위험: 새로운 도전과 대응	정보통신학
	과학기술과 위험사회: 합성생물학의 발전과 잠재적 위험을 중심으로	화학/기초과학
	재산·위기(위험)·리스크 관리와 환경·에너지 정책	환경학
	태풍·홍수재해와 도시부흥	토목건축학
	방재과학기술과 재해현장, 그리고 라이프라인	융합과학기술
	의료재해와 예방의학	재난의학
사회과학	글로벌위험사회: 재난과 안전 거버넌스	재해정치학
	재해와 경제생활의 변화	재해경제학
	정치경제학·행정학·정책학 연구 영역으로의 위험	재해정책학
	재난·위기(위험)·리스크에 대한 인식과 정부의 역할	비정부행위자론
	위험사회와 구조개혁 및 규제개혁(혁신)	행정학
	국가(중앙과 지방정부)의 위험관리: 탈지정학(脫地政学)	국제관계론
	안전사회를 위한 정책관리적 과제	안전사회론
	글로벌 사회에서의 재난·위기·리스크	국제협력이론
인문과학	재난·위기·리스크 등 재해의 역사적 분석 및 교훈	역사재해학
	자본주의 전개(발달)에 따른 인문사회적 위험에 대한 대응	재해인문사회론
	글로벌 시장의 이중화와 사회적 재난·위기·리스크	위기관리학
	가족부흥: 4·16 세월호 재해	인간부흥학
	정보제공을 통한 위험관리 및 정보신뢰	미디어학
	위험의 세계화와 공동체의 회복력	협력이론
	재해사상과 복구·부흥·회생	사상학
	재해와 사회적 심리치료	인문치료학
융복합학	위험사회 탈피를 위한 학제적 과제	사회안전학

출처: 김영근(2016a), 하연섭(2015).

　　교육하고 학습하는 사람들 개개인의 소속 학과의 필요(성)에 부합하게 이론과 개념, 사례와 교훈 등을 적절하게 활용해야 한다. 예를 들어, 행정학에서는 재난(위험) 규제기관과 안전 추진기관이 유기적으로 작동하지 않을 경우 공적 규제기관의 설계 자체를 수정하여 이를 효과적으로 운영하는 제도 마련을 논할 필요가 있다. 한편 법학 분야에서는 도시경관법 혹은 절차적 공정성이나 지역 균형개발을 위한 법률들이 위기상황에서의 재해 복구·부흥·재생을 지연시키고 있는 저해요인(역기능)을 정비할 수 있는 거버넌스 능력의 배양에 주력해야 한다. 미디어학 분야는 사회가 안고 있는 각양각색의 현재적·미래 리스크를 가시화(可視化)하고 제대로 전달해야 한다. '재해, 재난, 위기, 리스크'를 인지한 상태 하에서 효율적 대응을 위한 사회적 합의가 도출될 수 있는 시스템을 만들어야 한다. 특히 정보공개 및 정보신뢰도 확보가 중요하다. 토목건축 관련 학과는 안전·방재 분야를 중점으로 한 공학적 이론을 바탕으로 졸업 후, 현장 사례에서 빛을 발할 수 있는 실무 위주의 교육도 강화되어야 한다. 결과적으로 지속가능하고 안전한 도시개발을 도모하여, 토목건축 분야의 라이프라인 구축에 공헌할 수 있어야 할 것이다.

　　앞에서 언급한 과학 및 과학자의 담론(견해)을 어떻게 받아들일 것인가라는 문제의식은 향후 '재난학'이나 '안전학'을 뿌리내리는 데 있어서 중요한 가늠자가 될 것이다. 일본 후쿠시마현의 현민 건강조사검토위원회가 현(県) 내의 모든 18세 이하 주민을 대상으로 시행(2014.4-2015.12)한 제2차 갑상선 검사에 의하면 '암 확진자'는 15명, '의심환자'는 24명으로 나타났다. 검사를 진행한 위원회 측은

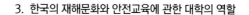
"갑상선암이 많이 발생하고 있는 것은 사실"이라면서도 방사선의 영향으로 보기는 어렵다는 견해를 여전히 고수하고 있다(안현모, 2015.12.1.). 최근 한국에서도 옥시 가습기 살균제 보고서 작성에 관여한 서울대 교수의 연구 데이터, 즉 과학적 지식이 어떻게 활용되는가가 위험을 관리하는 데 얼마나 중요한 요소인지를 깨닫게 하고 있다. 아울러 과학기술이 초래하는 상정외(想定外)의 영향(력)에 관해서도 상정(예상)하는 영역으로 끌어들여, 즉 상정외를 상정할 수 있는 사회를 구현해야 한다.

> "미세먼지, 가습기 살균제, 후쿠시마 원전사고 등 시간의 검
> 증을 받지 않은 인간의 기술이 때로는 커다란 위협으로 다가오
> 고 있다. 익숙하지 않은 것에 대한 본연적 두려움(경계)이야말
> 로 생존의 비법, 즉 안전을 확보하는 길이다(주일우, 2016)."

물론 4·16 세월호의 피해를 키운 '가만히 있으라'는 반대의 행동('가만히 있어서는 안 된다', 혹은 '각자 알아서 살아남아라')이 교훈(답)이 될 수는 없듯이, 전문가의 과학적 지식을 믿어서는 안 된다는 해석이 우선(지속)되는 경우라면 안전사회 확보는 요원하게 될 것이다. 불신의 행동이 결과적으로 안전으로 이어지는 것이 아니라 신뢰할 수 있는 올바른 시스템을 만들고 작동하게 만드는 게 중요하다.

4 결론: 글로벌 시대의 재난과 안전 거버넌스 구축을 위하여

"일본은 전후 제도의 단절 속에서 응집력(유대감)이 있었기 때문에 안전문화의 생활화, 재해 거버넌스의 추진과 성공적인 부흥이 가능했던 것으로 평가할 수 있다. 반면 한국은 재해 관련 민감성과 취약성이 높거나 강한 사회적 구조임에도 불구하고 위험사회에서 벗어나기 위한 일관되고 신속한 제도화된 문화가 정립되지 못했다(김영근, 2014a)."

재해 및 안전과 관련된 연구 및 교육을 지속적으로 수행하고 있는 일본의 교훈 및 사례연구를 통해 한국의 재난안전학 구축을 위해 검증·교훈·제언하고자 하는 다양한 노력이 사회적으로 확산되고 있다.[1] 특히 사회안전 구축을 위한 대학의 역할에 주목함으로써 최근 융복합적이고 거대화하는 재해의 프로세스 및 메커니즘을 규명하는 것은 매우 중요한 과제이다. 나아가 재해부흥의 방안

---

1) 고려대학교 글로벌일본연구원의 '포스트 3·11과 인간: 재난과 안전, 그리고 동아시아 연구팀'은 '3·11 동일본 대지진' 발생(2011년) 이후 학제적 연구회 활동을 통해 일본 사회의 움직임을 정치·경제·사회·역사·사상·문화의 영역에서 지속적으로 추적해 왔다. '4·16 세월호 재해' 발생 이후 연구팀을 확대·개편하여 설립한 '사회재난안전연구센터'는 '동일본 대지진과 일본 사회의 변용 분석'이라는 문제의식의 연장선상에서 한국의 사회안전학 구축을 목표로 하며, 나아가 동아시아를 아우르는 재난과 안전에 관한 연구성과의 축적 및 교육시스템의 구축에 힘쓰고 있다. '사회재난안전연구센터'에서는 일본연구의 최전선에서 활약하는 다양한 연구자 및 교육자들이 제시하는 교훈을 소개하고 한국형으로 소화하여 새롭게 '한국 재난학을 시작하자'는 제안을 한 바 있다.

을 모색하고 국제협력안을 마련해야 할 것이다.

미래교육이라는 관점 하에 글로벌 시대의 재난과 안전 거버넌스 구축을 위한 세 가지 제언으로 결론을 대신하고자 한다.

첫째, 한국의 고등학교 및 대학(교)에 재난 및 안전을 다루는 학과의 개설이 시급하다. 앞에서 소개한 바와 같이, 최근 일본에서는 효고현립대학의 방재대학원 개설, 니혼대학과 치바과학대학의 위기관리학부 설립 등 재해 관련 교육과정에 힘을 쏟고 있다. 물론 이는 일본이 재해연구 선진국으로서 지금까지 축적해 온 현장경험(사례)과 복구·부흥·재생 모델(이론)이 자연스레 배우고 익히는 '학습(学習)'과정 및 가르치고 키워 나가는 '교육(教育)'과정으로 연계된 결과물임에 분명하다. 또한 관련 학과들이 융복합학부 차원에서 출발하고 있다는 점도 흥미롭다.

다만 동일본 대지진 이후 일본과 세계 각국이 경험한 재해부흥의 과정에 관해 관심을 가지고, 재난과 안전 연구 및 교육에 힘써온 대한민국은 미래의 안전을 확보하기 위해 자본주의적 이념을 우선하는 사회에서 탈피해야 한다. 무엇보다도 미래학의 주된 교육목표가 안전생활과 관련한 자연과학(기술)을 기반으로 하고, 나아가 사회생활에 영향을 미치는 사회적 안전(재해) 이슈, 미래의 신념이나 생각(철학 이념 등)을 결정하는 인문학적 안전 이슈도 융복합적으로 연동되어 있다는 점을 감안하여 준비해 나가야 할 것이다.

둘째, 미래형 기초 교양과정으로 '미래 사회의 안전' 어젠다가 매우 중요하며, 이를 위한 대학의 교육 플랫폼을 마련해야 한다. 이는 '데이터 융합(IoT, 빅데이터 등)' '사이버 보안' '금융 인프라' '엔터테인먼트 사이언스' '바이오 인포매틱스' '미래 에너지·환경' 등 전공

과정과 밀접하게 연관된 것으로, 인간생활을 영위하는 데 있어서 '안전혁명'이야말로 중요한 과제로 대두되고 있다. 먹거리 안전까지 포함한 다양한 재난·재해로부터 안전한 인간생활을 영위하기 위해 가져야 할 내용이야말로 인재(人災)를 관리할 미래형 인재(人材) 덕목에 필수불가 사항으로 보인다.

셋째, 포스트 '5·31 교육개혁'으로 관심이 높아지고 있는 새로운 '4·16 교육체제' 구축을 서둘러야 한다. '5·31 교육개혁' 시스템은 중학교 의무교육 확대 및 교육여건 개선 등을 통해 한국의 교육발전에 공헌했다고 평가할 수 있다. 나아가 '4·16 교육체제'를 통해 안전 의무교육 확대 및 안전사회 구현을 위한 교육의 역할 제고가 실현됨으로써, 재해와 재해 사이에 살아가는 재간(災間) 시스템에서 살아남기가 보장되어야 한다.

결론적으로 비록 재해연구가 미천한 한국으로서는 일본(인)을 포함한 세계 각국의 재해관(사상), 재해문화와 안전문화, 부흥문화를 가늠해 봄으로써 교훈을 얻고자 하는 노력들이 지속되어야 할 것이다. 특히 안전교육에 관한 방향성에 관해 일본은 물론이거니와 글로벌 지역사회의 다양한 실패 및 성공사례의 교훈에서 찾아야 할 것이다. 이러한 노력이야말로 한국의 안전학, 재난학, 포스트 위험사회론 등 '한국의 재해문화와 안전교육에 관한 대학의 역할'에 관한 논의에 크게 도움이 될 것이다.

✎ 참고문헌

가마타 가오루 외(2013). 재해에 강한 사회를 만들기 위하여－과학자의 역할
　　과 대학의 사명. (전성곤 옮김). 고려대학교출판부.

가쿠슈인여자대학(学習院女子大学) 편(2013). 동일본대지진 －부흥을 위
　　한 인문학적 모색－[東日本大震災復興を期して: 知の交響]. (송완범 ·
　　김영근 외 옮김) 고려대학교출판부.

간사이대학 사회안전학부 편(2012). 검증 3 · 11 동일본대 지진(検証: 東日
　　本大震災), (김영근 외 옮김). 도서출판 문.

김영근(2012a). 3 · 11 동일본대지진 이후 일본 경제와 동북아 경제협력의
　　진로: 환태평양경제동반자협정(TPP)을 중심으로. 저팬리뷰 2012: 3 · 11
　　동일본대지진과 일본. 도서출판 문.

김영근(2012b). "3 · 11 동일본대지진 이후 일본의 변화" 인터뷰. SBS 8시
　　뉴스, 2012년 11월 23일.

김영근(2013). 日 대지진 2주년, 다시 안전이다. 일본의 재해복구 현황과
　　한일 국제협력의 모색, [3 · 11 동일본대지진 2주년을 맞이하여]. 서울
　　경제신문, 2013년 3월 11일자.

김영근(2014a). 韓国の震災学/災害(災難)学: 失われた災害ガバナンス
　　20年. 震災学, 5, 163−187.

김영근(2014b). 일본의 재해 거버넌스와 한국형 진재학 구축. 일본의 재해
　　부흥: 3 · 11 동일본대지진과 인간. (송완범 · 김영근 · 전성곤 엮음). 인
　　문사, 225−248.

김영근(2014c). 일본의 진재학과 재해부흥의 역(逆)이미지: 한국형 위기
　　관리 모델의 시론. 한림일본학, 24, 141−166.

김영근(2014d). 재해 대응과 한국형 CSR 구축 과제. 자동차경제, 2014년
　　9월호, 한국자동차산업연구소(KARI), 2−3.

김영근(2014e). 한국 재난학을 시작하자. 한겨레 21, 제1014호, 2014년

6월 9일자.

김영근(2014f). 전후(戰後)의 재해 거버넌스에 관한 한일 비교 분석. 한일
　　군사문화연구, 17, 33-60.

김영근(2015a). 일본의 재해부흥 문화에 관한 일고찰: 재난관리 체제 및
　　구호제도·정책을 중심으로. 인문사회21, 6(4), 1039-1060.

김영근(2015b). 대재해 이후 일본 정치경제시스템의 변용: 간토·전후·
　　한신아와지·동일본대지진의 비교 분석. 진재(震災) 이후를 생각한다:
　　동일본대지진으로부터의 부흥을 위한 92인의 분석과 제언. (와세다대학
　　재해진흥연구논총위원회 편). 와세다출판부, 981-1001.

김영근(2016a). 한국의 재해문화와 안전교육에 관한 대학의 역할: 일본
　　3·11 후쿠시마의 교훈. 일본연구, 26, 313-336.

김영근(2016b). 논평. 구마모토 지진, 일본의 미래는?. KBS 특파원 보고
　　세계는 지금, 제1회, 2016년 4월 23일.

다케나카 헤이조(竹中平蔵), 후나바시 요이치(船橋洋一) 편(2012). 일본
　　대재해의 교훈: 복합위기와 리스크 관리[日本大災害の教訓―複合危機
　　とリスク管理]. (김영근 옮김). 도서출판문

마쓰오카 슌지(松岡俊二, 2013). 일본 원자력 정책의 실패: 후쿠시마 원전
　　사고 대응과정의 검증과 안전규제에 대한 제언[フクシマ原発の失敗: 事
　　故対応過程の検証とこれからの安全規制]. (김영근 옮김). 고려대학교
　　출판부.

사토 마나부(佐藤学, 2001). 교육개혁을 디자인한다: 교육의 공공성과 민주
　　주의를 위하여[教育改革をデザインする]. (손우정 옮김). 학이시습.

울리히 벡(2014). 위험사회―새로운 근대성을 향하여. (홍성태 역). 새물결.

이토 시게루 외 편(2013). 제언 동일본대지진: 지속 가능한 부흥을 위하여[東日
　　本大震災 復興への提言]. (고려대학교 일본연구센터 〈포스트 3·11과
　　인간: 재난과 안전, 그리고 동아시아 연구팀〉 옮김). 고려대학교출판부.

주일우(2016). 생존의 비법. 중앙SUNDAY, 2016년 5월 15일자.

지진방재연구센터편(2013). 동일본대지진 이후 일본 재난관리 정책 변화. 안전행정부 국립재난안전연구원.

최관 · 서승원 편저(2012). 저팬리뷰 2012: 3 · 11 동일본대지진과 일본. 도서출판 문.

최호택 · 류상일(2006). 효율적 재난대응을 위한 지방정부 역할 개선방안: 미국, 일본과의 비교를 중심으로. 한국콘텐츠학회논문지, 6(12), 235-243.

하연섭 편(2015). 위험사회와 국가정책. 박영사.

호리오 데루히사(堀尾輝久, 1994). 일본의 교육[日本の教育](한림신서 일본학총서 8). (심성보 외 옮김). 소화.

青木栄一 編(2015). 復旧 · 復興へ向かう地域と学校(大震災に学ぶ社会科学 第6巻). 東洋経済新報社.

関西学院大学災害復興制度研究所 · 高麗大学校日本研究センター 編(2013). 東日本大震災と日本—韓国からみた3 · 11. 関西学院大学出版会.

関西学院大学COE災害復興制度研究会 編(2005). 災害復興—阪神 · 淡路大震災から10年. 関西学院大学出版会.

関西大学社会安全学部 編(2012). 検証: 東日本大震災. ミネルヴァ書房.

田中真理 · 川住隆一 · 菅井裕行 編(2016). 東日本大震災と特別支援教育: 共生社会にむけた防災教育を. 慶応義塾大学出版会.

藤田英典(2001). 新時代の教育をどう構想するか - 教育改革国民会議の残した課題. 岩波ブックレット No.533.

경기도교육청 http://www.goe.go.kr/

국립교육정책연구소 http://www.nier.go.jp/

일본교육법학회 http://jela1970.jp/

일본교육정책학회 http://www.jasep.jp/

일본문부과학성 http://www.mext.go.jp/

안현모(2015). 후쿠시마 아동 갑상선암 다수 발생…당국 "방사선과 무관".
http://news.sbs.co.kr/news/endPage.do?news_id=N1003293794&p
link=SEARCH&cooper=SBSNEWSSEARCH&plink=COPYPASTE&coo
per=SBSNEWSEND (2016. 1. 15. 인출).

이원지(2016). 한중일+노르딕+베네룩스 대학 총장들이 말하는 미래교육.
대학저널, 2016년 5월 4일자, http://www.dhnews.co.kr/news/
articleView.html?idxno=59886 (2016. 11. 21. 인출).

전치형(2014). 세월호, 어떻게 가르치고 배울 것인가. 시사저널, 2014년
4월 15일자. http://www.sisapress.com/journal/article/151150 (2016.
11. 11. 인출).

제12장

'1억인 총활약' 대책과 학교 안전교육망의 현황 및 과제

윤종혁 (한국교육개발원)

제12장
'1억인 총활약' 대책과
학교 안전교육망의 현황 및 과제[1)]

윤종혁 (한국교육개발원)

 '1억인 총활약'과 학교 안전교육망

　일본은 2015년 새로운 정부조직으로 저출산 고령화 사회의 위기 극복과 국가 진흥전략을 담당하기 위해 '1억인 총활약 국민회의' 담당 장관을 임명하였다. 이 조직은 세계적으로 유례가 없는 저출산 · 고령 사회가 이루어지면서 생산 연령 인구도 급속하게 줄어드는 일본사회의 위기 타개책으로 출현한 것이다(一億総活躍国民会議, 2016: 1-2). 현재 일본은 '1억인 총활약 대책'으로서 인간자원과 물자, 정보 등을 포괄적으로 활용하는 글로벌 미래 전략을 실천하고, 인간이 지닌 자질과 능력을 최대 수준으로 계발하는 창의인성교육을 추진하고 있다. 즉, 저출산 고령화 사회의 한계를 인식하고 새로

---

1) 이 글은 『한국일본교육학연구』 제21권 제2호(2017)에 실린 「일본의 '1억인 총활약' 대책에 따른 학교 안전 교육망의 현황과 과제」를 수정 · 보완한 것임.

운 교육개혁을 통해 학생의 역량을 최대한 생산 조직과 연계·제휴 하는 전략을 실천하는 것이다(教育再生実行会議, 2016).

그래서 아베 내각은 1억인 총활약 대책 차원에서 교육개혁, 교육 재생을 실천하기 위한 정책을 추진하고 있다. 이의 기본 전략으로 서 학생의 학력제고전략(No-Study Kids), 재난방지전략과 연계한 학 교 안전교육 등 두 가지 과제를 강조하였다(文部科学省, 2013). 학생 의 학력 제고전략은 특히 경쟁원리와 수월성을 강조하면서도 학교 교육에 대한 평등한 접근을 균형 있게 강조한 것이라고 할 수 있다. 따라서 모든 국민이 학교교육의 영향권 속에서 각자의 능력과 소질 을 계발하며 적성과 개성을 창출한다는 것에 중점을 둔다. 이는 자 연스럽게 학생의 생명과 안전을 위협할 수 있는 학교폭력과 각종 재난 등에 대해 능동적으로 대처하는 '즐거운 학교'를 만드는 과제 와 연계될 것이다. 그러므로 1억인 총활약 대책과 관련하여 학교 안 전교육이 더욱 강조되며, 충실한 미래 인력으로 육성하기 위한 역 량을 계발하는 것이 중요한 과제가 되었다.

한편 교육재생실행회의는 모든 국민이 올바른 인성을 가지고 글로 벌 역량과 사회 정서기능 등을 개발할 수 있는 교육 프로그램으로서 도덕교육과 '지속가능발전교육(Education for Sustainable Development: ESD)'을 강조하였다(教育再生実行会議, 2016). 도덕교육은 학생이 올바른 인성을 가지고 자신의 삶을 자신 있게 개척할 수 있는 끈기 와 투지, 집념 등의 기풍을 육성하고자 한다. 이는 특별교과로서 학 생의 정서 역량과 감성 등을 강조하고, 학교폭력 등을 예방하는 데 의의를 두고 있다. 또한 지속가능발전교육은 학생의 글로벌 시민 의식을 육성함으로써 미래 사회가 추구하는 지구촌 과제를 적극적으로 개척하고자 한다. 이런 교육 프로그램을 통해서 일본의 미래 발전 전망을 설계하고, 풍부한 감성과 사회적 역량을 지닌 창의 인재를 육성하고자 한다. 이와 같이 미래 과학기술혁신과 글로벌 사회협력 전략을 병행·추진함으로써 일본 사회의 모든 구성원이 교육과 일을 동시에 실천할 수 있는 개혁을 구상하였다. 향후 일본의 미래 발전 전망은 '1억인 총활약 대책'의 기반으로서 추진하는 교육 개혁의 성공 여부에 달려 있다고 볼 수 있다.

그래서 이 장은 '1억인 총활약 대책' 관점에서 교육재생실행회의가 중점을 두고 있는 '학교 안전교육망' 구축과 관련된 일본의 안전교육 현황과 과제에 대해 살펴보고자 한다. 교육적 측면에서 '1억인 총활약 대책'은 저출산 고령화 사회를 극복하고, 미래 인재대국의 근간을 이루어야 할 학생들이 한 사람의 희생·낙오·손실도 없이 역량 있는 사회인으로 육성하는 것에 초점을 두고 있다(一億総活躍国民会議, 2016: 3). 그러므로 학생이 학교교육을 통해 기본 핵심역량을 계발하고 진로를 개척하기 위해서는 안심하고 안전한 학교교육 환경을 조성하는 것이 절대적이라고 할 수 있다. 본 연구는 안심·안전한 학교교육 환경은 학교를 중심으로 가정, 지역사회, 국가가 총체적으로 구축한 조직과 인프라, 인적자원을 연계·협력하는 네트워크, 즉 '학교 안전교육망'을 통한 실천이 필수 과제라고 본다. 이런 관점에서 일본의 재난방지교육은 '학교 안전교육망'에서 출발한다는 것을 전제로 하여 이와 같은 현황을 진단하고 향후 과제를 검토하고자 한다.

일본의 학교 안전교육 변화 실태와 현황

1) 학교 안전교육에 대한 이해

일본 문부과학성은 「학교보건안전법」에 따라 2012년 4월 학교 안전 추진을 위한 계획(2012~2016년)을 책정하였다. 이 계획을 실시하는 최종년도인 2016년 중앙교육심의회는 '제2차 학교안전 추진계획의 책정에 대해'라는 자문 보고서를 작성하였다(文部科学省, 2016). 이 때 중앙교육심의회가 제안한 자문사항은 다음과 같은 세 가지 관점에 집중하였다(中央教育審議会, 2015). 첫째, 사회 상황이 변화함에 따라 향후 개선해야 할 점에 대해 검토하였다. 둘째, 차기 안전교육 계획을 추진하는 역할과 과제에 대해 검토하였다. 셋째, 안전교육과 안전관리를 적절하게 실시하기 위해 필요한 조직체제의 운영방식, 교원양성단계에서 습득해야 할 사항, 그리고 교원연수를 통한 활용전략 등에 대해 검토하였다. 대체로 학교 안전교육은 사회 변화에 따라 적극적으로 개선전략을 적용하고, 학교 교직원과 학생, 사회 구성원 모두가 총력전으로 대응해야 할 필수적인 교육실천 활동으로 인식하고 있다.

이와 같은 일본의 학교 안전교육 현황과 실태를 분석함으로써 한국 교육에도 이를 반성적으로 수용·접근하고자 하는 연구가 늘어나고 있다. 장은숙(2011)은 일본 방재교육이 지닌 역사적인 변화에 대해 실증적인 분석을 한 바가 있다. 이 연구는 한국과 일본의 방재교육을 기후 변화 등에 따른 자연재해 발생 현황과 관련하여 비교 분석을 하였다. 즉, 한국은 자연재해 발생 횟수가 급증하고 있지만,

각종 재해에 대한 시민의 경각심과 시민의식은 부족한 편이며 관련 예방 프로그램도 제한적이라고 분석하였다. 그러나 일본은 자연재해를 당하기 쉬운 국토조건으로 인하여 국가가 일찍이 「재난관리법」과 「자연대책법」을 합친 「재해대책기본법」 등 관련법을 제정하여 재해의 예방이나 재해가 일어났을 경우의 응급대책 등 종합적인 방재계획을 수립하고 있다. 이 연구는 일본 학교현장에서 다양한 방재교육프로그램을 교재로 하여 방재교육을 적극 실시하는 것에 주목하였다(장은숙, 2011: 127).

한편 이정희(2016)는 일본 정부 차원에서 적극 추진하고 있는 자연재해 · 방재교육에서 가르치는 교육내용과 원리에 주목하였다. 이 논문은 주로 일본문교출판 초등사회과 교과서를 연구 대상으로 분석하였다. 이에 따르면, 일본의 초등사회과 교과서는 주로 지진이나 쓰나미에 대하여 소개하면서 자연재해의 위력을 감지하고 자연재해가 발생할 때 어떻게 행동해야 하는지에 관한 요령, 다양한 상황을 상정한 방재 훈련 등을 다루고 있다(이정희, 2016: 21). 특히 고학년 단계는 자연재해를 극복하기 위한 노력으로 공조(公助), 공조(共助), 자조(自助)를 제시함으로써 스스로의 힘으로 대책을 세워 극복할 수 있는 감각을 강조하였다(이정희, 2016). 특히 이 논문은 자연재해 · 방재교육의 기본 원리가 교과 및 영역 통합 등을 겨냥하는 방식의 나선형 원리를 기반으로 하는 교육과정으로 구성되고 있음을 강조한다.

그 외에도 임형연(2016)은 청소년의 감정 통제와 정서적인 안정을 위한 안전 · 안심 교육으로서 '아침 독서 활동'에 주목하는 연구를 발표하였다. 이 논문은 현재 일본의 학교 현장이 이지메와 등교

거부, 소년 범죄가 증가하고 있고, 학급 붕괴, 학교 붕괴라는 문제가 심각하다고 진단한다. 그래서 일본의 아침독서 운동은 이러한 문제 상황을 타개하기 위해서 시작되었다. 독서란 지식을 얻는 수단일 뿐만 아니라 생각하는 힘, 느끼는 힘, 상상하는 힘, 표현하는 힘(表す力) 등 기본 핵심역량을 육성하는 근간이 된다(임형연, 2016: 85). 이 논문을 통해서 학교 안전교육은 물리적인 환경을 안전하게 조성하는 것 외에도 학생의 교육적 환경과 심리적 환경을 안심하고 안전할 수 있는 방식으로 개조해야 함을 알 수 있다. 그런 측면에서 학교 안전교육망은 물리적인 여건과 심리적인 여건을 종합적으로 개선하고, 학생의 인성과 기본 능력, 신체 역량을 조화롭게 육성하여 미래 인재로 키우는 '1억인 총활약 대책'과 연계된다고 볼 수 있다.

그런데 '1억인 총활약 대책'은 지역경제를 활성화하고 저출산 고령화 사회가 지닌 저성장 기조를 지역부흥으로 연계한다는 '지역창생(創生)' 전략과 연계되어 있다(一億総活躍国民会議, 2016: 16). 여기에서 말하는 지역창생은 글로벌 경제 속에서 침체되는 지역사회를 부흥하고, 지역경제를 핵심 축으로 하여 재생하는 창조적인 혁신 전략을 의미한다. 따라서 지역창생을 위해 교육은 지역인재를 양성하여 지역사회의 미래 일꾼으로 육성하는 것을 전제로 해야 한다. 이와 관련하여 문부과학성은 지역사회와 학교를 연계하는 창생 플랜을 실천하고 있으며, 학교 안전교육도 지역사회와 연계하는 커뮤니티 스쿨(Community School), 지역학교협동본부 등의 실천사례로 적극 발전시키고 있다(文部科学省, 2016).

현재 '1억인 총활약 대책'과 연계하여 지역교육력을 육성하고 학교 안전교육을 강화하는 논문으로는 무샤 가즈히로(武者一弘, 2015)

가 대표적이라고 할 수 있다. 그는 학교와 가정, 지역사회가 공동 책임으로 아동의 성장발달에 관계해야 함을 강조하였다. 아동에 대한 교육지원에 실패하게 되면 이는 곧바로 학교교육의 실패로 연계되고, 지역사회 교육력을 위축시킨다는 것이다. 그러므로 학교와 지역사회, 가정이 연동하는 지역학교협동본부 등의 역할, 지역사회 코디네이터 등이 핵심적인 안전교육 역할을 해야 한다(武者一弘, 2015: 111). 지역교육의 역할과 학교 안전교육의 기반 구축에 대한 연구는 이 외에도 공병호(2016), 남경희(2016), 정영근(2013) 등이 있다. 공병호는 일본의 지역 교육력 정책은 지역의 교육적 기능을 회복하고, 지역의 모든 교육주체가 공동체 의식을 발휘하여 학교교육의 정상화를 이끌고자 하는 교육개혁의 새로운 시도라고 보았다(공병호, 2016). 그런데 남경희는 일본 사회에서 인구 감소 등의 사회 변화로 지역커뮤니티가 급격하게 쇠퇴하고 있는 가운데 학교를 중심축으로 하는 지역 사회 구축이 지역 창생을 구현하기 위해 새롭게 제기된 방안이라고 보았다. 이 방안은 학교 경영과 관련한 제도를 중심으로 한 접근과 학교교육과 관련한 커리큘럼을 중심으로 한 접근으로 검토하였다(남경희, 2016). 정영근(2013)은 학교와 지역사회 간의 연계는 지역 코디네이터를 핵심 역할로 하여 발전할 수 있음을 강조하였다. 이들 논문을 통해 '1억인 총활약 대책' 전략으로서 지역사회와 학교현장은 상생 협력 체제를 구축하는 교육혁신을 통해 학교교육안전망을 구축하고 지역인재를 지원·육성하는 '창생플랜'을 실천할 수 있음을 검토하였다.

그럼에도 불구하고 그간의 선행 연구는 일본 정부가 국가 대개조 전략으로 추진하는 '1억인 총활약 대책'과 지역교육력, 혹은 교

육재생회의가 강조하는 학교 · 지역사회 창생플랜과의 연계 방안
은 검토하지 못한 실정이다. 그런 측면에서 이 글은 학교와 지역사
회를 연계하는 학교 안전교육망 분석 사례를 통해 저출산 고령화 사
회 극복전략에 대해 검토하고자 한다. 특히 일본의 이지메, 등교 거
부 현상을 포괄한 심리적 안전망을 제한적으로 수용하여 지역사회
와 학교가 연계하는 학교 안전교육에 대해 본격적으로 검토하고
자 한다.

2) 제2기 교육진흥기본계획 실천과 학교 안전교육

일본은 지난 2008년부터 제1기 교육진흥기본계획을 수립하여
교육을 진흥시키기 위한 10년간의 구상을 실천하고 있다. 그런 과
정에서 아베 내각은 2013년 1월 본격적인 교육개혁을 추진하기 위
하여 사회각계 명망가로 구성한 '교육재생실행회의'를 출범시키고,
지난 5년간의 교육진흥정책을 평가하였다. 이에 따라 향후 추진해
야 할 교육재생을 위한 4대 정책방향으로서 '사회 전체적으로 교육
을 향상'시키고, '개성을 존중하는 교육'을 통해 '교양과 전문성을
겸비한 인간을 양성' 하며, '아동이 안전하고 안심할 수 있는 교육환
경을 정비' 하는 것을 제안하였다(教育再生実行会議, 2013a).

아베 내각은 교육재생실행회의에 근거하여 2013년 6월 14일에
제2기 교육진흥기본계획을 내각 의결을 통해 확정하고, 이를 2017년
까지 5년간 적용하기로 하였다. 제2기 계획은 글로벌체제로 변화
하는 과정에서 산업 공동화 현상과 생산 연령 인구가 감소하는 등
일본 사회가 국가적 위기 상황임을 강조하였다. 더구나 2011년 3월

에 발생한 '동일본 대지진'으로 인한 국가 비상사태를 극복하는 교육개혁이 절실하다는 측면도 지적하였다(文部科学省, 2016). 그런 한편으로 일본 교육이 지닌 장점, 즉 '사회적 신뢰에 기반을 둔 유대관계'와 '세계적 수준의 기초지식 역량' 등을 토대로 하여 새로운 사회모델을 구축할 수 있는 것으로 진단하였다. 특히 동일본 대지진에 따른 위기 극복을 위한 국민적인 단결과 신속한 복구 사례가 향후 교육진흥을 위한 중요한 교훈으로 부각되었다(文部科学省, 2016).

일본의 학교 안전교육은 지리적 · 지질학적 여건이 반영되어 주로 재해에 대비한 학교방재교육을 중심으로 실시하였다. 사실상 일본의 학교 안전교육에 관한 주요한 사항은 2008년에 개정한 「학교보건안전법」에서 규정하고 있다(文部科学省, 2016; 장은숙, 2011). 이 법은 아동과 학생의 안전을 확보하기 위한 측면에서 학교안전계획의 책정 · 설시, 위기 발생 시 대처하기 위한 요령으로서의 위기관리 매뉴얼 작성, 관계기관 등과의 연계 · 제휴, 학교안전에 대해 단위학교에서 대처해야 할 사항 등을 담고 있다. 여기에서 주목할 부분은 학교 안전교육을 보건 및 위생, 학생의 신체 및 심리적 안정 차원에서 학교폭력 및 이지메, 등교 거부 등의 대책과 연계시키고 있다는 점이다(文部科学省, 2013; 文部科学省, 2016).

이는 일본 정부가 수립한 제2기 교육진흥기본계획을 학교 안전교육과 연계하여 '자립 · 협동 · 창조' 모델을 제안하는 것에서 분명하게 이해할 수 있다. 즉, 안전하고 안심할 수 있는 즐거운 학교환경과 지속가능한 발전을 보장하는 교육실천을 제안한 것이다. 이런 관점에서 각 개인은 자립을 통해 다양한 개성 · 능력을 발휘하여 인생을 충실하게, 그리고 주체적으로 펼치는 평생학습사회를 구축한다. 협동을 통해 개인과 사회의 다양성을 존중하고, 이의 강점을 살려서 함께 어울릴 수 있는 평생학습사회를 구축한다. 그리고 창조적 역량, 자립과 협동심을 통해 새롭게 거듭나는 가치를 만들어 갈 수 있는 평생학습사회의 기반이 된다. 이를 통해 고도의 직업능력을 가진 인재, 글로벌 세계에서 활약할 수 있는 인재, 이노베이션을 실현하는 인재를 양성함으로써 사회적 신뢰를 기반으로 하는 새로운 산업성장 동력을 창출하고자 한다(教育再生会議, 2015a).

제2기 교육진흥기본계획을 통한 학생의 안전과 보건교육은 다음과 같은 전략으로 실천되었다(文部科学省, 2016). 제7 성과목표에서 '안전하고 안심할 수 있는 교육연구 환경을 확보'한다는 것이다. 그래서 학교 관리 체제 속에서 사건 및 사고 재해로부터 부상하는 아동·학생 수를 감소시키고 사망하는 학생을 완전히 없앤다는 것이다(사망사고 '제로 전략'). 이에 따라 자녀의 안전 대응능력을 향상시키기 위한 프로그램을 실시하는 학교를 계속 늘려나가는 전략을 추진하고 있다. 이미 2013년 문부과학성 조사에 따르면, 학교안전계획을 통해 학생의 안전지도를 위한 실천 활동과 매뉴얼 등을 적용하는 학교 비율이 94.4%에 이르는 것으로 밝혀졌다. 앞으로도 '제2기 교육진흥 기본계획'은 안전교육을 충실하게 실천하고, 안전교육을 계통적으로 지도할 수 있는 시간을 확보하며, 학교 안전교육을 담당할 교직원 연수를 강화하기로 하였다(文部科学省, 2016).

이와 같은 교육실천계획은 학생이 안전하고 안심할 수 있는 학교환경 속에서 교육에 적극적으로 투여할 수 있는 역량을 육성하는 것을 목적으로 하고 있다. 이와 관련하여 보건관리 및 밥상머리 교육, 그리고 영양관리 교육 등이 학교 안전교육의 일환으로 동시에

실천되는 학교교육개혁을 추진하고 있다. 개혁추진 차원에서 학부
모 · 지역 주민이 학교 운영에 참여하고, 지방자치정부와 교육위원
회 사이의 학교안전 및 건강관리교육에 대한 역할을 재조정하는 방
향으로 교육위원회의 책임체제를 확립한다(教育再生会議, 2016).

3) 학생생활지도에 대한 무상의무교육 연계 전략

일본의 학생생활지도는 모든 학생을 대상으로 교육활동 속에서
인격을 건전하게 발달시키는 것을 목적으로 한다. 그래서 학생이
충실한 학교생활을 통해 자아 및 잠재 능력을 계발하고, 사회적인
자질과 능력 · 태도를 함양하도록 한다. 그러나 실제 학교현장은
이지메(집단 따돌림) 및 학교폭력, 등교 거부 등의 각종 병리현상과
학생 일탈행동 등으로 심각한 교육문제를 안고 있다(日本敎育新聞
網, 2015). 이에 따라 문부과학성은 매년 각 지역 단위로 학생문제
에 대한 진단 및 실태조사와 함께 각종 예방조치를 마련하고 있다
(文部科学省, 2013). 각 학교는 일상적인 교육지도 속에서 학생과 교
사 간의 신뢰관계를 구축하고, 학교교육이 지닌 잠재성과 미래 전
망 등을 학생 · 학부모에게 가시적으로 보장할 수 있는 각종 학력
및 인성, 사회 역량 등을 제고할 수 있는 방안을 강구하고 있다(日
本敎育新聞網, 2015).

그래서 문부과학성은 행복한 학교를 구현하기 위한 전략으로서
'안전하고 안심할 수 있는 학교' '미래 사회 인재로 키울 수 있는 역
량' 등을 강조하는 교육혁신을 모색한다(敎育再生会議, 2013a). 이
와 관련하여 전자, 즉 안전하면서도 안심할 수 있는 학교를 유지하

기 위한 전략으로서 이지메와 등교 거부 예방대책을 강조한다. 문부과학성은 교육위원회 및 일선 학교현장과 연계하여 이지메(집단따돌림)을 조기에 발견하고 신속하게 대응·조치하며, 일체의 이지메에 대해 단호하게 대처할 수 있는 학교체제를 구축하고자 한다(日本教育新聞網, 2015). 이와 같은 실천 행동은 2010년 이후 매년 2% 이상씩 점차 이지메가 줄어드는 현상을 통해 많은 효과를 내고 있다(文部科学省, 2016).

한편 등교 거부 현상과 관련하여 학교 개혁과제로 등장하는 것이 학교폭력의 예방, 그리고 가정과 학교가 책임지는 교육체제를 구축하는 것이라고 할 수 있다(教育再生会議, 2013a). 실제로 일본사회는 학부모가 가정에 대한 책임을 방기하는 가정해체현상으로 인해 초기 교육단계부터 학교 중퇴자가 출현하였다. 이는 주로 학교 폭력 및 이지메 등의 학교 소외현상과 연계된 것이라고 할 수 있다. 이를 해소하기 위한 전략으로서 학교와 지역사회, 관계기관 간의 학생생활지도 협력네트워크를 적극 실천하고 있다(教育再生会議, 2013a). 또한 온라인 네트워크를 통해 실시간에 걸쳐 전 공간적으로 이지메 및 학교폭력, 등교 거부 등을 지속적으로 감시·계도할 수 있는 연락망을 구축하였다. 일본 사회 전체적으로 학생 생활지도 및 인성교육과 관련된 위기의식을 갖추면서 '사회 총력전'으로 미래 교육세대를 지원하자는 공감대가 더욱 공고해 지고 있다(教育再生会議, 2013a).

그런데 2012년 현재 전국의 초·중등학교 등교 거부 학생 수는 11만 3천명, 고등학교 등교 거부 학생 수는 약 5만 8천명에 이르고 있다. 그중에서도 고등학교 중퇴자 수는 약 5만 2천명으로서 전체

재학생의 1.5%를 차지하고 있다(文部科学省, 2016). 이때 중도 퇴학
의 이유는 주로 학교생활 및 학업 부적응(40.0%), 진로 변경(33.3%)
등으로서 주로 현재의 학교교육에 대한 불만에서 비롯하고 있다
(文部科学省, 2016). 이는 학교교육이 학생의 흥미와 능력·적성에
따라 이루어져야 한다는 원칙을 실천해야 하며, 기존 학교교육 체
제를 극복할 수 있는 교육 대안이 구축되어야 함을 의미한다.

그래서 일본 정부는 다양한 방식으로 학생의 학교교육 역량을
유지할 수 있는 방안을 모색하고 있다. 이미 국회는 대안학교 등의
탈학교체제 혹은 가정 학습 등을 의무교육과정 학습으로 인정하는
법안을 검토하고 있다(文部科学省, 2016). 이는 학교폭력 및 이지메
등의 피해학생, 그리고 등교 거부 중퇴자로서 학교교육을 벗어난
학생들에게 보통의무교육 기회를 보장하기 위한 교육적인 노력이
라고 할 수 있다. 특히 정부는 학교교육 이탈학생을 가진 가정에 대
해 다양한 학습기회를 보장하고자 하는 교육재정적인 지원 대책도
마련하고 있다(教育再生会議, 2015b). 그런 점에서 이지메 및 학교
폭력 등으로 인해 학교현장을 이탈하는 학생이 증가 추세에 있는
우리 교육에도 많은 시사점을 주는 사례라고 할 수 있다.

4) 재난방지 안전교육을 위한 학교의 역할

현재 일본 문부과학성은 아동·학생이 안심하고 안전할 수 있는
교육현장을 만들기 위해 「재해대책기본법」에 기초하여 '문부과학
성재난방지업무계획'을 작성·실천하였다. 이 계획은 주로 재난방
지교육을 충실하게 운용하고, 학교시설의 재난방지 기능 등을 강화

함으로써 재해를 예방하고 응급상황의 대처 및 복구조치에 중점을 둔다(文部科学省, 2016). 그런 한편으로 동일본 대지진 사태와 후쿠시마 원전사고 등을 계기로 하여 문부과학성이 추진하는 교육진흥기본계획의 중요 성과지표로서 안전교육을 확대·적용하고 있다(文部科学省, 2016).

앞에서 언급한 바와 같이, 일본은 2012년부터 실천하고 있는 '제2기 교육진흥기본계획'의 제7 성과목표로서 안전하면서도 안심할 수 있는 교육연구 환경을 확보하는 것을 강조한다(文部科学省, 2016). 학교는 학생의 안전대응 능력을 향상시키기 위한 재난방지교육과 안전교육을 달성할 수 있도록 조치해야 한다. 그래서 문부과학성은 제2기 교육진흥 기본계획에 따른 재난방지교육 성과가 학교현장에 제대로 반영되는지를 검토하였다. 2013년 5월 1일자로 재난방지 피난시설로 지정한 일본 전국의 공립학교를 대상으로 조사한 결과, 정전사태 등 비상상황을 대비한 자가발전시설을 가동할 수 있는 학교시설 비율은 34%로 조사되었다. 이를 계기로 하여 현재 문부과학성은 관련 정부 중앙부처, 지방교육당국 등과 협력 체제를 구축하여 재난방지시설을 더욱 철저하게 준비하고 있다(文部科学省, 2016).

이미 문부과학성은 「재해대책기본법」 혹은 내각 총리가 주재한 '재난방지 기본계획'에 연계하여 '문부과학성 재난방지 업무계획'을 실천하고 있다. 문부과학성이 추진하는 재난방지대책은 다음과 같은 다섯 가지 원칙에 따르고 있다(文部科学省, 2016). 첫째, 학생이 학교생활에서 신체·생명을 안전하게 보장받아야 한다. 둘째, 재난으로 인한 교육연구시설의 장해요인을 제거함으로써 교육연구 활동을 보장한다. 셋째, 학교의 시설·설비가 재난 피해를 입었을

때 복구 작업을 완벽하게 수행한다. 넷째, 재난방지를 위한 연구 활동을 지속적이며 효율적으로 추진한다. 다섯째, 피해자의 구호활동을 위해 재난 상황에 적합한 연계·협력 사업을 실시한다.

이와 같이 일본 정부는 종합적인 재난방지체제를 확립하여 재난을 예방하는 데 중점을 두고, 재난이 발생할 때 신속한 복구대책과 평소 재난방지 및 안전교육과 관련된 연구 사업에 집중한다. 특히 2012년 11월에는 '동일본 대지진'의 교훈을 바탕으로 쓰나미 대책 등을 포함한 재난방지 교육 및 안전교육을 새롭게 개편하였다. 그리고 지방교육체제를 포함한 단위학교는 '지역재난방지계획'에 입각하여 학교별로 '생활개척능력을 기르기 위한 학교 안전교육'이라는 실천매뉴얼을 학생에게 교육시키는 것을 의무화하는데 주력하고 있다(文部科学省, 2016).

 1억인 총활약 대책을 위한 학교 안전교육의 성과

1) 교육재생 진흥을 위한 교육안전망 전략

앞에서 언급한 바와 같이 제2기 교육진흥기본계획은 일본의 총 1억인 총활약 대책을 위해 학습의 안전망을 구축하고, 개인적·사회적·국가적으로 위기를 극복할 수 있는 시나리오를 작성한다(文部科学省, 2016). 사회적 위기를 극복하기 위한 교육전략으로서 개인의 자아실현, 사회 구성원으로서 수행하는 역할을 늘리고, 청년·여성·고령자·장애인 등을 포함하여 현역으로서 개인의 능

력을 발휘할 수 있는 여건을 조성한다. 특히 학습 안전망을 구축하
는 것이 바로 안전하고 안심할 수 있는 교육연구 환경을 확보하고,
학습에 대한 의욕이 강한 학생에게 학습 기회를 충분히 제공하는
것을 의미한다(文部科学省, 2016).

일본의 생산 가능 인구 1억 인이 활약할 수 있는 교육여건은 안
전하고 안심할 수 있는 교육환경을 조성하는 것에서 비롯하고 있다
(一億総活躍国民会議, 2016: 20). 안전한 교육여건은 학교시설의 내
진화 등 재난방지 대책을 마련하고, 학교 관리체제 속에서 사건사
고 및 재난으로 인해 피해를 입을 수 있는 학생을 최소화하는 것에
초점을 둔다(文部科学省, 2016). 교육당국은 주체적으로 행동하고
실천하는 태도를 기반으로 하여 학교안전과 관련된 재난방지교육
에 집중한다. 이와 같이 안전하고 안심할 수 있는 학교교육을 중심
으로 지역사회와 연계하는 방식으로 공동체의식을 확대해 나간다.
안전하고 안심할 수 있는 학교교육은 학교와 지역사회가 연계하고,
협동 체제를 구축함으로써 완성할 수 있다고 본다.

2016년 5월 일본 총리대신의 자문기구인 교육재생실행회의는
"모든 아동의 능력을 펼칠 가능성을 개화시키는 교육을 위하여"(제
9차 제언)를 작성하였다(教育再生実行会議, 2016; 文部科学省, 2016).
이 제언은 일본 교육이 지닌 강점을 계승하고, 급속하게 진전되는
정보화와 사회 변화 속에서 학생들의 다양한 개성이 발휘될 수 있
는 교육개혁 전략을 담고 있다. 그래서 장애학생과 등교 거부 학생
을 포함한 사회적 배려계층 자녀가 안전한 학교 속에서 다양한 개
성을 살릴 수 있는 교육을 강조하였다. 이는 바로 학교교육만이 아
니라 사회 전체적으로 '1억인 총활약 사회'를 실현할 수 있는 기반

을 조성하는 것을 목적으로 한다.

2) 차세대 학교 · 지역 창생플랜과 교육안전망

일본은 저출산 고령화 대책을 마련하는 전략으로서 2015년 12월 중앙교육심의회 답신으로 '차세대 학교 · 지역' 창생플랜을 책정하였다(文部科学省, 2016). 이는 1억인 총활약 대책의 교육부문 협력 전략으로서 국가적인 수준에서 인구 감소를 극복하고, 지역창생을 이루기 위하여 국민 개개인이 자발적 · 주도적으로 교육개혁을 실천하는 것이다(一億総活躍国民会議, 2016: 20). 지역창생은 지역사회가 처하고 있는 열악한 경쟁 구조와 인프라를 혁신적으로 개조하고, 지역사회의 교육력을 회복시키는 재생 전략으로 부흥하는 것에서 출발한다. 그러므로 학교 · 지역 창생플랜은 학교교육을 혁신하는 전략과 안전한 학교교육체제를 결합함으로써 미래 1억인 총활약 대책에 따라 사회구성원으로 활약할 수 있는 지역인재를 육성하는 교육재생 전략이라고 할 수 있다(教育再生実行会議, 2016). 지역사회에서 안전하고 안심할 수 있는 학교환경을 조성하면서 학교를 핵심으로 하는 1억인 총활약 대책과 연계된 지역 · 학교 안전교육망 발전전략은 다음과 같은 네 가지 방식으로 실천하고 있다(教育再生実行会議, 2016; 一億総活躍国民会議, 2016; 文部科学省, 2016).

첫째, 커뮤니티 스쿨을 종합적으로 개편하는 실천전략을 강조한다. 커뮤니티 스쿨은 학교 운영과 관련하여 지역 주민과 학부모가 적극적으로 참여하는 방안으로서 지역의 힘으로 학교 운영을 촉진한다. 커뮤니티 스쿨은 학교운영협의회를 도입하여 학교 간 연계,

지역과 학교 연계 등의 다양한 학교 경영방침을 실천하고, 학교 현장의 교수–학습 환경을 개선하고자 한다. 이런 방향에 따라 안심할 수 있는 학교환경을 조성하는 실천 활동으로서 특별한 지원이 필요한 학생을 지원하고, 학교 경계구역에 대한 안전보호 활동, 각종 학교 재난 및 사고 등에 대한 협력사업, 사회적 배려계층 대상 학생의 가정후원 등 다양한 활동을 실천할 수 있다.

둘째, 지역학교협동본부를 정비하여 안심하고 안전한 학교교육 네트워크를 구축한다. 지역학교협동본부는 학교교육 활동에 지역 주민이 자원봉사자로 참여함으로써 사회교육과 학교교육을 연계하는 유연한 네트워크 성격을 지니고 있다. 주로 학교교육에 대한 지원활동, 토요일 수업지원활동, 방과 후 아동교실의 주관, 가정교육에 대한 지원, 지역사회의 평생학습 실천 활동, 학습활동을 통한 지역사회 구성 등을 실천한다. 이런 활동을 위해 지역사회 봉사자들은 활동 코디네이터로서 학생의 교육활동을 지원하고, 안전한 학교교육을 조성하는 데 기여할 수 있다.

셋째, 학교교육을 질적으로 개선하고 안전한 학교교육 시스템을 지원하기 위해 팀학교 운영을 활성화한다. 팀학교는 학교 교직원의 조직과 네트워크를 다양화함으로써 이지메와 등교 거부 현상과 같은 학생생활지도, 특별지원교육을 충실하게 운영할 수 있는 방안으로서 효과적일 수 있다. 이는 교장의 리더십을 기반으로 하여 교직원이 다양한 전문 스태프와 연계·분담하여 팀으로서 교육활동을 실천하는 방식이라고 할 수 있다. 팀학교를 운영하려면, 전문성에 기초한 팀체제를 구축해야 하며, 학교의 경영기능을 강화하고 교원의 개별 역량을 강화해야 한다. 이와 같은 팀체제 속에서 수업

담당 교원 이외에 학교 상담사, 학교 소셜워커, 영양교사, 경찰·소방 및 보건 스태프 등을 활용하여 안전한 학교교육을 달성할 수 있다.

　넷째, 지역사회와 협력하는 방식으로 안전하고 질 높은 학교시설을 정비해야 한다. 학교시설은 기본적인 교육조건이기 때문에, 교육수준을 유지·향상시키는 관점에서 안전성과 쾌적성을 확보해야 한다. 특히 교육시설을 안전하고 안심할 수 있는 여건으로 구축함으로써 다양한 학습활동을 제공하며, 아동·학생의 발달단계에 따라 안전하고 안심할 수 있는 시설로 정비해야 한다. 학교시설 자체가 내진 시설 및 재난방지 기능을 강화함으로써 유사시 재해 발생 시 지역사회의 피난처 역할을 해야 하는 것도 중요한 과제이다.

4 1억인 총활약 대책을 통한 '지역 부흥교육' 사례

　2011년 동일본 대지진 이후 5년을 경과하면서 문부과학성은 피해지역 이재민을 위한 복구·부흥 대책을 마련하고 있다. 그래서 학교시설을 복구하고, 학생의 취학을 지원하는 한편으로 학생이 가지고 있는 마음의 상처를 치유하는 활동에 중점을 두고 있다. 대책은 또한 지역사회 부흥을 선도하는 역할을 할 수 있는 인재를 육성하고, 대학과 연구소를 활용하여 지역사회를 재생하고 원자력 피해·손해배상 청구소송 등을 원활하게 추진하는 활동도 지원하고 있다(文部科学省, 2016).

　이와 같은 부흥전략은 대지진 당시 가장 큰 피해를 보았던 후쿠시마, 미야기, 이와테 현 등을 중심으로 활발하게 이루어지고 있다

(文部科学省, 2016). 지역사회를 부흥시키기 위해 교육과 학습활동을 통해 지속가능한 지역사회를 구축하는 사업을 전개하고 있다. 지역사회가 교육을 통해 부활할 수 있는 전략으로서 글로벌 협력방안과 인재 육성 방안도 실천하고 있다. 대체로 지역사회 혁신부활 전략으로서 '재생, 연대, 대비·예방'이라는 트라이앵글 전략을 통해 성공한 후쿠시마 사례가 대표적이라고 할 수 있다. 후쿠시마 지역은 OECD 본부와 제휴하여 아카데미 컨소시엄 후쿠시마(ACF), OECD 도호쿠스쿨, 후쿠시마 미래 학교, 후쿠시마 미래·농업 프로그램 등에 따른 부흥교육 정책을 추진하였다. 현재 OECD가 추진하고 있는 교육비전 2030 역량 개발전략도 이와 같은 후쿠시마 개발교육 사례를 모범 사례로 활용하고 있다(文部科学省, 2016).

현재 동일본 대지진 복구지역을 중심으로 실천하고 있는 지역부흥 전략을 소개하면 다음과 같이 네 가지 유형으로 정리할 수 있다(文部科学省, 2016). 첫째, 동일본 지역사회를 부흥시키기 위한 창조적 인재 육성방안을 실천한다. 문부과학성은 동북지역에서 출발하는 미래형 교육모델을 만들기 위해 '부흥교육 지원사업'을 추진하고 있다. 이 사업은 대지진의 교훈을 바탕으로 하여 미래 교육을 더욱 촉진하기 위해 민·관 합동으로 실천한다. 즉 지역사회의 과제를 통해 곤란한 상황을 극복하여 지속가능한 지역사회를 이룩하는 데 공헌할 수 있는 인재를 육성한다. 특히 '지역창생 이노베이션스 쿨 2030' 사업을 통해 글로벌 외국인 우수 인재를 유치·육성하여 지역사회 선도 역할을 부여할 계획이다.

둘째, 지역사회 주민이 주체가 되어 활력 있는 교육공동체를 구축할 수 있도록 한다. 예를 들면, '미야기현 협동교육 플랫폼 사업'

은 가정, 학교, 지역사회가 삼위일체로 교육혁신을 실천한다. 또한 대학과 국책 · 지역연구소 등을 활용하여 지역교육에 대한 부흥정책을 연구하고, 지역문화와 교육활동을 연계하는 평생학습도시를 부흥하는 사업도 추진한다.

셋째, 학생과 학부모, 지역사회가 안전하고 안심한 교육을 받을 수 있는 '배움의 안전망'을 구축한다. 동일본 대지진으로 인해 파손된 학교시설과 사회교육시설을 복구하고, 재난방지교육과 학교 안전교육을 모범적으로 수행한다. 지역사회 학생이 학업을 계속할 수 있는 취학지원 교육비 및 생활비, 학자금 등을 국가 수준에서 지원할 수 있도록 한다. 특히 지역의 학생이 대지진으로 인한 마음의 상처를 치유하고 학업에 정진할 수 있도록 스쿨 카운슬러 등의 다양한 인프라 지원을 추진한다.

넷째, 대지진 이후 재난 극복과 사후 대처를 위한 지역사회 교육력 재건 전략을 실천한다. 대지진 참사 피해의 당사자로서 실질적 경험의 재난방지교육과 학교 안전교육을 지역사회 학교 역량으로 개발한다. 이와 관련하여 원자력에 따른 재해예방교육에 특별히 집중하고, 학생과 학부모 등의 원전 공포를 해소할 수 있는 심적 · 물적 보상활동을 적극적으로 추진하고 있다. 그리고 지역사회 경제와 사회 인프라를 재건하기 위한 청년인재를 양성하는 차원에서 전문계 고교 및 특성화학교, 우수인재 육성사업 등 다양한 방식으로 학교교육 진흥 정책을 적극적으로 추진한다. 이와 같은 학교 특성화 사업은 학생의 졸업 이후 진로를 동일본 지역사회의 인프라 부흥정책에 적극 참여할 수 있는 방식으로 운영하고 있다.

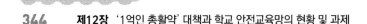

5 학교 안전교육망 구축의 향후 과제와 전망

일본 정부의 '1억인 총활약 대책'과 연계하는 교육정책은 사회 속에서 어려움을 이겨내고 꿋꿋하게 살아갈 수 있는 능력을 배양하는 교육, 그리고 배움의 안전망을 구축하고 연대 협력을 통해 활력 있는 지역사회 교육력을 축적하는 데 있다. 그래서 학교 안전교육이 지향하는 목표도 이런 관점에서 단 한 명의 학생도 개인적인 손실 없이 미래 사회 개척을 위한 기본역량을 갖춘 인재로 육성하는 데 초점을 두고 있다. 그러므로 학교 안전교육과 연계된 교육혁신은 미래 인재로 육성할 수 있는 질 높은 교육을 제공하고, 학교시설 및 심리적 여건 등에 대한 안전망을 구축함으로써 안전하고 안심할 수 있는 학교·지역사회를 연계하는 총체적 교육네트워크를 구축하는 것이다.

현재 일본 정부의 교육정책 기조는 한 마디로 말해서, '일본의 재생·부활을 통해 드림비전2020'을 달성하는 것에 있다(文部科学省, 2016; 一億総活躍国民会議, 2016). 2020년에 도쿄에서 개최될 예정인 하계올림픽을 계기로 하여 일본 사회를 새롭게 재건하기 위한 교육문화 및 스포츠 등의 총력적인 재생을 겨냥한 것이다. 이는 최근의 국가주의적인 개혁정책과 결합하면서 글로벌 교육경쟁력을 제고하고, 저출산 사회가 지닌 과제를 극복하기 위한 전략이라고 할 수 있다. 그래서 개정 「일본국 교육기본법안」에 기반을 두고 미래 일본의 성장 동력으로서 개인의 역량을 최대한 계발하는 인재육성정책과 '평생 현역·전 국민이 참여하는 교육사회'를 구현하는 평생학습사회를 추진한다(文部科学省, 2013; 教育再生実行会議, 2015a).

즉, 교육개혁을 충실하게 실천하는 '교육재생' 전략을 통해 학생의 풍부한 인성을 기르고 교육의 질을 향상시키는 식으로 저출산 사회를 극복하고자 한다. 아베 내각은 사회 전체적으로 '저출산 사회를 극복'하고 격차사회를 개선함으로써 급속한 경제성장과 안정적인 고용대책을 마련하는 토대로서 교육개혁을 실천하고 있다.

이와 같은 관점에서 학생의 안전교육, 건강교육을 포함한 보건교육이 중요한 쟁점으로 부각되었다. 문부과학성은 「학교보건안전법」에 근거하여 2012년 '학교안전을 추진하기 위한 계획'을 발표하여 각급 학교의 교육실천을 독려하였다(文部科學省, 2016). 이와 같은 안전대책으로서 감시카메라, 비상통보장치, 자동 심장충격기 등의 응급장치까지 학교 내에 준비하는 등 본격적인 학교안전망을 구축하고 있다(文部科學省, 2016). 이와 같은 교육전략을 실천하기 위하여 국가예산 및 지방재정을 통해 학교안전에 대한 예산을 마련하고 있다. 따라서 학교안전을 위한 교육개혁은 안전교육의 질을 높이고 학부모의 교육비 부담을 경감하기 위한 공교육 재정 혁신에서 출발한다.

또한 학교안전대책과 학력제고 전략을 통해 소중한 인재를 육성하고, 토요 교육 활동과 팀학교 체제를 통해 저출산 시대 학교교육 효율화 방안을 강구하고 있다. 특히 주목할 사실은 모든 국민이 교육과 일을 병행할 수 있는 기반 단계로서 대안교육과 통신교육 등을 무상의무교육으로 연계하는 학생생활지도 전략 등도 두드러지고 있다. 사실상 일본의 학교 안전교육은 모든 학생이 뒤처지지 않도록 배려해 주는 교육환경을 보장하며, 안전하면서도 쾌적한 교육 여건을 통해 미래 성인으로 발전할 수 있는 역량을 제공하는 것으

로 볼 수 있다.

따라서 향후 일본 정부가 '1억인 총활약 대책'과 연계하여 학교 안전교육망을 성공적으로 달성하려면 다음과 같은 몇 가지 과제를 실천해야 한다. 첫째, 학교 현장은 가정 및 지역사회와 연계하여 안전하고 안심할 수 있는 교육을 통해 물리적 교육환경과 심리적 교육여건, 교육역량 등을 최적화·최대화할 수 있는 개혁정책을 실천해야 한다. 즉 '1억인 총활약 대책'을 성공적으로 달성하기 위해 교육재생계획을 경제·재정 재생계획에 연동하는 방안을 마련해야 한다. 둘째, 모든 학생이 능력을 발휘할 수 있는 교육을 실천하기 위한 학교 안전교육망으로서 교육의 강점을 계승하면서 각 개인이 가지고 있는 개성과 능력을 펼칠 수 있는 학교현장을 조성해야 한다. 그래서 학교교육만이 아니라 사회 전체적인 개혁 연계망을 통해 '1억인 총활약대책'이 성공적으로 수행할 수 있는 인프라를 구축해야 한다. 셋째, 학교 안전교육망은 학생이 교육역량을 습득할 수 있는 학교여건을 물리적·심리적·인간관계 측면에서 총체적으로 연계·협력할 수 있는 그물망이어야 한다. 즉, 지역사회와 가정, 학교교육이 유기적으로 연계하여 심적으로 안정·안심하면서 쾌적하고 안전한 학교교육을 받을 수 있는 유기적인 구성체를 의미한다. 그러므로 중앙정부 차원에서는 안전교육망이 국가 인적자원 개발의 원동력이라는 측면에서 문부과학성 이외에 총리대신, 내각관방장관, 노동후생성, 재정경제성 등이 망라된 범부처 연계전략의 네트워크로 발전해야 한다.

그러므로 일본의 학교 안전교육은 안전하고 안심할 수 있는 학교 환경을 구성하는 것과 함께 역량 있는 지역인재를 육성하는 교육여건을 창출하는 것으로 이해할 수 있다. 즉, 학교의 물리적인 환경을 안전하게 만드는 것과 함께 학교에서 교수-학습활동을 하고 생활지도, 진로지도 등을 포함한 모든 교육활동이 안심하고 행복할 수 있는 심리적·사회적 환경을 조성해야 한다. 이런 교육환경 속에서 단 한 명의 학생도 뒤처지지 않고 지속가능한 미래 사회 발전에 기여할 수 있는 인재로 육성할 수 있을 것이다. 이런 방향과 관점에 대해서 이후 일본 정부가 추진하는 학교 안전교육 발전전략과 연계하여 검토해야 할 것이다. 동시에 이는 우리 교육이 상정하고 있는 행복하고 밝은 학교현장을 만드는 교육혁신에 많은 벤치마킹 사례로 활용될 수 있다.

참고문헌

공병호(2012). 일본의 교내폭력·이지메 동향과 대책 시스템의 전개. 한국일본교육학연구, 17(1), 39-53.

공병호(2016). 일본의 지역 교육력 향상을 위한 도도부현의 역할 및 시책. 한국일본교육학연구, 21(1), 1-19.

김세곤(2009). 일본의 소자화 대책과 육아지원 사업에 관한 소고. 한국일본교육학연구, 14(1), 1-19.

남경희(2016). 일본에서 학교를 중심축으로 한 지역교육력 전개. 한국일본교육학연구, 20(2), 1-20.

윤종혁(2012). 최근 일본의 국가 주도 교육정책 동향. 유네스코 한국교원연수자료집, 34-51.

윤종혁·김진희·최수진·한만길·김정래·천호성(2016). 2016 교육형

평성 실현을 위한 정책연구-유네스코 교육차별철폐 협약 이행과 관련하
여. 한국교육개발원.

이덕난(2015). OECD 주요국의 유·초등학교 안전교육 실태 및 한국교육에
주는 시사점. 한국교육개발원.

이정희(2016). 일본의 초등사회과 자연재해·방재교육의 구성원리-일본
문교출판 교과서 분석을 중심으로. 한국일본교육학연구, 20(2), 21-44.

임형연(2016). 안심·안전교육으로서 일본 '아침독서(朝の読書)'의 의미
와 역할. 한국일본교육학연구, 21(1), 85-103.

장은숙(2011). 일본 방재교육에 관한 고찰. 한국일본교육학연구, 16(1),
127-136.

정영근(2013). 일본 정부의 지역교육력 정책 현황 및 방향 탐색. 한국일본
교육학연구, 18(1), 43-71.

教育再生実行会議(2013a). いじめの問題等の在り方について(第1次提言).

教育再生実行会議(2013b). 教育委員會制度等の在り方について(第2次提言).

教育再生実行会議(2013c). 高等學校教育と大學教育との接續·大學入學
者選拔の在り方について(第4次提言).

教育再生実行会議(2015a).「學び續ける」社會、全員參加型社會、地方創
生を實現する教育の在り方について(第6次提言).

教育再生実行会議(2015b). 教育立國實現のための教育投資·教育財源の在
り方について(第8次提言).

教育再生実行会議(2016). 全ての子供たちの能力を伸ばし可能性を開花さ
せる教育へ(第9次提言).

中央教育審議会(2015). 新しい時代の教育や地方創生の實現に向けた學校
と地域の連携·協働の在り方と今後の推進方策について(答申).

武者一弘(2015). 日本における地域の教育力. 한국일본교육학연구, 19(2),
111-127.

一億総活躍国民会議(2016). ニッポン一億總活躍プラン(閣議決定). www.
　　kantei.go.jp/jp/singi/ichiokusoukatsu/index.html. (2017. 2. 13. 인출).

日本教育新聞網(2015). フリースクールもホームスクーリングルも義務教
　　育とみなす法案. 한국교육개발원. http://edpolicy.kedi.re.kr (2015.
　　6. 23. 인출).

文部科学省(2013). 文部科學白書. www.mext.go.jp/b_menu/hakusho. (2017.
　　2. 13. 인출).

文部科学省(2016). 文部科學白書. www.mext.go.jp/b_menu/hakusho (2017.
　　2. 13. 인출).

별장

한국의 학교 안전교육
현황과 과제

이지혜 (서울염리초등학교)

<별장>
한국의 학교 안전교육 현황과 과제[1)]

이지혜 (서울염리초등학교)

 1 안전에 관한 권리와 안전교육

우리 「헌법」의 핵심 이념은 '인간의 존엄'과 가치를 보장하는데 있으며(제10조), 인간의 존엄과 가치를 실현하는 가장 기본적인 전제조건으로 생명, 신체 및 건강의 위협으로부터 벗어나서 자기결정권을 행사할 수 있는 상황이 실현되어야 한다[2)]. 또한 정치적·사회적·경제적 및 문화적 생활영역에서 인간의 존엄과 가치가 실현되기 위해서는 생명 및 신체적 안전이 우선적으로 보장되어야 한다(전광석, 2015: 144). 안전에 대한 권리는 기본권 실현을 위한 가장 근본적인 조건이다. 안전이 위협받는 상황이 발생하면 이를 인식하고 이에 대해 적극적으로 대처할 수 있는 능력을 갖추어야 한다.

---

1) 이 글은 『한국초등교육』 제27권 제2호(2016)에 실린 「초등학교 안전교육 현황과 사회과교육에서의 안전교육 방향 탐색」을 수정·보완한 것임.

교육이 가장 근본적인 사회 변화를 유도할 수 있으며 가장 직접적인 효과를 가져올 수 있는 가장 효율적인 방법임을 고려할 때 학교에서의 안전교육이 효과적으로 이루어져야 한다(조의식 · 정필운, 2015: 48).

안전교육은 안전하게 생활하는 방법을 내면화하여 이를 생활에서 실천할 수 있는 것을 목표로 '안전과 관련된 지식, 기능, 가치 · 태도를 함양함으로써 안전한 생활을 영위할 수 있는 능력을 기르는 교육'으로 정의할 수 있다. 안전교육을 통하여 안전사고 발생 가능성을 줄이고 안전한 생활을 실천함으로써 스스로 안전에 대한 권리를 지켜 나갈 수 있다. 이 장에서는 한국의 안전교육 현황에 대해 살펴보고 안전에 대한 권리 인식 함양과 안전 문제해결 실천을 위한 안전교육의 방향을 제시하고자 한다.

---

2) 「헌법」 제10조는 "모든 국민은 인간으로서의 존엄과 가치를 가지며, 행복을 추구할 권리를 가진다. 국가는 개인이 가지는 불가침의 기본적 인권을 확인하고 이를 보장할 의무를 진다."고 규정하여, 모든 국민이 인간으로서의 존엄과 가치를 지닌 주체임을 천명하고, 국가 권력이 국민의 기본권을 침해하는 것을 금지함은 물론 이에서 더 나아가 적극적으로 국민의 기본권을 보호하고 이를 실현할 의무가 있음을 선언하고 있다. 또한 생명 · 신체의 안전에 관한 권리는 인간의 존엄과 가치의 근간을 이루는 기본권일 뿐만 아니라, 「헌법」은 "모든 국민은 보건에 관하여 국가의 보호를 받는다."라고 규정하여 질병으로부터 생명 · 신체의 보호 등 보건에 관하여 특별히 국가의 보호 의무를 강조하고 있다(2008. 12.26., 2008헌마419, 423, 438 병합).

2 한국의 학교 안전교육 현황

1) 학교생활에서의 안전교육

학교안전은 학교라는 장소에서 학생들의 생활 중 생존과 보호를 위협하는 위험이나 사고가 발생하지 않는 상태로 정의한다면 학교 안전은 단일개념이 아니라 집합개념으로 이해하는 것이 타당하다 (조의식 · 정필운, 2015: 44). 따라서 본 연구에서는 학교안전과 관련된 내용을 항목별로 구분하여 살펴보고자 한다. 서울특별시교육청은 안전 관련 공문에서 학교생활 주변 안전을 교육활동 안전, 생활 안전, 시설안전, 교통안전, 보건안전, 급식안전, 현장체험학습안전, 교육환경안전 등 8개 요소로 구분하여 제시하였다(서울시특별시교육청, 2015). 본 연구도 이를 토대로 학교 안전교육 현황과 문제점을 살펴보고자 한다.

교육활동 안전은 학교 교육활동에서의 안전을 의미하는 것이다. 이는 학교 내에서의 일상적인 교실 수업, 체육활동, 과학 실험, 각종 실습 등 학교 교육과 관련된 모든 활동에서의 안전을 의미한다. 교육활동 안전교육은 학교생활 속에서 공식적 · 비공식적으로 이루어지고 있다. 교육부에서는 체육활동, 수련 및 체험 활동, 실험 활동, 실습 및 노작 활동, 돌봄교실 등에서 교육활동 이전에 5분간 예상되는 위험 요인 및 대처방법을 설명하는 '교육활동 5분 사전 안전교육'과 학교 교육과정 편성시 안전에 관한 내용을 각 교과 교육과 생활 지도 내용에 편성하도록 하고 있다. 그러나 학생들이 직접적으로 공감하고 체득할 수 있는 내용보다는 일반적이고 형식적인 내용들이 대부분이기 때문에 교육활동에 직접적인 도움을 줄 수 있는 현실적인 내용으로 안전교육이 실시되어야 하며 사전 계획한 교육활동과 관련된 안전교육이 학교 현장에서 내실 있게 운영될 필요가 있다.

생활안전은 학교폭력으로부터의 안전, 돌봄교실, 기숙생활에서의 안전, 심야 귀가 안전 등 학교생활에서의 안전에 관한 것이다. 생활안전과 관련하여서는 학교폭력에 대한 교육이 가장 많이 학교에서 실시되고 있다. 구체적으로는 학교폭력 예방 주간을 운영하여 학교폭력의 학급단위 예방 교육, 외부 전문 강사 초빙 교육, 캠페인 활동, 관련 홍보물 배부, 학교폭력 신고 및 상담 등을 실시하고 있다. 또한 학교폭력 전담기구를 설치 운영, 학교폭력 실태 조사, 건의함 및 피해센터 및 신고함 설치, 학생 상담 및 생활 지도, 학생 대상 학교폭력 징후 진단 등의 학교폭력 예방 교육이 이루어지고 있다. 학교폭력과 관련된 문제 해결하기 위해서는 일정 기간의 집중적인 교육도 필요하지만 학교폭력의 개념, 실태, 대처 방안 등과 같은 실제적 안전 문제 해결에 도움이 되는 구체적 교육이 정기적으로 이루어져야 한다. 학교폭력 실태조사에서 초등학생의 피해응답율이 상대적으로 높은 점을 고려하여 '초등학생 맞춤형 학교폭력대책'이 정부관계 부처 합동으로 2015년에 수립되었다(교육부, 2015a). 그러나 구체적 내용을 살펴보면 학교폭력 유형별 예방교육으로 웹툰, UCC와 같은 체험형 사이버폭력 예방교육 프로그램 활성, 언어폭력을 예방하기 위한 동영상 제작 프로젝트, 스토킹을 예방하기 위한 스토킹 예방 프로그램 개발, 장애학생 폭력을 예방하기 위한 연 2회 이상 장애 이해 교육 등과 같은 단발성·행사

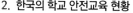

성 내용들이 대부분이다. 또한 일부 시범학교만을 대상으로 방관자 행동변화 프로그램, 학교폭력예방 확대 지원 등의 교육이 이루어지고 있다. 따라서 모든 학교에서 실행 가능한 지속적이고 연계성 있는 학교폭력 예방 교육 프로그램이 개발될 필요가 있다.

  시설안전은 교육기관 시설 이용 및 유지관리와 관련된 안전에 관한 것이다. 학교시설은 학교 교실 안에서 이루어지는 활동을 고려하여 관련된 시설·설비뿐만 아니라 이를 지원하고 규제하는 사회적 환경까지도 포함하고 있다(허경, 2010: 5). 시설안전과 관련하여 학생들의 안전의식이 상대적으로 낮다. 학생들은 학교시설, 설비의 안정성에 대하여 관심도가 낮으며 교내 시설물에 대한 안전점검의 중요성을 낮게 인식하고 있다(심은순, 2003: 14). 이는 학교라는 공공장소가 안전성을 담보한다고 학생들이 믿는 경향이 있기 때문이다. 그러나 노후된 시설로 인한 붕괴 위험, 부실 공사로 인한 사고 위험, 석면, 납과 같은 각종 오염 물질 등 학교도 더 이상 안전한 곳이 아니다. 이러한 심각성에도 불구하고 시설안전에 대한 교육은 거의 전무한 실정이다. 교육부에서는 매달 '안전점검의 날'에 학교안전관리 체크리스트를 통하여 교사와 학생 모두가 안전점검을 실시하도록 하였다. 점검 내용은 교실과 특별교실의 안전교육의 정기적 실시 여부를 비롯하여 교실바닥, 교실벽, 교실문, 교실창호, 복도, 천장 등의 안전상황 점검, 안전관리·시약관리 점검 등으로 이루어져 있다. 학생이 직접 학교안전 실태를 점검할 수 있는 기회가 마련된 것은 안전점검을 생활화하고 안전의식을 개선하는데 도움을 줄 수 있다. 그러나 이러한 안전점검에만 머무르는 것이 아니라 교내 시설물에 대한 안전점검의 중요성을 인식하고 안전에 대한 문제를 발견하였을 때 이에 대한 개선을 요구할 수 있는 실천적 교육 내용이 보강되어야 한다.

교통안전은 등·하교 시 또는 교육활동 중의 교통사고와 관련된 것이다. 교통안전 교육은 초등학교를 중심으로 녹색어머니와 같은 학부모 단체, 학교 전담 경찰관, 자원 봉사자, 교통 담당 교사, 학교 보안관 등을 통하여 등·하교 시 교통 지도, 교통안전 예방 지도, 등·하굣길 보행 안내 등의 교육이 이루지고 있다. 각 학급별로 교통안전 교육을 한 학기에 2차시 정도 창의적 체험활동 시간에 실시하고 있으나 초등학생의 높은 교통사고 발생률을 고려할 때 2차시 정도의 학습으로는 부족하다. 또한 실제와 유사한 상황에서 교통안전을 교육할 수 있는 실습시설이 부족하여 모의로 실시하거나 설명 위주의 강의식 수업으로 진행되는 경우가 많다. 교통안전은 이론교육보다는 체험교육이 효과적이며, 구체적 행동 훈련을 반복적으로 실시할 경우 교육적 효과가 높기 때문에(손주현, 2005: 3) 교통안전과 관련된 교육은 구체적 행동을 반복적으로 체험할 수 있도록 교육환경과 내용을 개선해야 한다.

보건안전은 질병과 약물 오남용 예방, 성(性) 및 정신 건강과 관련된 안전에 관한 것이다. 보건안전 교육은 학교별로 차이가 있지만 일상생활과 건강, 질병 예방과 관리, 약물 오남용 및 흡연·음주 예방, 성과 건강, 정신 건강, 사회와 건강, 사고 예방과 응급처치 등에 대한 내용으로 교육이 이루어지고 있다. 보건안전은 체육 교과와도 밀접한 관련이 있다. 그러나 2015 개정 체육 교육과정에서 보건안전과 직접적인 연관이 있는 성취기준은 5-6학년군 건강 영역의 성장과 건강 체력에서 '성장에 따른 신체적 변화를 수용하고 건

강한 성장과 발달을 저해하는 생활 양식(흡연, 음주, 약물 오남용 등)의 위험성을 인식한다'의 한 부분에 불과하다(교육부, 2015b). 따라서 초등학생 저학년부터 체육 교육과정을 중심으로 다른 교과 영역에서 보건안전을 위한 조직적이고 체계적인 교육이 필요하다.

급식안전은 학교급식의 시설, 설비, 식재료, 조리 등과 관련된 안전에 관한 것이다. 급식안전 교육은 관련 교과인 실과에서 균형 잡힌 식사와 안전과 위생을 고려한 식사에 대해 다루고 있다. 그러나 초등학교 1학년부터 급식이 시작되기 때문에 안전한 급식에 대한 교육이 저학년부터 필요함에도 불구하고 관련 교과인 실과는 5학년이 되어야 배우게 된다. 또한 영양교사에 의한 영양교육이 실시되고 있는 경우도 있지만 영양교사가 배치된 일부 학교에서만 비정기적으로 실시되고 있다. 또한 영양교육은 모든 학년을 대상으로 하는 것이 아니며 교육 내용도 급식안전보다는 비만, 당, 지방, 나트륨 섭취의 문제, 식품알레르기와 같은 영양과 식생활 교육이 주를 이루고 있다. 따라서 급식안전 교육은 '학교 급식 안전관리 강화대책'(교육부, 2013)과 같은 국가 정책적 차원에서만 머무르지 않고 실제 학교현장의 교육을 통해 실현될 수 있도록 학생들의 눈높이에 적합한 안전한 급식을 위한 교육 내용이 개발되어 보급되어야 한다.

현장체험학습안전은 수학여행과 수련활동 등 현장체험학습에서의 안전에 관한 것이다. 현장체험학습 안전교육은 세월호 사건 이후 보다 강화되어 실시되고 있다. 지난 몇 년 전까지만 해도 수련회와 같은 현장체험학습에 대한 사전 교육은 강당이나 학교 방송 시설을 이용하여 한 학년이 동시에 이루어지는 경우가 많았다. 그러나 이제는 각 학급에서 현장체험학습 사전 교육 계획을 수립하여 실시하고 있으며, 현장체험학습에 직접적인 도움을 주는 교육 자료를 활용하여 안전교육을 실시하고 있다. 교육부에서는 '현장체험학습 안전길라잡이'와 같은 현장학습 안전교재를 개발하여 일선 학교에 보급하였다. 이는 도보, 자전거, 버스, 지하철, 기차, 선박 항공 이동시 안전수칙과 비상시 행동 요령, 물놀이, 래프팅, 갯벌 체험, 산행, 캠핑, 스키, 공영 관람시 안전수칙과 비상시 행동 요령, 숙소 안전교육, 화재 예방, 식품안전수칙과 비상시 행동 요령, 상황별 응급처치 요령 등으로 구성되어 있으며, 각 상황별 안전수칙과 안전행동이 비교적 자세하게 제시되어 있다(교육부, 2015c). 현장체험학습은 교육활동 안전, 생활안전, 시설안전, 교통안전, 보건안전, 급식안전, 교육환경안전 등의 내용이 모두 포함되어야 하므로 일부 내용에 치중하기보다는 다른 교육내용과 유기적으로 연계되어 실시되어야 한다.

교육환경안전은 교육기관 안팎의 유해환경으로부터의 안전에 관한 것이다. 「학교보건법 시행령」에 따라 학교 출입문으로부터 직선거리로 50미터까지인 지역은 절대정화구역으로, 학교 경계선 또는 학교 설립 예정지 경계선으로부터 직선 거리로 200미터까지인 지역 중 절대정화구역을 제외한 지역은 상대정화구역으로 학교환경위생 정화구역이 설정되어 있다. 또한 「어린이 식생활안전관리 특별법」에 따라 안전하고 위생적인 식품판매 환경 조성으로 어린이를 보호하기 위하여 학교와 해당 학교의 경계선으로부터 직선 거리 200미터의 범위 안의 구역을 어린이 식품안전보호구역으로 지정·관리하는 '그린푸드존' 제도가 시행되고 있지만 교육환경 안전교육은 학교현장에서 거의 이루어지고 있지 않다. 학교 앞에서 건강 저해식품 및 불량식품 판매가 여전히 이루어지고 있으며, 학교 주변에 성인광고 전단지가 붙어 있지만 이를 심각한 문제로 인식하지 못하는 경향이 있다. 따라서 교육기관 주변은 유해환경으로부터 보호되어야 한다는 학생들의 인식개선과 이러한 유해환경을 개선할 수 있는 실천 능력을 기를 수 있는 교육환경 안전교육이 필요하다.

2) 교육과정에서의 안전교육

2015 개정 교육과정에서는 초등학교 1-2학년 학생들에게 '안전한 생활' 교과를 신설하여 안전교육을 실시하고 있다. '안전한 생활'은 일상생활과 재난 상황에서 접하게 되는 위험을 알고 안전하게 생활하는 방법을 익혀 위험을 예방하고 위험 상황에 대처할 수 있는 능력을 기르는 것을 목적으로 생활안전, 교통안전, 신변안전, 재난안전 4개 영역으로 구성되어 있다(교육부, 2015d). 이러한 안전교육의 내용들이 초등학교 저학년에서만 이루어지지 않고 초·중·고에서 지속적이고 유기적으로 연결될 필요가 있다.

〈표 13-1〉 2015 개정 교육과정 초등학교 1~2학년 '안전한 생활'

영역	핵심 개념	일반화된 지식	내용 요소
1. 생활안전	1.1 학교에서의 안전 생활	안전한 학교생활을 위해 지켜야 할 규칙이 있다.	• 실내 활동 시 안전 규칙 • 학용품 및 도구의 안전한 사용 • 놀이 기구의 안전한 사용

	1.2 가정에서의 안전 생활	가정에서 안전을 위해 지켜야 할 수칙이 있다.	• 가정에서의 사고 예방 • 생활 도구의 안전한 사용 • 응급 상황 대처
	1.3 사회에서의 안전 생활	사회에서 안전을 위해 지켜야 할 수칙이 있다.	• 야외 활동 안전 • 시설물 안전 • 공중위생
2. 교통 안전	2.1 보행자 안전	안전을 위해 보행자가 지켜야 할 수칙이 있다.	• 신호등과 교통 표지판 • 보행자 수칙 • 골목에서 놀 때의 안전
	2.2 자전거, 자동차 안전	자전거와 자동차 및 대중교통을 이용할 때 지켜야 할 안전 수칙이 있다.	• 자전거 탈 때의 안전 • 자동차 이용 시 안전 수칙 • 대중교통 이용 시 안전 수칙
3. 신변 안전	3.1 유괴·미아 사고 예방	유괴 예방법과 미아가 되었을 때의 대처 방법을 안다.	• 낯선 사람의 접근에 대한 대처 방법 • 미아가 되었을 때의 대처 방법
	3.2 학교폭력, 성폭력, 가정폭력	학교폭력의 유형은 다양하며 사람들에게 피해를 준다.	• 집단 따돌림의 유형과 예방 • 학교폭력 유형과 예방
		성폭력, 가정폭력의 위험성을 알고 대처할 수 있다.	• 좋은 접촉과 나쁜 접촉 • 가정폭력 발생 시 도움 요청과 신고
4. 재난 안전	4.1 화재	화재가 발생하면 안전 수칙에 따라 신속하게 대피한다.	• 화재의 예방 • 화재 발생 시 대피법
	4.2 자연 재난	자연 재난 발생 시 행동 요령을 익혀 생활화한다.	• 지진, 황사, 미세먼지 대처 방법 • 계절의 변화에 따른 자연 재난 발생 시의 대처 방법

출처: 교육부(2015d).

안전과 직접적인 관련이 있는 교과는 과학, 실과(기술·가정), 체육 등이 있다. 과학과에서는 실험 기구의 사용과 화약 약품을 다룰 때 주의할 점과 안전사항을 교수·학습 방법 및 유의사항에서 다루고 있으며 지진, 화재와 같은 재난안전, 속력과 관련된 교통안전, 전기안전과 관련된 생활안전을 포함하고 있다(교육부, 2015e). 과학과의 경우 실험활동에서의 안전사고가 빈번하게 발생하기 때문에 실험 안전교육과 관련된 별도 단원이 신설될 필요가 있다. 안전사고와 관련하여 매 수업 시간 전에 사전 교육을 하는 것도 중요하지만 과학과의 안전 전반에 대한 충분한 학습을 통하여 안전에 대한 기본 소양을 갖춘 후 과학수업에 참여하는 것이 보다 효과적이다.

실과(기술·가정)에서는 가정생활을 중심으로 한 기본 생활 수행 능력을 습득하여 가정생활 문화를 이해하고, 생활 속 안전 문제를 인식하여 안전한 일상생활을 영위하기 위하여 '가정생활과 안전' 영역이 구성되어 있다. 구체적 내용은 생활 안전사고의 종류와 예방 방법을 알고 실생활에 적용, 안전과 위생을 고려하여 식사를 선택하는 방법을 탐색하고 실생활에 적용, 식품 선택의 중요성, 식품의 안전한 보관과 관리 등이다(교육부, 2015f). 실과(기술·가정)에서는 생활안전 뿐만 아니라 식생활과 관련된 안전, 특히 급식안전을 직접적으로 다룰 수 있기 때문에 학생들의 건강하고 안전한 급식을 위한 내용이 보강될 필요가 있다. 또한 고등학교 선택과목인 기술·가정에서 가족의 생활안전과 신변 안전사고의 종류와 영향을 살펴보고 안전사고 발생시 피해를 최소화할 수 있는 방안을 제시하고 있다. 이는 생활안전에 있어 중요한 내용임에도 불구하고 고등학교 선택과목에서만 이루어지고 있다는 문제점이 있다.

　　교육활동과 관련되어 가장 많은 안전사고가 발생하는 체육교과
에서는 2015년 개정 교육과정에 '안전'영역이 신설되었다. 이는 체
육활동에서의 안전에서 시작하여 안전의식의 함양으로 개인적·사
회적 안전 확보를 위한 적극적이고 능동적인 태도와 실천력 함양을
목적으로 하고 있다(교육부, 2015b). 안전과 관련된 학습 내용들이
지식적 측면에 머무르지 않고 실제 활동에 적용될 수 있도록 체육
과의 다른 영역인 '건강' '도전' '경쟁' '표현' 영역에 반영되어 실제
체육교과 활동과 '안전'영역의 연계가 이루어져야 한다.

　　앞에서 살펴본 바와 같이 2015 개정 교육과정의 안전 관련 내용
은 단편적으로 제시되어 있으며 학년별·과목별 위계가 성립되어
있지 않다. 따라서 학교생활의 안전 문제와 안전교육 문제를 해결하
기 위해서는 학생생활 주변 안전 문제를 포괄할 수 있는 지속적이고
체계적인 교육이 이루어질 필요가 있다. 또한 교육활동에 직접적으
로 도움을 줄 수 있는 현실적인 내용으로 안전교육이 실시되어야
하며, 안전 문제의 중요성을 인식하고 이와 관련된 문제를 개선할
수 있는 능력을 신장시켜줄 수 있는 교육 내용이 구성되어야 한다.

3) 국가정책에서의 안전교육

　　2014년 세월호 사건 이후 우리 사회에서는 안전에 대한 문제의
식과 이에 대한 개선 방안이 여러 기관을 통해 쏟아져 나오고 있다.
특히 교육부에서는 학교안전사고 개선을 위한 다각도의 대책을 마
련하고 있으며,3) 그 일환으로 '안전교육 7대 표준안 주요 내용'을
확정·발표하였다. 안전교육 7대 표준안은 원아에서 고등학생에

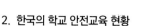

이르기까지 수업에 필요한 지도안 및 각종 자료를 보급하여 학생의
발달단계에 맞는 체계적인 안전교육 실시를 위한 것으로 맞춤형 안
전교육을 목적으로 하고 있다.

〈표 13-2〉 안전교육 7대 표준안 주요 내용

7대 영역	세부 내용
생활안전	시설 안전, 실내활동 · 실외활동 · 신체활동 · 여가활동 안전, 식생활 안전
교통안전	보행자 · 자전거 · 오토바이 · 자동차 · 대중교통 (선박 · 항공 · 철도 등) 안전
폭력 · 신변 안전	언어 · 신체 폭력, 자살 및 집단 따돌림, 성폭력, 아동학대, 사이버 폭력, 유괴 및 미아 사고
약물 안전, 인터넷 중독	흡연 · 음주, 의약품, 인터넷(게임 및 인터넷, 스마트폰) 중독, 정보보호 등
재난안전	화재, 폭발 · 붕괴, 화학적 오염, 자연 재난(태풍, 홍수, 지진 등)
직업안전	실험 · 실습, 특성화고 취업 준비 등
응급처치	기본 응급처치, 유형별 응급처치

출처: 학교안전정보센터, http://www.schoolsafe.kr

---

3) 체험위주 교육 훈련 강화, 교원양성기관에 응급처치와 심폐소생술 실시, 재난위
   험시설, 노후시설 체계적 관리에 관한 '교육 분야 안전 종합 대책(2014. 11. 11.)',
   유 · 초 · 중 · 고 발달단계별 '학교 안전교육 7대 영역 표준안(2015. 2. 26.)', 학
   교안전사고 예방체제 구축, 체험 중심의 안전교육 강화, 학교 구성원의 예방능
   력 강화, 안전한 교육활동 여건 조성, 안전한 학교풍토 조성을 위한 '학교안전
   사고 예방 3개년(2016~2018) 기본계획(2015. 12. 30.)' 등

교육부는 2016년 학생의 발달단계에 맞는 체계적인 학교 안전교육 실시를 위하여 '학교 안전교육 실시 기준 등에 대한 고시'를 확정·발표하였다. 이는 「학교안전사고 예방 및 보상에 관한 법률 시행규칙」 제2조 제1항에서 교육부장관에게 위임한 학교 안전교육 실시 기준에 관한 사항을 규정하고 있다. 이에 따라 학교의 장은 학교 안전교육 7대 영역에 해당하는 안전교육계획을 수립·시행하여야 하며, 이때 「아동복지법」, 「학교폭력예방 및 대책에 관한 법률」, 「성폭력방지 및 피해자보호 등에 관한 법률」, 「성매매방지 및 피해자보호 등에 관한 법률」 등 관련 법령에서 규정하는 안전 관련 교육 및 학교 교육과정과 연계·통합하여 실시할 수 있다. 또한 강의 중심의 안전교육에서 벗어나 체험 중심의 안전교육을 실시하도록 규정하고 있으며, 각 학교에서 시행 중인 안전교육 7대 표준안을 보다 구체적이고 효율적으로 실시하도록 교육 내용 및 방법 등을 제시하고 있다(교육부, 2016).

또한 교육부는 교과교육과정과 안전교육 7대 표준안 연계 운영 방안으로 학교에서 연간 안전교육 계획을 수립하여 학교 교육과정에 편성·운영하도록 하고 있다. 이에 따르면 안전교육은 전 교과와 연계하며 창의적 체험활동 및 학교의 각종 행사 시간을 연계하여 실시해야 한다. 학교는 교육과정과 안전교육의 연계를 자율적으로 편성·운영하되 '학교 안전교육 실시 등에 대한 고시' 시수를 적용해야 한다. 초·중등학교의 총 이수 시간은 공통으로 51차시이며 초등학교 1, 2학년은 2015 개정 교육과정에 의한 '안전한 생활' 교과 이수 시간을 제외한 나머지 시수를 이수해야 한다. 또한 일반 초·중등학교 및 특성화 고등학교와 산업수요 맞춤형 고등학

교는 소재한 위치와 주변 환경의 특성이나 교육과정 특성을 반영한
학교 맞춤형 안전교육을 실시하기 위하여 각 영역별로 고시된 기준
시수 범위의 20% 내에서 증감 운영할 수 있다(교육부, 2017).

〈표 13-3〉 학년별 학생 안전교육의 시간 및 횟수[4]

(단위: 단위활동, 차시)

구분		생활안전 교육	교통안전 교육	폭력예방· 신변보호 교육	약물 및 사이버 중독 예방 교육	재난안전 교육	직업안전 교육	응급처치 교육
교육시간	유치	13	10	8	10	6	2	2
	초등	12	11	8	10	6	2	2
	중등	10	10	10	10	6	3	2
	고등	10	10	10	10	6	3	2
횟수		학기당 2회 이상	학기당 3회 이상	학기당 2회 이상	학기당 2회 이상	학기당 2회 이상	학기당 1회 이상	학기당 1회 이상

출처: 교육부(2016).

---

4) ① 학력이 인정되는 평생교육시설 및 「재외국민의 교육지원 등에 관한 법률」
제2조제3호에 따른 재외 한국학교와 「초·중등교육법」 제2조 제4호에 따른 특
수학교의 경우는 인정되는 학력에 해당하는 학교급에 맞추어 실시한다. ② 학
교 안전교육 실시 시간의 단위는 유치원은 교육과정 고시에 따른 단위활동이
며, 초·중등학교는 교육과정 고시에 따른 차시이다. ③ 학교급별 제시하는 안
전교육 시간은 학년별(유치원은 연령별) 실시해야 할 시간을 말하며, 횟수는
영역별 안전교육 시간을 학기당 제시된 횟수 이상으로 분산·실시해야 함을
말한다. ④ 학교(유치원 포함) 운영 성격 및 지역적 특성에 따라 총 이수시간의
범위 내에서 안전영역별 이수 시간을 자율적으로 조정·운영(20% 범위 내, 소
수점은 올림처리)할 수 있다. ⑤ 재난안전교육은 재난 대비 훈련을 포함하여
실시하여야 하며, 각종 재난 유형별 대비 훈련을 달리하여 매 학년도 2종류 이
상을 포함하여 운영하여야 한다. ⑥ 1단위 활동 및 1시간(차시)의 수업 시간은
교육과정을 따르되, 기후 및 계절, 학생의 발달정도, 학습 내용의 성격, 학교 실
정 등을 고려하여 탄력적으로 편성·운영할 수 있다.

교육부에서는 학교 안전교육 활성화를 위해 안전교육 7대 표준안 자료와 정부부처, 공공기관 및 민간기구 등에서 개발 · 제작한 안전교육과 관련된 다양한 정보 및 콘텐츠를 모아 놓은 '학교안전정보센터'(http://www.schoolsafe.kr)를 운영하고 있다. 이 사이트는 학교안전정책, 안전교육 자료실, 동영상 자료실, 안전교육 연구학교, 수련시설 안전정보, 연구자료실 등 안전교육과 관련된 다양한 정보를 제공해 주고 있다. 안전교육 자료실의 현장 맞춤형 안전교육 콘텐츠를 살펴보면 애니메이션, 뉴스, 웹툰, 파워포인트 등 안전교육과 관련된 다양한 형식의 5분 내외의 자료를 유치원, 초등학교, 중학교, 고등학교 별로 각 34종을 개발하여 제공하고 있다. 소주제 중심 안전교육 자료를 살펴보면 유치원, 초1~2, 초3~4, 초5~6, 중학교, 고등학교 학년 군별로 안전교육 지도안과 워크북 883종을 제공하고 있다. 제시된 자료들은 학생의 발달단계에 맞는 체계적 안전교육을 목표로 맞춤형 안전교육을 지향하고 있지만 개발된 교육 내용은 미흡한 측면이 있다. 일례로 학교안전 정보센터-안전교육 자료실-초등학교-[초등 5, 6학년] 학교 안전교육 7대 표준안-생활안전의 '안전하게 등산을 해요'의 내용은 도입으로 아름다운 산의 모습 감상하기, 전개로 등산의 좋은점 알아보기, 등산 사고 원인 알아보기, 등산 시 일어날 수 있는 사고 예방하기, 정리로 등산 계획 세우기 등으로 학습활동이 구성되어 있다. 그러나 교수-학습 활동은 동영상 위주의 이론 수업이며, 참고자료는 학생들의 수준을 고려하지 않은 인터넷 상의 자료를 가공 없이 제시하고 있어 이에 대한 수정이 요구된다.

3 학교 안전교육의 방향

안전 문제에 대한 인식이 변화되고 있으며 이에 부응하여 교육도 변해야 한다. 변화되는 교육 내용은 안전에 대한 사회적·국가적 요구에 대응하는 실질적 요소들이 포함되어야 한다. 안전 문제 해결을 위해 안전과 관련이 있는 각 교과목별로 상황에 따른 안전교육도 중요하지만 안전 문제를 사전에 예방하고 대처하기 위해서는 안전과 관련된 자신의 권리를 인식하고 권리 침해 상황에 대한 대처능력을 길러 줄 수 있는 교육이 필요하다. 권리인식은 권리의 내용을 이해하는 능력뿐만 아니라 권리에 대한 갈등상황에서의 올바른 인지적 판단능력을 의미한다(고은교, 2013: 67). 안전과 관련된 권리인식은 자신의 안전권을 인식하는 것에서 머무르는 것이 아니라 자신과 다른 사람의 안전과 관련된 권리 침해 상황에 대한 이해 및 대처까지 포함하는 것이다. 안전과 관련된 권리인식 교육은 개인적·사회적 문제를 합리적으로 해결하는 능력을 길러 개인의 발전은 물론, 사회, 국가, 인류의 발전에 기여할 수 있는 책임 있는 시민을 기르는 것과 관련이 있다(교육부, 2015g).

우리 생활 속의 안전에 대한 권리가 우선적으로 확보되어야 기본적 권리를 보장받을 수 있다. 우리 주변에서 안전권이 위협 받는 상황에 대해 파악하고 안전에 대한 권리의 중요성을 인식하여 안전과 관련된 권리의 문제를 해결할 수 있는 교육이 필요하다.

또한 안전에 대한 권리 인식 교육은 통합적 관점에서 안전지식, 안전의식, 안전 문제해결 실천 등이 균형적으로 구성되어야 한다.

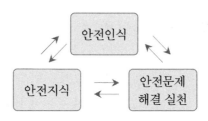

[그림 13-1] 안전에 대한 권리 인식 교육

　안전지식은 안전관련 정보와 안전을 위협하는 실질적인 정보에 대한 지식을 의미한다(유종민, 2015: 15). 안전 문제를 인식하고 이를 해결하는 능력을 키우기 위해서는 안전지식이 선행되어야 한다. 안전지식은 안전과 관련된 지식 전달에 머무르는 것이 아니라 안전의식, 안전 문제해결 실천으로 연결될 때 의미 있는 교육이 될 수 있다. 안전의식은 안전에 대한 인지도를 의미한다. 안전의식을 향상시키는 것은 비의도적 행동을 감소시키며 위험을 피할 수 있는 가능성과 기대를 증가시킨다(김혜원, 2002: 13). 안전의식 함양을 통하여 생활 속에 잠재하고 있는 구체적인 위험요소를 인식할 수 있으며 일상생활 속 안전의 중요성을 인지할 수 있다. 안전 문제해결 실천은 안전과 관련된 문제해결에 적극적으로 참여하는 것을 의미한다. 안전한 생활을 위해서는 안전 문제에 관한 것을 이론적으로 이해하고, 의식적으로 인식하는 것에 머무르지 않고 해결을 위한 구체적 행동과 실천이 요구된다. 따라서 학교 안전교육을 통하여 안전에 대한 권리를 함양하기 위해서는 안전지식, 안전의식, 안전 문제해결 실천 등과 같은 내용 영역이 종합적으로 구성되어야 한다.

◌✎ 참고문헌

고은교(2013). 지역아동센터 이용아동의 자아존중감과 권리옹호행동에 관한 연구: 권리인식의 매개효과를 중심으로. 학교사회복지, 24, 61-84.

교육부(2013). 학교급식 안전관리 강화대책. 교육부 보도자료(2013.4.25).

교육부(2015a). 초등학생 맞춤형 학교폭력 대책. 교육부 보도자료(2015.8.7).

교육부(2015b). 체육과 교육과정. 교육부 고시 제2015-74호 [별책 11].

교육부(2015c). 현장체험학습 안전길라잡이. 세종특별자치시: 교육부.

교육부(2015d). 창의적 체험활동 교육과정(안전한 생활 포함). 교육부 고시 제2015-74호 [별책 42].

교육부(2015e). 과학과 교육과정. 교육부 고시 제2015-74호 [별책 9].

교육부(2015f). 실과(기술·가정)/ 정보과 교육과정. 교육부 고시 제2015-74호 [별책 10].

교육부(2015g). 사회과 교육과정. 교육부 고시 제2015-74호 [별책 7].

교육부(2016). 학교 안전교육 실시 기준 확정 발표 보도 자료(2016.3.14).

교육부(2017). 교육과정과 연계한 안전교육 운영모델.

김혜원(2002). 안전의식 측정 척도 개발연구: 서울시 일부 중학생을 중심으로. 석사학위논문, 이화여자대학교.

서울특별시교육청(2015). 안전인권 우리학교 대토론회 계획. 민주시민교육과-3759.

손주현(2005). 참여 중심 프로그램의 어린이 교통안전교육 효과 평가: 서울시 일부 초등학생을 대상으로. 석사학위논문, 이화여자대학교.

심은순(2003). 초등학생의 안전의식 및 실천정도와 안전사고 발생 실태. 석사학위논문, 연세대학교.

유종민(2015). 통합적 안전교육 프로그램 활동이 유아의 안전지식 및 안전문제 해결 사고능력에 미치는 효과. 석사학위논문, 동국대학교.

전광석(2015). 국민의 안전권과 국가의 보호의무. 법과인권교육연구, 8(3),

143-157.

조인식 · 정필운(2015). 학교에서 안전교육에 대한 비판적 연구. 법과인권
교육연구, 8(2), 43-64.

허경(2010). 초등학교 시설의 안전사고 실태 및 개선사항. 석사학위논문, 교
원대학교.

학교안전정보센터 http://www.schoolsafe.kr (2017. 2. 10. 인출).

구분	생활안전교육	교통안전교육	폭력예방 및 신변보호교육	약물 및 사이버 중독 예방교육	재난안전교육	직업안전교육	응급처치교육
유치원	1. 교실, 가정, 등하굣길에서 안전하게 생활하기	1. 표지판 및 신호등의 의미 등 교통안전 규칙 지키기	1. 내 몸의 소중함과 정확한 명칭 알기	1. 올바른 약물 사용법 알기	1. 화재의 원인과 예방법 알기	1. 일터 안전의 중요성 및 안전을 위해 지켜야 할 일 알기	1. 응급상황 알기 및 도움 요청하기
	2. 안전한 장소를 알고 안전하게 놀이하기	2. 안전한 도로 횡단법 알기	2. 좋은 느낌과 싫은 느낌 알기	2. 생활주변의 해로운 약물·화학제품 만지거나 먹지 않기	2. 화재 발생 시 유의사항 및 대처법 알기	2. 일터 안전시설 현장 체험하기	2. 119 신고와 주변에 알리기
	3. 놀이기구나 놀잇감, 도구의 바른 사용법을 알고 안전하게 사용하기	3. 어른과 손잡고 걷기	3. 성폭력 예방 및 대처방법 알기	3. TV, 인터넷, 통신기기(스마트폰 등) 등이 중독 위해성을 알고 바르게 사용하기	3. 각종 자연재난 및 사고 적절하게 대처하는 방법 알기		3. 손씻기와 소독하기 등 청결유지하기
	4. 실종, 유괴, 미아 상황을 알고 도움 요청하기	4. 교통수단(자전거, 통학버스 등) 안전하게 이용하기	4. 나와 내 주변 사람(가족, 친구 등)의 소중함을 알고 사이좋게 지내기		4. 각종 재난 유형별 대비 훈련 실시		4. 상황별 응급처치 방법 알기
	5. 몸에 좋은 음식, 나쁜 음식 알기		5. 아동학대 신고 및 대처방법 알기				

5) 학교안전정보센터 학교 안전교육고시 개정안

http://www.schoolsafe.kr/main5/data_view/a/k/1/?seq=1384&orderby=

구분	생활안전교육	교통안전교육	폭력예방 및 신변보호교육	약물 및 사이버 중독 예방교육	재난안전교육	직업안전교육	응급처치교육
초등학교	1. 안전하게 교실에서 가정, 공공시설 이용하기	1. 안전한 통학로 알기	1. 학교폭력의 예방 및 대처법 알기	1. 약물 오남용의 위험성 및 올바른 약물 복용법 알기	1. 화재의 원인 및 대피 요령, 신고, 전파 요령 알기	1. 일터에서 발생하는 산업 재해를 알기	1. 응급처치의 의의, 의미, 중요성, 신고·조치 방법 알기
	2. 학용품·놀이용품의 안전한 사용 및 식품안전 알기	2. 교통수단(자전거, 대중교통 등)의 안전한 이용법 알기	2. 학교폭력의 종류를 알고, 종류별 예방법 알기	2. 중독성 물질을 알고 안전한 활용 방법	2. 화상 대처 요령 알기	2. 일터 안전시설 현장 체험하기	2. 심폐소생술 및 자동 심장충격기의 사용법 알기
	3. 실험·실습 시 안전에 유의하기	3. 교통 표지판 등 도로 교통 법규 알기	3. 성폭력 예방 및 대처방안 알기	3. 건전한 사이버 등 매체 능력 배양 및 사용습관 형성하기	3. 각종 자연 재난과 안전한 행동 알기		3. 상처의 종류와 응급처치 하기
	4. 안전한 놀이 활동 및 야외 활동		4. 내 몸의 소중함을 알기		4. 폭발 및 붕괴, 테러위험 등 유형별 대처 요령 알기		4. 일상생활 속 응급처치 알기
	5. 유괴 예방, 미아 사고 예방과 대처		5. 아동학대의 유형 및 대처방안 알기		5. 각종 재난 유형별 대비 훈련 실시		
			6. 가정폭력의 개념과 대처방안 알기				
			7. 자살 예방 및 생명존중 교육				

구분	생활안전 교육	교통안전 교육	폭력예방 및 신변보호 교육	약물 및 사이버 중독 예방 교육	재난안전 교육	직업안전 교육	응급처치 교육
중 학 교	1. 공공시설 이용 시 안전과 에티켓 알기	1. 이륜차의 안전한 이용과 점검 방법 알기	1. 학교폭력의 유형과 현상 및 위험성 인식하기	1. 향정신성 물질에 대한 위험성·피해 알기	1. 화재의 원인 및 대피·대응요령, 신고, 전파요령 알기	1. 직업 안전 문화의 필요성	1. 응급처치의 상황, 의미, 중요성, 신고·조치 방법 알기
	2. 식품의 종류에 따른 안전한 보관 방법 알기	2. 자동차 사고의 원인과 예방 방법 알기	2. 학교폭력 유형별 신고·대처방법 알기	2. 중독성 물질에 대한 위험성·피해 알기	2. 화상 대처 요령 알기	2. 산업 재해의 의미·유형과 사례별 발생 현황 이해하기	2. 심폐소생술 및 자동 심장충격기의 사용법 알기
	3. 실험실·실습실 및 체육·야외활동의 안전규칙을 이해하고 바른 사용법 알기	3. 대중교통 이용 시 준수사항 알기	3. 자살 예방 및 스트레스 점검과 해소 방법 알기	3. 인터넷 게임 사용 규칙 만들기 및 실천	3. 각종 자연재난과 안전한 행동 알기	3. 안전 장비의 올바른 사용 방법 알기	3. 상처의 종류와 응급처치 하기
	4. 실종, 유괴, 미아 상황을 알고 예방하기		4. 가족과 올바른 의사소통방법과 가정폭력 피해자가 된 제도 알기(아동학대 포함)	4. 스마트폰의 건전한 사용 방법	4. 폭발 및 붕괴, 비리 위험 유형별 대처 요령 알기		4. 일상생활 속 응급처치 알기
			5. 성폭력 예방 및 대처법 알기		5. 각종 재난 유형별 대비 훈련 실시		
			6. 성매매의 위험성 인식하기				
			7. 자살 예방 및 생명 존중 교육				

구분	생활안전교육	교통안전교육	폭력예방 및 신변보호 교육	약물 및 사이버 중독 예방교육	재난안전교육	직업안전교육	응급처치교육
고 등 학 교	1. 기호 식품의 특성·유해성 및 전기·전자제품의 안전한 사용방법 알기 2. 실험·실습 안전 수칙 이해 및 보호장구의 바른 사용방법 알기 3. 체육 및 여가 활동 시 상해 시 대처방법 알기 4. 실종, 유괴, 미아 상황을 알고 예방하기	1. 이륜차의 안전한 이용과 점검방법 알기 2. 자동차사고의 원인과 예방방법 알기 3. 대중교통 이용의 안전수칙 알기	1. 학교폭력의 유형과 현황 및 위험성 인식하기 2. 학교폭력 유형별 신고·대처방법 알기 3. 성폭력 예방과 대처방법 알기 4. 성매매의 위험성과 구조 및 신고 방법 알기 5. 자신과 타인(가족 포함)의 소중함 인식하기 6. 가정폭력 예방지 침을 알고, 보호하기(아동학대 포함) 7. 자살 예방 및 생명 존중 교육	1. 향정신성 물질에 대한 위험성·피해 알기 2. 중독성 물질에 대한 위험성·피해 알기 3. 인터넷 게임 사용 규칙 만들기 및 실천 4. 스마트폰의 건전한 사용 방법	1. 화재의 원인 및 대피·대응요령, 신고, 전파요령 알기 2. 화상 대처 요령 알기 3. 각종 자연재난과 안전한 행동 알기 4. 폭발 및 붕괴, 테러 위험 유형별 대처 요령 알기 5. 각종 재난 유형별 대비 훈련 실시	1. 직업병의 진단, 예방 및 대처방안 알기 2. 작업장의 안전수칙 및 보호장비 알기 3. 산업 재해의 의미·유형과 사례별 발생 현황 이해하기	1. 응급처치의 상황, 의미, 중요성, 신고·조치 알기 2. 심폐소생술 및 자동 심장충격기의 사용법 알기 3. 상처의 종류와 응급처치 하기 4. 일상생활 속 응급처치 알기

✎ 찾아보기

내용

● 저자 소개

한용진
(Hahn, Yong-Jin)
전) 한국교육사학회장
현) 고려대학교 교육학과 교수, 한국일본교육학회장
관심분야) 근대 교육사, 일본고등교육, 비교교육

공병호
(Kong, Byung-Ho)
전) 한국일본교육학회장
현) 오산대학교 아동보육과 교수
관심분야) 일본교육정책 및 제도, 일본보육정책 및 제도

김영근
(Kim, Young-Geun)
전) 계명대학교 일본학과 조교수
현) 고려대학교 글로벌일본연구원 부교수
관심분야) 글로벌 위기관리 및 재해안전학, 동아시아 정치경제학, 국제관계론

남경희
(Nam, Kyong-Heu)
전) 한국사회과교육연구학회장
현) 서울교육대학교 사회교육과 교수
관심분야) 시민교육, 사회과교육, 일본교육, 통합교육

미즈노 지즈루
(Mizuno, Chizuru)
전) 일본 도요타키타고등학교 교사
현) 장안대학교 관광일어과 교수
관심분야) 스포츠교육, 한일 스포츠 비교, 일본어교육

송민영
(Song, Min-Young)
전) 경인교육대학교 겸임교수
현) 경기도평화교육연수원 원장
관심분야) 홀리스틱 교육과정, 과학교육사

신현정
(Shin, Hyun-Jung)
전) 일본 가나가와치과대학 교수
현) 중부대학교 교양학과 교수
관심분야) 진로교육, 교양교육, 직업교육

오민석
(O, Min-Suk)
전) 와세다대학 대학원 박사, 고려대학교 BK21 + 연구교수
현) 아주대학교 교육대학원 교수
관심분야) 여성교육, 고령자교육, 지역사회교육

이정희
(Lee, Jung-Hi)
전) 김해동광초등학교 교사
현) 광주교육대학교 사회과교육과 교수
관심분야) 사회과 수업, 시민교육, 사회과 교육과정

이지혜
(Lee, Ji-Hye)
전) 서울교육대학교 교육전문대학원 석사
현) 서울염리초등학교 교사
관심분야) 사회과교육, 법교육, 인권교육

윤종혁
(Yoon, Jong-Hyeok)
전) 한국통일교육학회장
현) 한국교육개발원 교육정책네트워크연구센터 소장
관심분야) 교육개발협력, 비교교육, 세계교육정책사, 북한교육

최순자
(Choi, Soon-Ja)
전) 일본 사이타마대학교 교육학부 재외연구원
현) 국제아동발달교육연구원장
관심분야) 부모교육, 아동·발달 등

한현정
(Han, Hyun-Jung)
전) 부산교육대학교, 부경대학교 시간강사
현) 부산대학교 BK21 + 연구교수
관심분야) 교육미디어, 시각적 표상, 유아 및 초등교육

일본의 재난방지 안전 안심 교육
Disaster Prevention, Safety and Security Education in Japan

2017년 8월 30일 1판 1쇄 발행
2018년 8월 20일 1판 2쇄 발행

엮은이 • 한국일본교육학회 · 고려대 글로벌일본연구원
지은이 • 한용진 · 공병호 · 김영근 · 남경희 · 미즈노 지즈루 · 송민영 · 신현정
　　　　오민석 · 이정희 · 이지혜 · 윤종혁 · 최순자 · 한현정
펴낸이 • 김 진 환
펴낸곳 • (주) **학지사**
　　　　04031 서울특별시 마포구 양화로 15길 20 마인드월드빌딩 5층
대표전화 • 02) 330-5114　　　팩스 • 02) 324-2345
등록번호 • 제313-2006-000265호
홈페이지 • http://www.hakjisa.co.kr
페이스북 • https://www.facebook.com/hakjisabook

ISBN 978-89-997-1354-5 93370

정가 **17,000**원

이 도서의 국립중앙도서관 출판시도서목록(CIP)은 서지정보유통지원시스템 홈페이지
(http://seoji.nl.go.kr)와 국가자료공동목록시스템(http://www.nl.kr/kolisnet)에서 이용하실
수 있습니다.
(CIP제어번호: CIP2017021689)

교육문화출판미디어그룹 **학지사**

학술논문서비스 **뉴논문** www.newnonmun.com
심리검사연구소 **인싸이트** www.inpsyt.co.kr
원격교육연수원 **카운피아** www.counpia.com
간호보건의학출판 **정담미디어** www.jdmpub.com